权威·前沿·原创

皮书系列为
"十二五""十三五"国家重点图书出版规划项目

甘肃蓝皮书

BLUE BOOK OF
GANSU

甘肃商贸流通发展报告
（2018）

ANNUAL REPORT ON THE DEVELOPMENT OF BUSINESS
TRADE CIRCULATION OF GANSU (2018)

主　编／张应华　王福生　王晓芳

社会科学文献出版社
SOCIAL SCIENCES ACADEMIC PRESS（CHINA）

图书在版编目（CIP）数据

甘肃商贸流通发展报告.2018／张应华，王福生，
王晓芳主编.--北京：社会科学文献出版社，2018.1
（甘肃蓝皮书）
ISBN 978-7-5201-1903-0

Ⅰ.①甘… Ⅱ.①张… ②王… ③王… Ⅲ.①地区贸
易经济-经济发展-研究报告-甘肃-2018 Ⅳ.
①F727.42

中国版本图书馆 CIP 数据核字（2017）第 297856 号

甘肃蓝皮书
甘肃商贸流通发展报告（2018）

主　　编／张应华　王福生　王晓芳

出 版 人／谢寿光
项目统筹／邓泳红　吴　敏
责任编辑／张　超

出　　版／社会科学文献出版社·皮书出版分社 （010）59367127
　　　　　　地址：北京市北三环中路甲 29 号院华龙大厦　邮编：100029
　　　　　　网址：www.ssap.com.cn
发　　行／市场营销中心 （010）59367081　59367018
印　　装／北京季蜂印刷有限公司

规　　格／开本：787mm×1092mm　1/16
　　　　　　印张：17.5　字数：265 千字
版　　次／2018 年 1 月第 1 版　2018 年 1 月第 1 次印刷
书　　号／ISBN 978-7-5201-1903-0
定　　价／99.00 元

皮书序列号／PSN B-2016-522-6/6

本书如有印装质量问题，请与读者服务中心（010-59367028）联系

《甘肃商贸流通发展报告（2018）》
编辑委员会

主要编撰者简介

张应华　甘肃省商务厅党组书记、厅长，文学学士，工商管理硕士。1988年7月参加工作以来，历任甘肃省中医学校学生科、组织科干事，甘肃省委组织部组织处科员、主任科员、干部三处副处长、政策法规处处长、副地级组织员、干部一处处长，天水市委副书记，金昌市委副书记、代市长、市长。主编出版了《甘肃商贸流通发展报告（2017）》等。

王福生　甘肃省社会科学院院长、研究员，兼任甘肃省宏观经济研究会名誉副会长、甘肃省哲学学会副会长等。主要研究领域为改革学、经济体制改革。参加和主持《甘肃省"十二五"规划前期重大问题研究》，获"甘肃省科学技术进步奖二等奖"；主编出版了《甘肃文化发展分析与预测》（2015～2017年）、《甘肃酒泉经济社会发展报告》（2015～2017年）、《甘肃住房和城乡建设发展分析与预测》（2015～2017年）、《甘肃商贸流通发展报告》（2016～2017年）、《丝绸之路经济带研究》、《大变法：中国改革的历史思考》等；发表了《论社会主义核心价值体系与中华优秀传统文化的对接路径》《推动丝绸之路经济带构建应立足西北省区》等论文。

王晓芳　甘肃省社会科学院公共政策研究所所长、研究员，甘肃省领军人才。主要从事区域经济学、制度经济学、信息经济学研究。主要著作有《西部欠发达地区县域经济研究》《西北地区少数民族信息资源开发与阅读文化构建》《西北地区信息用户满意度与信息素质教育》等十多部，在《中国农村经济》《甘肃日报》《甘肃社会科学》等报刊发表论文50多篇。先后主持完成国家社科基金项目、甘肃省社科规划项目、甘肃科技基金软科学项目、"陇原青年创新人才扶持计划"项目、兰州市科技基金软科学项目、福特基金项目等20多项。先后获第十届、第十一届、第十三届甘肃省社会科学优秀成果奖,中国社会科学情报学会论文奖,甘肃省图书情报学会论文奖等奖项十多项。作为副主编,参与编辑出版了《甘肃经济发展分析与预测》(2007~2017年),主编出版了《甘肃商贸流通发展报告》(2016~2017年)。

总　序

"甘肃蓝皮书"从诞生至今，已走过了十二个春秋，从最初的《甘肃经济社会发展分析与预测》和《甘肃舆情分析与预测》两本，发展壮大到现在基本涵盖哲学社会科学门类、能全面反映甘肃经济社会发展的系列蓝皮书，其社会影响也由最初的甘肃省社科院的科研平台发展成为如今的甘肃省内智库的第一品牌。"甘肃蓝皮书"的诞生与发展，充分展现了传统社会科学研究机构向现代特色智库、高端智库、智能智库转型的创新历程。

"甘肃蓝皮书"是我院在"十一五"开局之年的 2006 年，为了贯彻落实中央下发的《关于进一步繁荣发展哲学社会科学的意见》（中发〔2004〕3 号）以及甘肃省委下发的《关于繁荣发展哲学社会科学的实施意见》（省委发〔2004〕33 号），探索服务甘肃经济社会发展的可行路径，倾力打造发挥智库功能为甘肃省委、省政府决策服务的战略平台。《甘肃经济社会发展分析与预测》和《甘肃舆情分析与预测》出版后，引起了社会各界的热烈反响，标志着"甘肃蓝皮书"的正式诞生。截至"十一五"末，"甘肃蓝皮书"规模已由原来的 2 种增加到 5 种，覆盖了经济、政治、社会、文化、县域等研究领域，成为甘肃省委、省政府及有关部门的参考资料和决策依据，成为省内各级人大代表、政协委员、专家学者和社会各界非常重视的进行民主决策、参政议政、科学研究和认识省情的重要参考书。

"十二五"期间，省社科院又确定了"拓展合作领域、扩展编研规模、壮大编研队伍、提升编研水平、加强成果转化"的蓝皮书编研思路。我院首倡西北五省区社科院联合编研出版"西北蓝皮书"，这一倡议得到了陕西、宁夏、青海、新疆等省区社科院的一致赞同，2011 年首部《中国西北发展报告》诞生。"西北蓝皮书"的编研和出版发行，使我院系列蓝皮书的研究拓展到了"丝绸之路经济带"的国内主要区域。

从2014年起，我院持续发挥"甘肃蓝皮书"品牌效应，拓展与省上重要部门和市州的合作。在原有的经济、社会、文化、舆情、县域5本蓝皮书的基础上，与省住房和城乡建设厅、省民族事务委员会、酒泉市政府、省商务厅先后合作，编研出版了《甘肃住房和城乡建设发展分析与预测》《甘肃民族地区发展分析与预测》《甘肃酒泉经济社会发展报告》《甘肃商贸流通发展分析与预测》，加上参编"西北蓝皮书"，形成了"5+4+1"的蓝皮书编研格局，为我院陇原特色新型智库建设起到了很好的作用。2016年，我院计划建立5个县级蓝皮书数据观测点，目前已建立并启用4个，这使得"甘肃蓝皮书"的原始数据收集有了自己的渠道，进一步提升了"甘肃蓝皮书"的自主性、原创性与权威性。"甘肃蓝皮书"已经成为服务党委政府决策和全省经济社会发展的甘肃智库的第一品牌、甘肃社会科学界的学术品牌、甘肃文化领域的标志品牌、甘肃一些重要行业及市州工作的展示品牌。

目前，"甘肃蓝皮书"形成了稳定规模、稳定机制，提升质量、提升影响的"双稳定、双提升"编研理念。"甘肃蓝皮书"始终坚持基本编研理念和运行机制。一是始终坚持原创，注重学术观点和科研方法的创新。坚持研究在先，编写在后，在继承中创新，注重连续性；从源头上抓质量，注重可靠性；在深入研究上下功夫，注重科学性；在服务上抓效果，注重影响力。二是始终坚持追踪前沿，注重选题创新。追踪前沿就是让专家学者更多地参与社会实践，发现问题、研究问题、解决问题，最终通过蓝皮书为人们提供正确的指导，显示社科专家服务社会的能力和实力，提高蓝皮书的知名度和美誉度。三是始终坚持打造品牌，创新编研体制机制。十二年来，我们始终把蓝皮书的质量看作蓝皮书的生命线，组织有研究能力的专家开展深入研究，向社会提供事实根据充分、分析深入准确、结论科学可靠、对策具体可行的权威信息与权威性的研究成果。

党的十九大报告指出"加强中国特色新型智库建设"，进一步明确了哲学社会科学"认识世界、传承文明、创新理论、咨政育人、服务社会"的职能定位和重要作用。作为地方社会科学研究机构，应主要围绕本地区经济社会发展实际，开展应用对策研究，发挥好决策咨询、咨政建言、服务地方经济社会发展的作用。目前，我院正全力实施和深化打造特色新型智库的"33971"工程，积极构建发挥甘肃省委、省政府智库服务甘肃经济社会发展作用的长效机制。"甘肃蓝皮书"作为我院打造陇原特色新型智库的核心载体，也将开启服务甘肃省委、省政府决策，为甘肃经济社会发展提供智力支撑的新航程。

在"甘肃蓝皮书"的成长历程中，凝聚着甘肃省委、省政府的重视与关心，饱含着与我们真诚合作的省住房和城乡建设厅、省民族事务委员会、酒泉市政府、省商务厅、省统计局的鼎力支持和帮助，浸润着读者出版集团、社会科学文献出版社和新闻媒体等同仁们的辛劳、奉献和智慧。相信在各方共同努力下，"甘肃蓝皮书"将继续提升品牌影响力，成为更有价值的服务党委政府决策的参考书，成为更多读者喜欢的科辅读物，成为让编研者有更多获得感的科研成果。

此为序。

王福生

2017 年 12 月 8 日

摘　要

《甘肃商贸流通发展报告（2018）》由甘肃省社会科学院与甘肃省商务厅协作完成。围绕"一带一路"倡议及习近平总书记提出的"八个着力"重要指示，深入研究分析甘肃商贸流通业运行现状、措施成效、困难问题，为甘肃商务系统积极完善市场体系、扩大招商引资规模、加快建设对外开放平台、全力提升对外贸易水平、促进国内贸易快速发展、强化商务服务功能、营造商务发展环境提供理论分析与对策建议。

《甘肃商贸流通发展报告（2018）》以国家有关经济发展政策措施及省内经济发展规划和商务战略部署为背景，重点研究甘肃国内贸易、对外贸易、招商引资、市场体系建设等问题，分析和总结了2017年甘肃商贸流通业发展现状和问题，预测和展望了2018年甘肃商务发展走势与前景，并针对现状、问题、发展目标提出了理论与实践相结合的对策建议。

全书分总报告、国内贸易篇、对外贸易篇、招商引资篇、市场建设篇和专题研究篇六大部分，共十五个专题。总报告在分析甘肃2017年商务运行动态、存在的突出问题的基础上，做出2018年甘肃商务发展走势展望和判断，提出"三力促三精准"等对策建议。国内贸易篇对甘肃消费品市场动态、电子商务、会展商务、住宿和餐饮业、现代服务业等领域进行了现状分析、问题剖析，并提出相应发展对策。对外贸易篇对甘肃进出口贸易、与丝绸之路经济带沿线国家经贸合作、外贸基地建设等领域进行了分析总结，并提出若干对策建议。招商引资篇对甘肃招商引资、利用外资状况等进行了深入调查分析，提出扩大吸引外来投资发展的基本思路和着力点。市场建设篇主要就甘肃城乡市场体系建设、物流基地建设及物流行业发展等问题进行深入调查分析。专题研究篇主要针对甘肃重大商贸流通建设项目进展、"一带一路"倡议中甘肃商务政策等重大课题进行了分析研究。

本书认为，2017年甘肃商务总体呈现"一升一高两回落"发展态势，即促消费，重实效，国内贸易主要数据呈平稳上升趋势；调结构，转方式，对外贸易指标回落中重构竞争新优势；谋精准，重到位，招商引资低迷阶段重点提高项目质量；快发展，重规范，用力促进对外投资重点项目进展。在此基础上，结合内部现实问题和外部环境政策变化，对2018年甘肃商务发展的各个方面走势进行了分析和展望，提出了若干对策建议。

本书秉承客观务实、严谨科学的原则，分析了2017年甘肃商务发展态势，剖析了在"一带一路"倡议的契机下，在全省贯彻落实习近平总书记提出的"八个着力"指示精神实干中，甘肃商务发展现状和走势、差距和问题，提出了理论对策和战略建议，体现了专家视野，突出了应用价值，具有学术性、前瞻性和权威性。

Abstract

Annual Report on the Development of Business Trade Circulation of Gansu (2018) is accomplished by Gansu Academy of Social Sciences and the Gansu Provincial Department of Commerce. Around the national development strategy of "the Belt and Road" and important instructions of "Eight key points" proposed by President Xi Jinping, we make an in – depth analysis on the current operation situation, the effectiveness and the problems of Gansu's commercial circulation development, and provide basic theoretical analysis and application countermeasures on how to make Gansu's business system improve the market system actively, how to expand the scale of investment, how to accelerated the construction of the open platform, how to enhance the level of foreign trade and promote the rapid development of domestic trade, how to strengthen business services and create a business development environment.

Annual Report on the Development of Business Trade Circulation of Gansu (2018) which is based on the national economic development policies and the province's economic development planning and business strategy deployment, focus on Gansu domestic trade, foreign trade, investment, market system construction and other issues, analyzes and summarizes the development state and problems of Gansu's commerce and trade circulation in 2017, and previews and perspectives the developing trend and future of Gansu's commerce in 2018. Finally, we put forward some suggestions which combine theory and practice about the current situation, problems and development goals.

The book contains six parts and 15 topics, content involved General Report, Domestic Trade Reports, Foreign Trade Reports, Investment Invitation Reports, Market Construction Reports and Special Study Reports. In the first part, the General Report analyzes the operational dynamics and problems of Gansu business development in 2017, and makes prospect about the development way in the future and puts forward "three focal points and three precise aspects" on the development of Gansu business in 2018. In the second part, it analyzes the current situation and sorts out the problem of consumer goods market dynamics, e-commerce, exhibition business, accommodation and catering industry, and modern service industry in Gansu, then puts forward the corresponding development countermeasures. In the third part, it analyzes and summarizes Gansu's import and export, economic and trade cooperation between Gansu and Countries along the Silk Road Economic Belt, foreign trade base construction conditions, and puts forward some countermeasures and suggestions also. In the fourth part, it makes in-depth analyzes on how to invest and use foreign capital in Gansu, puts forward the development strategy finally. In the fifth part, it makes in-depth investigation and analysis mainly on Gansu urban and rural market system construction, logistics base construction and logistics industry development and other issues. In the last part, the topic research mainly deals with progress in major construction projects in business currency area, construction and adjustment of Gansu business policy under the Belt and Road Initiative.

The book argues that the overall business of Gansu in 2017 showed the trend of "one rise, one improve and two fallouts". Specifically, that is promoting consumption, emphasizing practical results, the main data of domestic trade show a steady upward trend. Adjusting structure and transforming the development pattern, a new competitive advantage has been rebuilt although foreign trade indicators have decreased. Planning precision and paying attention to funds, the quality of projects has been improved during the downturn of attract investment. Accelerating development and paying attention to standardizing, the development of key projects for foreign investment have been vigorously promoted. And on this basis, combining with the internal reality and external environmental policy change, the book analyzes and prospects all aspects of the business development direction in Gansu province in 2018, and puts forward some basic and practical countermeasures finally.

With an objective, pragmatic and rigorous scientific principle, this book makes an in-depth analysis on business development trend of Gansu in 2017, deeply analyzes Gansu business's current situation and trend, distance and problem under the opportunities of the Belt and Road Initiative and the actions of important instructions of "Eight key points" proposed by President Xi Jinping. In the end, the book proposes countermeasure suggestions. The book has reflected the expert's vision and highlighted the application value, with technicality, foresightedness and authority.

目　录

Ⅲ 对外贸易篇

Ⅳ 招商引资篇

Ⅴ 市场建设篇

Ⅵ 专题研究篇

皮书数据库阅读**使用指南**

CONTENTS

I General Report

II Domestic Trade Reports

III Foreign Trade Reports

IV Investment Invitation Reports

V Market Construction Reports

VI Special Study Reports

总　报　告

General Report

B.1
2017年甘肃商务发展报告

王晓芳[*]

摘　要： 2017年，甘肃商务总体呈现"一升一高两回落"发展态势，即促消费，重实效，国内贸易主要数据呈平稳上升趋势；调结构，转方式，对外贸易指标回落中重构竞争新优势；谋精准，重到位，招商引资低迷阶段重点提高项目质量；快发展，重规范，用力促进对外投资重点项目进展。并在此基础上，结合存在的问题，对2018年甘肃商务发展走势进行了分析和展望，提出"三力促三精准"对策建议。

关键词： 甘肃商务　国内贸易　对外贸易　招商引资　对外投资

---

[*] 王晓芳，甘肃省社会科学院公共政策研究所所长，研究员，研究方向为区域经济、制度经济学。

2017年，面对全省政治生态重构的重要时期和经济下行压力持续加大的不利局面，甘肃商务系统围绕"一带一路"规划，全面落实"八个着力"指导精神，坚持稳中求进总基调，全力实施商务发展"13105"行动计划，全省商务运行呈现"一升一高两回落"的发展态势，存在四大突出问题，2018年甘肃商务发展要重点围绕商务稳发展，采取"三力促三精准"等措施，对全省经济平稳增长起到更大的拉动作用。

一 2017年甘肃商务运行动态分析

从2017年上半年商务发展主要指标看，甘肃商务总体上呈现"一升一高两回落"发展态势，即国内贸易指标平稳上升、对外贸易数据明显回落、招商引资规模显著下降、对外投资日益趋高等发展态势。

（一）促消费，重实效，国内贸易主要数据呈平稳上升趋势

2017年上半年，甘肃商务系统通过加强实施政策引导促消费、加大活动力度促消费、推动融合发展促消费、实施创新驱动促消费、搭建地企合作平台促消费等措施，实现社会消费品零售总额1636.9亿元，同比增长8.9%，低于全国平均水平1.5个百分点，比上年同期回落了0.4个百分点；其中，城镇实现消费品零售额1302.2亿元，增长8.7%，比上年同期回落了0.2个百分点；乡村实现消费品零售额334.7亿元，同比增长9.7%，比上年同期回落了1.1个百分点（见表1）。

表1 2017年上半年甘肃社会消费品零售总额与2016年对比

单位：亿元，%

项目	2017年上半年		2016年上半年	
	绝对值	增长率	绝对值	增长率
社会消费品零售总额	1636.9	8.9	1502.7	9.3
城镇	1302.2	8.7	1198.5	8.9
乡村	334.7	9.7	304.2	10.8

资料来源：甘肃省商务厅综合处。

1. 商品消费有热有冷，没有形成明显的消费热点

2017年上半年，主要受文化娱乐、康体美容类商品强势增长拉动，商品消费总体上呈平稳增长态势，同时，受粮油食品类增长趋缓、家具装饰类大幅度回落、汽车等大宗商品销售不旺等因素的影响，市场偏冷，没有形成明显的消费热点。

一是基本生活类商品销售除粮油、食品类外，大都保持稳定态势。服装类商品同比增长3.7%，日用品类商品同比增长5.7%，饮料类商品同比增长3.1%，烟酒类商品同比增长4.3%，只有粮油、食品类商品同比下降5.0%。

二是居住类商品销售有升有降。家用电器和音像器材类同比增长5.6%，增速比上年同期提高了10.1个百分点；家具类同比增长13.9%，比上年同期回落了19.9个百分点；建筑及装潢材料类同比增长16.4%，比上年同期回落了38.6个百分点。

三是消费升级类商品销售仍保持较快增长势头。电子出版物及音像制品类同比增长20.7%，比上年同期提高了9个百分点；中西药品类同比增长25.6%，比上年同期提高了9.2个百分点；体育、娱乐用品类同比增长9.1%，比上年同期提高了4.6个百分点；化妆品类同比增长13.8%，比上年同期提高了10.3个百分点；金银珠宝类同比增长4.9%，比上年同期提高了0.9个百分点。

四是石油及其制品类销售缓慢增长，汽车类消费有所回落。石油及其制品类同比增长10.9%，比上年同期提高了19.6个百分点；汽车类销售同比增长3.1%，比上年同期回落了2.6个百分点。

2. 行业增长出现微弱变化，批发和零售业趋旺、住宿和餐饮业趋缓

2017年上半年，批发业实现销售额2709.2亿元，同比增长12.3%，比上年同期提高了4.3个百分点；零售业实现销售额1527.6亿元，增长12.6%，比上年同期提高了1.4个百分点；住宿业实现营业额49.1亿元，增长11.8%，比上年同期降低了2.6个百分点；餐饮业实现营业额323.6亿元，增长15.7%，比上年同期降低了0.2个百分点（见表2）。

表2 2017年上半年甘肃社会消费品分项目增长状况

单位：亿元，%

批发业		零售业		住宿业		餐饮业	
绝对值	增长率	绝对值	增长率	绝对值	增长率	绝对值	增长率
2709.2	12.3	1527.6	12.6	49.1	11.8	323.6	15.7

资料来源：甘肃省商务厅综合处。

3. 电子商务发展环境和基础不断改善，消费领域新业态加速发展

近年来，甘肃电子商务发展环境不断优化。网络基础设施显著改善，快递物流业快速发展，电子商务示范作用逐渐增强，为推动甘肃电子商务又好又快发展奠定了良好的基础。

一是网上交易成为消费领域常态。上半年，全省限额以上批发和零售、住宿和餐饮企业通过公共网络实现零售额4.8亿元，同比增长26.7%，高于社会消费品零售总额17.8个百分点。截至2017年6月底，据有关机构侦测到注册地在甘肃省的活跃网上经营主体（网店）10813家，发布产品85万个，上架在售产品17.4万个；1～6月共收到订单2583万单（平均每秒收到1.64个订单），售出产品（含服务）14433万件（平均每秒售出9.15件产品），共侦测到网络零售额92.26亿元①。

二是农村电子商务发展基础得到改善和增强。甘肃省政府制定印发了《2017年电商扶贫项目实施方案》，省财政下拨5000万元专项资金，计划支持410个贫困乡、1244个贫困村建设电商服务站点，确保完成"年底全省70%以上的贫困乡建成电商服务站点"的目标任务。截至目前，全省已建成75个县级电商服务中心、1159个乡级电商服务站、5297个村级电商服务点，县、乡、村三级电商服务体系日臻完善。

三是全省共有40个贫困县（市）列入国家电子商务进农村示范县，其中，2015年8个县（市）、2016年20个县（市）、2017年12个县（市），

① 2017年上半年甘肃网上零售数据分析报告，搜狐财经网。

三年来，中央财政给予每县（市）2000万元、总额为8亿元的资金扶持，农村电商服务基础、体系建设日益加快（见表3）。

表3　甘肃省40个国家电子商务进农村示范县

年份	示范县（市）
2015	华池县、民勤县、宁县、环县、岷县、会宁县、庄浪县、成县
2016	景泰县、靖远县、礼县、灵台县、宕昌县、静宁县、武山县、合水县、临潭县、永登县、夏河县、古浪县、镇原县、渭源县、和政县、广河县、山丹县、临泽县、玉门市、永昌县
2017	康县、徽县、秦安县、甘谷县、榆中县、永靖县、安定区、泾川县、庆城县、合作市、天祝县、正宁县

资料来源：刘琼，《甘肃12个县确定为电商进农村综合示范县》，《兰州晨报》2017年9月4日。

四是注重培育壮大本土电商平台。加强与"苏宁云商"等国内知名电商大平台合作，2017年，新建2家（兰州、平凉）市县网上特色馆，全省共建成40个苏宁直营县级服务站。支持兰州银行"百合生活网"发展，自2014年上线以来累计实现销售35亿元，并在兰州市开设了55家O2O便利店。甘肃陇萃堂公司截至目前实现电商销售2000万元，同比增长33%。支持甘肃巨龙集团开发B2B2C电子商务平台系统和移动支付系统，目前企业完成了"聚农网"（B2B）、"沙地绿产网"（B2B2C）两大农业电子商务服务平台的开发，实现销售近2亿元。甘南州"藏宝网"，已有甘肃、四川、青海、西藏、云南等地700多家藏族企业成功入驻，成为甘肃省乃至西北地区极具代表性的民族电子商务平台。

4.积极开展各种促销活动，提振消费信心增强消费实效性

一是加大活动力度促消费。结合地区风俗文化特色、产业优势、季节轮换等，积极搭建消费促进公共服务平台，组织商贸企业因地制宜开展内容丰富、形式多样的消费促进活动。引导企业充分利用社交平台，发挥微信公众号推送功能的营销作用，将促销打折、新品上市等商品新动态即时推送给潜在消费者，使促销活动实时浸透消费者生活，提升消费预期。积极组织开展2017年消费促进月活动，利用新媒体、新渠道，宣传推广地方优质特色产品，满足居民个性化、多样化、品质化消费需求，使消费促进月活动真正成

为扩大有效供给、推动供需匹配、促进消费升级的重要平台和有效手段。

二是推动融合发展促消费。着力推动商旅文银供销、吃住行、游购娱深度融合、联动发展，形成促消费合力。引导企业特别是限上企业开展网店注册和网络贸易，构建线上线下融合发展格局。鼓励企业以"苏宁模式"和兰州银行三维商城等模式开展电子商务，使用本地化结算平台，数据进入当地社零统计系统。加大促进内外贸融合力度，关注和服务全省"一带一路"走出去的倡议，培育经营模式、交易模式与国际接轨的商贸企业，提高内贸企业利用国际国内两个市场、两种资源的能力，以外销促内需，提升内贸企业的购销水平。同时扩大省内企业的出口水平，实现甘肃省国内贸易和进出口贸易的双赢。

三是实施创新驱动促消费。鼓励商业企业增强创新、绿色发展理念，提高服务品质和商业模式方面的市场竞争力，形成独有的比较优势，加强品牌建设。引导传统零售企业转变经营理念，探索开展自主经营，创新发展连锁经营。鼓励引导大型实体商店及时调整经营结构，引进餐饮、休闲娱乐、文化教育等服务业态，丰富体验业态，用新技术新业态全面改造提升传统产业。引导企业改变千店一面、千店同品现象，定位不同消费群体，不断调整和优化商品品类。支持实体零售企业构建与供应商信息共享、利益均摊、风险共担的新型零供关系，提高供应链管控能力和资源整合、运营协同能力。

四是搭建地企合作平台促消费。瞄准本地规模化流通优势企业，如华润集团、中石油、中石化等，同时对本地区内特色产品流通龙头企业、农民专业合作社、加工生产厂家等进行摸底调查，收集本地区内名优特色产品基础信息，为地方和大型流通企业的合作牵线搭桥。进一步提升特色品牌知名度，扩大市场影响力，拓宽甘肃省特色产品在省内省外、国内国外及线上线下的营销渠道。

5. 持续推进完善城乡市场体系建设，稳步推进商贸物流业发展

一是持续完善城乡市场体系建设。2017年着力全面推进大型商品交易市场、公益性大型农产品批发市场、农产品产地批发市场和县乡便民市场建设，加快推进覆盖城乡的市场流通网络建设。编制《关于扩大大型商品交

易市场建设范围的实施方案》和《甘肃省农产品产地批发市场建设实施方案》。截至5月底，8个大市场总体建设进度达到69%；2017年确定的100个县乡便民市场，下达建设项目资金4000万元，全部开工建设，建设进度达46%。甘肃省公益性市场建设在商务部绩效评价中走在全国前列，武山洛门森源蔬菜果品市场获批首批全国公益性农产品批发示范市场。

二是稳步推进商贸物流业发展。积极推动商贸物流标准化建设，推荐7户企业2家协会为商贸物流标准化专项行动第三批重点推进企业（协会）示范单位。制定《贯彻物流业降本增效专项行动实施方案（2016~2018年）落实措施》，督促相关市州及兰州新区制定本辖区商贸物流业发展规划。改善流通安全环境，完成中药材流通追溯系统建设和天水市肉类蔬菜流通追溯体系中期评估。

（二）调结构，转方式，对外贸易指标回落中重构竞争新优势

2017年上半年，甘肃省商务系统大力落实促进外贸稳增长政策措施，优化结构，创新方式，重构模式，突出优势，全面提升外贸竞争力，全省实现货物进出口总额147.1亿元，同比下降51.1%。其中出口额51.5亿元，同比下降77.6%，进口额95.6亿元，同比增长29.4%，剔除2016年同期代理出口182.7亿元，出口增长8.9%，进出口实际增长24.5%，高出全国平均水平9.2个百分点（见表4）。

表4 2016~2017年月度甘肃进出口额对比

单位：亿元

月份	2016年当月进出口额	2017年当月进出口额	2016年当月进口额	2017年当月进口额	2016年当月出口额	2017年当月出口额
1	39.4	28.9	8.0	19.8	34.4	9.1
2	35.5	18.6	9.8	11.7	25.7	6.9
3	36.5	25.5	13.8	16.8	22.7	8.7
4	40.0	24.7	11.0	15.1	29.0	9.6
5	75.5	28.1	17.5	18.4	58.0	9.7
6	74.0	21.3	13.8	13.8	60.2	7.5

资料来源：甘肃省商务厅综合处。

1. 积极引进和承接外向型加工企业，加工贸易和国有企业进出口力量增强

一是加工贸易占全省进出口半壁江山。随着承接中东部地区产业转移步伐的加快，加工贸易比重不断提升，上半年加工贸易占比已达到53%，较2016年底提高26个百分点，下半年预计占比进一步提高。

二是国有企业成为进出口的主力军。国有企业进出口大幅增长，占全省进出口比重接近60%。受国际大宗商品价格上涨影响，金川公司、酒钢集团、白银公司三家大企业进口的铜精矿、锌精矿等资源性原材料大幅增长，带动国有企业重新成为进出口的主力。

2. 加强与"一带一路"沿线地区经贸合作，与丝绸之路沿线国家贸易占比快速提升

一是进一步完善与"一带一路"沿线地区国际贸易合作机制。目前，已在白俄罗斯、伊朗、吉尔吉斯斯坦、哈萨克斯坦、印度尼西亚、土耳其、印度、马来西亚及我国新疆霍尔果斯口岸设立了9个境外商务代表处，与哈萨克斯坦投资促进局以及塔吉克斯坦、土耳其、尼泊尔等53个境外商协会建立了合作机制，为甘肃省开展对外经贸活动创造条件，打好基础。

二是进一步加大"走出去"力度。2014年以来，组织200多家企业分别在白俄罗斯、伊朗、哈萨克斯坦和我国新疆霍尔果斯中哈国际边境合作中心举办了"中国甘肃特色商品展"，与白俄罗斯、伊朗、哈萨克斯坦、吉尔吉斯斯坦等沿线国家签约经贸合作项目合同和协议100多个。2015年1月甘肃省商务厅在霍尔果斯口岸中哈国际边境合作中心建设了"甘肃特色商品展示展销馆"，连续举办甘肃特色商品走中亚系列经贸活动，150多家企业、1200种特色商品入驻展示展销，与中亚、俄罗斯等地区客商建立了贸易伙伴关系，促成了甘肃省瓜果蔬菜、农副产品、灯具等产品的出口。

三是与丝绸之路沿线国家贸易占比快速提升。2016年，与"一带一路"沿线国家贸易额突破100亿元人民币，同比增长10%，占全省进出口总额的23%左右。2017年上半年，与丝绸之路沿线国家贸易额不断提升，占比由年初18.8%增至40%以上。与部分国家贸易成倍增长，与哈萨克斯坦贸易增长1.1倍、蒙古国增长36%、芬兰增长2.8倍等。

3. 加强对外开放通道建设，加速提升甘肃快捷通达和货物集散能力

一是积极组织企业利用展会平台扩大出口。甘肃省企业参加第121届广交会，签约成交出口额1.68亿美元，比上届增长6.3%；参加第六届尼泊尔国际展，签约500万美元苹果出口合同；筹组企业参加2017年香港亚洲果蔬展，支持农产品出口中小企业开拓韩国、日本、我国台港澳和东南亚市场。

二是加快打通空中通道建设。在巩固原有国际航线基础上，结合丝绸之路经济带甘肃段建设，2014年开通了兰州至迪拜、第比利斯和新加坡的航线，2015年开通了兰州至圣彼得堡、法兰克福和日本大阪的航线。2016年兰州至迪拜、达卡的国际货运包机出口，澳大利亚至兰州的国际货运包机进口开始直航，截至2016年底，已开通24条国际和地区航线。在旅游旺季开通旅游包机，先后开通敦煌至香港，兰州至泰国，张掖至香港，兰州至日本大阪、韩国首尔的旅游包机。

三是国际货运班列货运量不断提高。2017年上半年，"兰州号""天马号"国际货运班列共发运165列（6954车），累计货运213896.89吨，货值51478.74万美元。其中，中亚共发运153列（6522车），累计货运207094.17吨，货值47449.34万美元；南亚共发运11列（392车），累计货运5974.72吨，货值3840万美元；中欧共发运1列（40车），累计货运828吨，货值189.4万美元。截至2017年上半年，兰州新区综合保税区内企业进出口15.68亿元人民币，其中，进口7.55亿元，出口8.13亿元。

（三）谋精准，重到位，招商引资低迷阶段项目质量有所提高

2017年1~7月，全省共实施省外、境外招商引资项目4494个，累计到位资金3664.5亿元，比上年同期下降23.3%。7月当月到位资金626.8亿元，同比下降40.1%。

2017年1~7月，全省新设立外商投资企业7家，合同利用外资额2.2亿美元，实际利用外资3679万美元，截至目前，全省累计批准设立外资企业2156家，合同利用外资额186.86亿美元，实际利用外资19.3亿美元。

1. 会展商务活动精彩纷呈，项目推介和招商引资再上台阶

一是第二十三届"兰洽会"有24个"一带一路"沿线国家、17个省区市和新疆生产建设兵团、港澳台地区、省内14个市州分别组织企业参展，境内外参展企业达1500多家，参展商3000多名。进馆观众累计达24万人次，商品展销总成交额11.48亿元，其中：订货8.82亿元，现货销售2.66亿元。2016年举办的第二十二届"兰洽会"签约项目1435个，签约额7607.6亿元，已开工项目1087个，开工率75.8%，到位资金2523亿元，到位率33.2%。2017年7月举办的第二十三届"兰洽会"签约项目920个，签约额3129亿元，已开工项目477个，开工率51.8%，到位资金299亿元，到位率9.6%（见表5）。

表5　第二十二届、二十三届"兰洽会"招商引资状况对比

项目	签约项目（个）	签约额（亿元）	开工项目（个）	开工率（%）	到位资金（亿元）	资金到位率（%）
第二十二届	1435	7607.6	1087	75.8	2523	33.2
第二十三届	920	3129	477	51.8	299	9.6

资料来源：根据甘肃省商务厅经济合作局、协作处提供的有关材料整理。

二是第二届丝绸之路（敦煌）国际文化博览会经贸招商活动更加丰富。第二届丝绸之路（敦煌）国际文化博览会秉承"和平合作、开放包容、互学互鉴、互利共赢"丝路精神，为推进人类文明发展开辟了更加光明的前景，内容上精心设计了"论、展、演、创、贸、游"六大主体活动，有来自51个国家、3个国际组织的135位外宾应邀出席。本届文博会还首次大规模举办国际文化产业展览交易会、丝绸之路国际文化产业合作推介会、"一带一路"国际产能合作产业园区建设论坛、中新互联互通项目南向通道建设工作会等多项经贸活动，近20个国家以及国内20个省区市的500家企业共襄盛举，其中，丝绸之路国际文化产业合作推介会采取"一对一""一对多"等方式现场采购对接洽谈，共开展推介及产品发布活动124场次，达成意向贸易额6752万元，现场销售823万元；旅游产品展览及推介会重

点推介 362 个项目，签约 13 个项目，达成意向性投资 300 多亿元①。

2. 工业相对集中城市引资签约规模大，农牧业为主的市州资金到位率高

一是从签约规模看，兰州市、天水市、定西市位列前三名。兰州市仍占鳌头，项目签约数和金额分别为 103 个、754.5 亿元，分别占全省的 11.2%、24.1%；其次是天水市，项目签约数和金额分别为 97 个、320.5 亿元，分别占全省的 10.5%、10.2%；定西市也进入前茅，项目签约数和金额分别 97 个、294.4 亿元，分别占全省的 10.5%、9.4%。

二是从资金到位情况看，张掖市、临夏州跃居前茅。张掖市资金到位额和到位率分别为 26.6 亿元和 26.2%，资金到位率高出全省平均水平 16.6 个百分点；临夏州资金到位额和到位率分别为 15.2 亿元和 25.5%，资金到位率高出全省平均水平 15.9 个百分点（见表6）。

表6 第二十三届"兰洽会"甘肃各市州招商引资状况

地区	签约状况		到位状况		开工状况		建成状况	
	项目（个）	金额（亿元）	到位额（亿元）	到位率（%）	开工数（个）	开工率（%）	建成数（个）	建成率（%）
兰州市	103	754.5	88.1	11.7	46	44.7	0	0
嘉峪关	19	110.9	12.6	11.3	12	63.2	0	0
金昌市	49	133.8	5.3	4.0	20	40.8	0	0
天水市	97	320.5	53.0	16.5	76	78.4	1	1.0
白银市	94	216.4	9.1	4.2	64	68.1	0	0
酒泉市	48	206.3	4.5	2.2	11	22.9	0	0
武威市	52	145.8	7.2	4.9	27	51.9	0	0
张掖市	71	101.7	26.6	26.2	58	81.7	4	5.6
庆阳市	53	262.8	25.8	9.8	29	54.7	1	1.9
定西市	97	294.4	6.4	2.2	24	24.7	0	0
陇南市	96	237.4	17.6	7.4	42	43.8	0	0
临夏州	20	59.9	15.2	25.5	15	75.0	2	10.0
甘南州	6	4.7	0.3	5.9	3	50	0	0
全省	920	3129.3	299.5	9.6	477	51.8	8	0.9

资料来源：甘肃省商务厅综合处。

---

① 范海瑞：《厚植文化沃土，铺就发展基石——第二届丝绸之路（敦煌）国际文化博览会经济贸易成果综述》，《甘肃日报》2017 年 9 月 26 日。

3. 外商投资规模增大，外商投资结构出现新变化

一是投资领域不断拓宽。由传统产业向现代农业、基础设施、新能源、先进制造业、物流、现代服务业等领域拓展。2017年上半年外资投向一、二、三产业的比重分别为8%、67%和25%。金融业领域利用外资有所突破，第一家外资融资租赁公司和外资村镇银行相继设立，合同外资额达1692万美元。

二是第一产业外商投资成倍增长。2017年上半年，第一产业合同外资金额7983万美元，同比增长425.2%，占合同外资额的35.99%。第二产业合同外资金额12496万美元，同比增长123.06%，占合同外资额的56.34%，其中电力、燃气业合同外资金额6580万美元，同比增长28.47%；制造业合同外资金额3000万美元，同比增长252%，世界500强企业正威（甘肃）铜业科技有限公司增资3000万美元；采矿业合同外资金额2916万美元，甘肃金徽矿业有限责任公司通过增资并购方式引进港资2916万美元。第三产业合同外资金额1701万美元，占合同外资额的7.7%，其中租赁业合同外资金额1276万美元，甘肃金融资本管理有限公司合资设立甘肃公航旅融资租赁有限公司。

三是外资来源地比较集中，利用其他发达国家和地区的外资比较少。2017年上半年，投资性公司到位资金1296万美元，占实际利用外资的35.23%；香港地区到位资金1198万美元，占实际利用外资的32.56%；韩国到位资金1070万美元，占实际利用外资的29.08%；中国台湾地区、美国和荷兰分别到位资金78万美元、26万美元和11万美元，占比分别为2.12%、0.71%和0.3%。

4. 聚焦战略性新兴产业，组织重点招商活动

一是做好精准推介基础工作。围绕全省招商引资"十三五"规划，聚焦战略性新兴产业和各地首位产业，谋划推进产业招商项目，省商务厅审核编制《2017年全省重点招商项目册》，涉及10个行业206个项目，投资总额2116亿元，并以项目册、项目U盘、网站及微信平台发布等多种形式向投资者进行精准推介。

二是组织重点招商活动。在北京举办了世界500强走进甘肃对接交流会，初步达成43项合作意向，涉及大健康、有色冶金、现代农业、环保科技、装备制造、基础设施建设等多个领域。为巩固和扩大与央企深层次、多领域的合作，与省国资委、兰州市和其他市州共同举办"央企走进甘肃"系列活动。

（四）促发展，重规范，用力促进对外投资重点项目进展

2017年1~7月，甘肃对外直接投资31066万美元，同比增长80.4%，对外承包工程完成营业额10973万美元，同比下降10.3%。

1. 境外投资企业迅速增加，对外投资额大幅提高

2017年，新备案（增资）境外企业15家，中方协议投资额51260万美元；实际开展对外直接投资的境外企业32家，当年实际投资额31066万美元，同比增长80.4%，预计全年可达到4亿美元。其中，对"一带一路"沿线国家实际投资项目14项，实际投资额6461万美元。

一是推进重点对外投资项目。继续跟进重点企业、重点项目，酒钢集团牙买加投资阿尔帕特氧化铝厂复产改造项目和金川集团印度尼西亚WP&RKA红土镍矿项目开工建设，预计2017年内两个项目共需拨付建设资金4.68亿美元。推动与白俄罗斯的经贸合作，中白贸易合作中心开始运营，格罗德诺宾馆项目、白俄罗斯G·S明珠广场建设项目、格罗德诺中医中心项目等有序推进。

二是规范企业"走出去"投资经营行为。加强境外投资真实性、合规性审核的工作，全面梳理全省对外投资业务，明确新形势下境外投资管理的工作流程、审查范围和标准，积极引导境外企业审慎决策，合规经营，防范对外投资风险。

三是加强境外企业安全风险防控。加大对"走出去"企业风险保障宣传教育力度，不断健全境外安全风险预警和处置机制，实时掌握和通报国别投资环境及风险信息，编制更新《境外投资合作政策汇编》《境外重点国别投资指南》，为企业对外投资合作提供基础性信息服务。跟进服务重大对外

投资合作项目，对在加纳、津巴布韦投资企业风险管理进行实地调研督查。推动对外劳务合作持续有序发展，着力提高外派企业的经营管理水平，重视做好监督管理和服务保障工作。

2. 对外承包工程量有所减少，境外务工人员增长较快

对外承包工程业务新签合同额 10428 万美元，实际同比下降 67.1%；完成营业额 10973 万美元，同比下降 10.3%；工程项下累计派出人员 308人，同比增长 75%；期末在外人员 1197 人，同比增长 20.3%。根据正在执行项目的工程进度估算，预计全年对外承包工程可达到 1.2 亿美元。2017年，在"一带一路"沿线国家执行承包工程 20 项，完成营业额 1526 万美元，截至目前，累计完成营业额 18716 万美元。

3. 对外经济技术援助项目稳步推进，援外培训区域有所拓展

2017 年，经商务部核批，甘肃省承担国家对外援助培训项目共 8 项，截至目前已开展援外培训项目 1 项，为巴拿马、厄立特里亚、约旦等国培训30 多名政府官员和技术人员。

二 2017年甘肃商务发展中的突出问题

2017 年上半年，由于整体经济下行压力持续增大，甘肃商务发展还存在内贸消费方面，平稳增长压力大，消费热点形成难；外贸发展方面，消除逆差困难多，扩大出口任务重；招商引资方面，规模扩大遇瓶颈，项目落地难突破；对外投资方面，企业实力技术弱，复合型人才匮乏等突出问题。

（一）内贸消费：平稳增长压力大，消费热点形成难

2017 年上半年，在整体经济增速趋缓的背景下，甘肃省消费市场发展速度也有所放缓，尤其是限额以上企业批零销售额持续下滑，限上批零企业经营规模偏小，缺乏竞争力，市场缺乏明显的消费热点，市场消费外在拉力不足。

一是 CPI 上涨对消费心理产生负面影响。1~8 月，全省居民消费价

总水平同比上涨1.0%，涨幅比1~7月扩大0.1个百分点，其中，8月，居民消费价格总水平同比上涨1.8%，环比上涨0.3%。在收入没有明显增长的情况下，物价水平的提高意味着居民实际购买力的下降，消减了居民的消费能力，影响了居民的消费热情，对人们消费心理带来了一定程度的冲击，从而影响着消费需求的扩大。

二是建材、成品油销售额下降。受省内投资疲弱、工程开工不足、工业增长乏力等因素拖累，加上外需疲软等不利形势影响传导，以从事建材（钢材、水泥等）和成品油销售为主的限上入库批发业实体流通企业销售额有所下降，效益下滑。

三是大型零售企业受消费者信心和消费方式转变影响，销售额降幅较大。汽车商品消费需求呈逐步趋缓态势，石油及其制品类零售额下降等问题，对甘肃省社会消费品零售总额的增长都起到了一定的抑制作用。

四是房地产销售缓慢。2017年上半年，兰州市先后出台了住宅限购、限贷、限价等具体措施，房地产销售明显进入观望盘整期，成交量下滑，大宗商品消费态势对市场热点的形成带来了更大的阻力。

（二）外贸发展：消除逆差困难多，扩大出口任务重

当前，对外贸易形势更加复杂，美国推波助澜的一股"反全球化"逆流正加重世界贸易摩擦，半岛危机、中印边境对峙等将加大亚洲贸易风险，部分国家收紧进口政策，中国的对外贸易企业正处在贸易风险高发期。除此之外，甘肃省还要面对国际市场需求减弱、进出口成本上升、产品技术含量低等因素的影响。总体看，传统外贸业务发展乏力，跨境电商、外贸综合服务企业等新型贸易方式尚未形成规模，新的外贸增长点不能弥补传统外贸下降的巨大缺口，外贸稳增长、调结构压力依然很大。

一是对外贸易总量偏小。2017年上半年，虽然外贸进出口降幅较年初大幅收窄，进口由负转正，但是出口下降局面仍未扭转。开放型经济规模小、外贸结构单一是甘肃省外贸发展的主要短板。外贸仍以一般贸易为主，其中货物贸易占比较大，加工贸易和服务贸易虽然保持了较好的增长势头，

但比重较小，拉动作用不明显。

二是贸易逆差迅速扩大。2017年上半年进口额比出口额多44.1亿元，出口严重受阻或快速下降是导致对外贸易总体疲弱的主要原因，而且进出口失衡问题已经显现出来，如何扩大出口是外贸稳发展的关键环节。

三是对外贸易中原材料占比过大。受价格下跌和国际市场需求低迷影响，甘肃省资源型产品进出口下滑严重，目前重点监测的10种大宗进口商品中，铁矿砂、未精炼铜、燃料油等5种商品未发生进口，其他的如铜精矿、镍硫等资源型产品进口价格全部下跌，占出口比重较大的钢材、镍、贱金属制品等产品出口降幅较大；机电高新产品出口降幅较大，虽然进口增长较快，但占比较小，难有明显拉动作用。

（三）招商引资：规模扩大遇瓶颈，项目落地难突破

甘肃招商引资优惠政策的吸引力下降，产业配套和关联度低，基础设施和服务设施配套建设相对滞后，个别地区在新常态新形势下发展路径、产业布局、项目策划能力明显不足，导致签约多、落地少、推进慢的问题依然比较突出。

一是经济下行压力持续加大，导致招商困难。受国际国内各种因素影响，经济下行压力持续加大，各类风险矛盾日益突出，加之部分投资企业自身规模小、抗风险能力弱等原因，一些投资商投资意愿减弱，对投资持观望态度，导致一些较大的项目没有按期开工，严重影响了项目的建设进展。同时，经过近几年的高速增长，招商引资到位资金基数比较大，继续保持高增长率的难度大。

二是外资对全省经济增长的带动作用有待提升。首先，要调整优化外商投资产业结构。从产业角度来讲，近年来，第一产业实际利用外资占比10.6%，第二产业占比81.8%，第三产业占比7.6%。在第二产业实际利用外资中，电力、燃气及供水行业占比67.5%，制造业占比6.6%，采矿业占比7.7%。从此可以看出，甘肃省实际利用外资主要集中在能源、资源的开发和利用方面，研发设计、医疗教育、养老育幼等现代服务业领域利用外资

尚未取得重大突破。其次，进一步优化利用外资结构。甘肃省批准设立的外商投资企业中，生产制造项目占合同外资额的比例高达91.48%，服务业领域项目合同外资仅占3.25%，外资结构仍需优化。最后，各地利用外资不平衡问题更加突出。四年来全省批准设立外商投资企业82家，兰州市新设外资企业比重达到58.54%。酒泉、武威、兰州实际利用外资的比例为52.32%、12.28%和9.56%。

三是投资环境不够优化，项目落地迟缓。一些相关职能部门存在思想不够解放，服务意识不强，优惠政策落实不到位、不规范等问题，部门联动机制尚未形成，项目行政审批手续办理速度慢、效率低，在一定程度上影响了项目进度。同时土地成本高及征地难问题也较突出。由于土地政策的调整，土地成本日趋增高，土地征用困难，失地农民补偿和拆迁安置难度较大，有的项目土地成本与发达地区相比已无明显竞争优势，直接影响了项目落户和整体招商工作。同时，一些工业园区在道路、供排水、供电、供气等基础设施建设上进展较慢，与"六通一平"的标准要求还有一些差距，给招商引资项目的引进、落实带来了一定困难。

四是项目质量层次低，招商成功率不高。有些储备项目的编制不够规范，缺乏深入细致的可行性研究和论证，"项目一张纸"的问题依然存在，科技含量高、特色优势突出、市场前景好的大项目、好项目偏少。

五是项目建设相关数据不准确不规范。项目报表统计、信息报送等工作质量不高，项目形象进度与统计报表不符的现象普遍存在，主要表现在签约资金小额大签、到位资金大部分没有银行凭证、固定资产大部分没有建立台账等方面。

（四）对外投资：企业实力技术弱，复合型人才匮乏

由于世界经济复苏缓慢、国内产业结构转型升级、经济增速放缓等客观因素的影响，甘肃省对外投资的机构及企业投资信心不足，对外投资疲软，对外承包工程开展难度相应增加。

一是对外投资企业技术实力还很弱小。甘肃省对外直接投资起步较晚，

存量规模远不及发达省份，地区行业分布都具有一定局限性。同时，甘肃省"走出去"的企业，特别是中小企业，总量小、核心竞争力不强、对外投资结构单一、总体实力较弱。在当前参与国际竞争的过程中，缺乏开拓国际市场的实力和技术，这些因素都制约了对外投资业务的发展。

二是企业缺乏复合型人才。甘肃省企业普遍存在人才缺乏的问题，尤其是缺乏既具备国际化经营管理能力、语言交流能力，又熟悉项目所在国的法律、民俗的跨国经营管理人才。主要表现在国际化经营管理经验、投资环境变化适应能力以及与资源国文化融合等许多方面限制了企业"走出去"的规模、速度和运行质量。

三是中小企业融资难一直是制约"走出去"的重要因素。受国内融资成本、国内信贷政策、企业资产负债率过高等因素影响，甘肃省企业融资渠道不畅，普遍存在融资困难，在国外由于缺乏资信记录，几乎无法融资。因此，企业很难通过资本市场融资贷款，解决资金不足的问题。

三 2018年甘肃商务发展走势展望

针对2017年上半年商务运行动态和运行特点及存在的突出问题，结合甘肃经济社会发展现状，依据国际经济复苏走势和国内宏观经济政策的导向变化，2018年甘肃商务发展应以稳发展为大方向，在此基础上精准调整确定商务发展新目标。

（一）内贸流通发展指标仍有一定的上调空间

2018年，随着国际经济缓慢复苏和"一带一路"倡议的深入推进，外部经济发展环境较2017年有所改观和改善，国内外市场需求有所增强，对于甘肃商务发展会注入较强的助推力，反映商务发展的有关指标在2017年的基础上会进一步有所提升。

1. 社会消费品零售总额能够实现增长10%左右的目标

2017年上半年，全省实现社会消费品零售总额1636.9亿元，同比增长

8.9%，低于全国平均水平1.5个百分点，低于全年目标0.1个百分点。在全省经济形势下行、工业生产低位运行、固定资产投资大幅下降的大环境下，消费市场能够保持平稳运行实属不易。近期，受小排量汽车购置税减半优惠政策逐步退出等因素影响，占限额以上单位零售额的比重达25%的汽车消费动力明显减弱。同时，甘肃省占限额以上单位零售额的比重达28%的石油及其制品类商品零售呈现逐渐回落态势，消费市场后劲不足。但考虑到后半年节假日较多，在各类促销活动的刺激和旅游消费的带动下，整体消费将有所回升，预计全年能够完成增长9%的既定目标。十九大后国家将会密集出台若干促进消费、拉动内需的宏观政策，因此，应将2018年社会消费品零售总额增长率上调到10%左右，有条件也有可能实现。

2. 电子商务交易额和网上零售额增长率可高达40%以上

近年来，甘肃电子商务发展环境不断优化，交通基础设施和网络基础设施显著改善，快递物流业快速发展，电子商务示范城市、基地、企业和电子商务进农村综合示范县的建设取得了明显成效，从而为电子商务交易额和网上零售额的高速增长夯实了坚实的基础，创造了更为便利的条件，2018年电子商务交易额和网上零售额增长率预计将达到40%以上。

（二）对外贸易降幅会逐步收窄

2017年上半年，在剔除外省贸易型企业出口后，外贸进出口和出口分别增长24.5%和8.9%，进口受国际大宗商品价格上涨影响也保持了30%以上的较快增长，外贸回稳向好的趋势更加明显。但根据当前发展形势及对重点外贸企业的摸底调查，下半年外贸进出口继续回稳向好的基础不稳固，全年外贸进出口总额预计能达到320亿元，降幅有可能收窄至30%左右，2018年降幅会收窄到20%以下，与"一带一路"沿线国家贸易额占比将会提高到45%以上。

（三）招商引资及利用外资会遇到更大挑战

2017年以来，甘肃省外商投资额持续处于下降通道，主要是由于2016

年以前甘肃省在风光电新能源领域利用外资额较大，占比达 68.11%，是吸收利用外资的优势产业。而 2016 年国家停止新增新能源项目建设的审批后，甘肃省新能源领域没有新的外商投资项目，影响了外资增长。预计全年实际利用外资 8000 万美元左右，同比下降 27% 左右，估计 2018 年会持续下降，同比有可能扩大到 30% 上下。

（四）对外投资会有所回落

2017 年上半年，甘肃省对"一带一路"沿线国家投资实现了较快增长，实际投资项目 14 项，实际投资额 6461 万美元，是 2016 年同期的 21 倍，占对外直接投资总额的 20.8%。预计全年对外直接投资可达到 4 亿美元，对外承包工程完成营业额可达到 1.2 亿美元。预测 2018 年对外直接投资增长率将会保持在 20% 上下，对外承包工程完成营业额增长率会回升到 5% 左右（见表 7）。

表 7　2017 年上半年甘肃商务发展主要指标及 2018 年预计增长率

单位：%

指标类别	指标名称	"十三五"规划目标增长率	2017 年上半年实际增长率	2018 年预计增长率
内贸流通	社会消费品零售总额	10	8.9	10
	电子商务交易额	35	26.7	40
	网上零售额	35	—	40
对外贸易	货物贸易进出口额	30	−51.1	−20
	"一带一路"沿线国家进出口占比	30	40.6	45
	服务贸易进出口额	10	—	—
	服务外包执行金额	10	—	—
招商引资	招商引资实际到位资金	10	−23.3	−20
	实际利用外商直接投资额	5	−41.2	−30
对外投资合作	对外承包工程完成营业额	10	−10.3	5
	对外直接投资额	15	80.4	20

四　2018年甘肃商务发展对策建议

2018 年，甘肃商务应围绕目标导向和问题导向，将重点放在"三力促三精准"上：力促消费，精准释放内需市场新活力；力促出口，精准构建对外贸易新格局；力促落地，精准优化招商引资新模式。

（一）力促消费，精准释放内需市场新活力

充分发挥内贸流通对国民经济的基础性支撑和先导性引领作用，推进流通信息化标准化集约化，建设法治化营商环境，提升国内贸易流通现代化水平，千方百计刺激消费，精准释放内需市场新活力。

1. 加快三大空港和三大陆港项目建设，增加消费便利性释放消费潜力

以推进"一带一路"建设有关政策措施落实为重点，加快兰州新区、物流通道和各类开放平台等重点项目建设，进一步发挥和放大政策效应。以推进三大空港和三人陆港口岸开放为支撑，加快完善和发挥肉类、水果、水产、木材等指定口岸功能，推进兰州国际港务区建设，拓展国际货运业务，进一步提升互联互通水平。

2. 充分发挥流通衔接供需作用，增加有效供给增强消费动力

一是进一步完善内贸流通市场体系。积极借鉴吸收全国内贸流通体制改革发展综合试点经验，加快推进甘肃省内贸流通改革创新。推进《甘肃省商贸物流业发展专项规划（2015～2020）》落实。贯彻实施甘肃省推动实体零售创新转型的实施意见，开展零售业提质增效专项行动。打造农产品流通产业发展支撑体系，培育一批农产品流通骨干企业，构建大型商品市场、农产品产地批发市场和县乡便民市场三大交易平台。

二是提高商品和服务供给质量。打造多层次的消费促进服务平台，引导品质品牌品种消费供给和服务消费供给，促进餐饮、住宿、家政等居民生活服务业转型升级，加快养老服务项目落地和政策落实。推动连锁经营网络向农村延伸，并进一步完善特许经营备案管理工作。依托"三位一体"的再

生资源回收体系，发挥龙头企业作用，构建体系完备、功能完善的再生资源回收服务平台。同时，加大农村回收网点建设力度，进一步提高重点废旧商品回收利用率。

三是优化公平竞争市场环境。推进商务诚信体系建设，进一步做好信用信息归集，推进商务领域信用信息公开共享。完善打击侵权假冒长效机制，探索开展"双打"工作绩效考核，加强重点领域治理和行业日常监管，加强部门间协调配合，强化联合执法力度，进一步完善"两法衔接"，深入推进打击侵权假冒行政处罚案件信息公开制度落实。

3. 推进消费结构转型升级，出台落实消费促进政策提高消费活力

一是调整和完善汽车消费政策。石油及其制品类和汽车类商品是甘肃省前几年消费市场的主打商品，但近两年来增长缓慢，需要采取一定措施回温。首先要完善汽车消费信贷政策，进一步降低汽车消费信贷门槛和利率。其次要优先解决城市交通堵塞、道路改建扩建缓慢、公共停车位供应严重不足、停车收费过高等影响汽车使用问题。最后要严格规范汽车修理、保养行业，制止乱收费、高收费等行业现象。

二是继续完善住房消费政策。首先要扩大廉租房、公租房、经济适用房等保障性住宅的市场供应量，扩大保障性住房消费信贷规模，降低保障性住房消费信贷首付比例和利率。其次，放松限购、限贷政策，刺激改善型住宅成交量。客观地看，甘肃房价总体水平仍处在全国低位水平，不能一味地与沿海经济发达的大城市比较，跟风出台更为严厉的调控措施。同时，要看到甘肃中小城镇还有大量的住房库存，要高度重视积极解决住房库存问题。

三是创新餐饮住宿营销模式。引导企业完善营销方式，充分运用电子商务开拓市场，通过网络团购、微博打折、微信促销、刷二维码等新型营销方式，加快网上网下市场的协调发展，增强对年轻消费群体的吸引力，不断拓展新的消费增长点。

四是开展旅游景区套餐服务。加快旅游景区餐饮一体化建设，降低一体化收费标准，促进旅游、文化与餐饮住宿业的相互融合，提高旅游消费层级。

（二）力促出口，精准构建对外贸易新格局

在国际主要工业原材料市场价格进入上升通道时期内，对以冶金、有色产品等原材料产品为主导的甘肃对外贸易发展既是挑战，也是机遇。2018年，在加大力度落实国家、省市支持外贸稳增长的有关政策的基础上，应将重点放在促进出口、消除逆差上，带动整个对外贸易格局的重构和改变。

1. 持续加力推进出口基础工程项目建设，增强出口张力

一是加快实施"三大工程"和"三大出口基地"建设。落实和推进《甘肃省商务发展第十三个五年发展纲要》的开放主体培育工程、出口基地建设工程和服务外包促进工程，重点打造三大出口基地，即科技兴贸创新基地、外贸转型升级示范基地和农产品质量安全示范基地建设。

二是加快建设"三大陆港"和"三大空港"。在加快完善兰州和敦煌空运口岸、兰州铁路口岸、兰州新区综合保税区、武威保税物流中心建设的同时，加快天水国际陆港物流园项目进程，推进铁海联运、海陆联运，谋划建设丝绸之路经济带大数据信息港，畅通西向、南向物流贸易通道，提高对外贸易便利化水平。

2. 加快跨境电商平台建设，积极调整开拓国际市场的方式

一是加快改变出口企业单一的对外贸易方式。中国贸促会调查结果表明，中国出口企业主要依赖于参展、电商、依托国外大型经销商、境外营销网络等4种方式拓展境外市场，其中参展占35%，电商占29.4%，依托国外大型经销商占17.6%，境外营销网络占14.7%①。因此，2018年及以后，应鼓励出口企业积极参加境外各种展销展览会，寻找商机，同时也要注重营运电商平台，拓展国际市场。

二是重点把握跨境电商进入红利快速释放期的历史机遇。目前，全球贸易中有44.3%的企业开展跨境电商业务。对于第三方跨境电商平台的选择，有45.1%的中国外贸企业选择阿里巴巴，13.1%选择亚马逊，10.7%选择

---

① 中国国际贸易促进委员会：《2017年外贸企业生存现状调查报告》，中国贸促会网。

eBay，8.2%选择中国制造网，6.6%选择速卖通①。同时，还应鼓励出口企业建立自营跨境电商平台。

三是创新境外办展参展方式。在组织好中国—东盟博览会、阿斯塔纳世博会、香港（亚洲）果蔬展、秋季广交会、文博会等境内外重点展会的基础上，推动中亚、西亚、南亚、中欧班列和国际货运包机常态化运营；加强与广西等地合作，融入共建中新南向物流大通道，为出口企业畅通对外贸易通道。

3. 加快构建促进出口的服务支撑体系，降低出口企业运营成本

一是积极培育外贸综合服务企业，为中小外贸企业提供集成式供应链服务。培育扶持服务贸易和服务外包企业主体，进一步扩大旅游、建筑、劳务输出等传统劳动密集型服务贸易出口。

二是发挥商务发展资金支持作用，加强对中小服务贸易企业扶持。首先，要落实各项支持出口的有关政策，让出口企业真正看到实惠。其次，要降低出口企业资金融通门槛和资金利息，确保出口企业流动资金正常周转。最后，应向中小出口企业敞开发行出口专项基金、企业出口中长期债券、各种票据市场、信用担保等融资通路。

三是加快电子口岸平台建设。推进跨区域通关合作，降低通关成本，不断提高贸易便利化水平。在有条件的市州可申报设立海关特殊监管区域。

（三）力促落地，精准优化招商引资新模式

围绕传统产业提质增效、新兴产业培育壮大，紧盯国内外前沿技术、领头企业、领军人物，进一步加大招商引资力度，精准优化招商引资新模式，做到引进来、留得住、发展好、有实效。

1. 精准谋划招商项目，紧扣重大活动主题征集发布精品项目

一是围绕规划和产业发展需求甄选项目。根据全省招商引资"十三五"发展规划，围绕装备制造、特色农业、生物医药、文化旅游、石油化工、有

---

① 中国国际贸易促进委员会：《2017年外贸企业生存现状调查报告》，中国贸促会网。

色冶金精深加工、跨境电商及现代物流等产业包装甄选项目，并以项目册、项目U盘、网站及微信平台发布等多种形式向投资者进行精准推介。各市州在包装推介项目过程中，要立足区域发展定位和产业特点，突出主导产业和优势产业。

二是结合专项活动做好项目征集及推介。针对"兰洽会"、文博会、"世界500强走进甘肃（北京）对接交流会"等重要展会节会，紧密围绕大健康和有色冶金产业，征集、推介精品招商项目。根据大型节会招商平台和重点招商引资活动的需要，分门别类，量体裁衣，做好招商项目征集、包装和推介工作。

2.精准优化招商模式，突出产业链招商、以商引商、陇商回流新模式

一是突出产业链招商模式。从东部沿海省份招商引资的成功经验可以看到，产业链招商是主动承接产业转移、推动区域经济发展的有效手段之一。产业链招商能够抛开土地、税收、区位等优惠政策，是能够满足构建产业链需要、弥补产业链薄弱环节、打造产业集群的一种招商模式。

二是突出以商引商模式。在各地开发区，可以建立苏浙工业园区、粤港工业园区、闽台工业园区等具有鲜明地方特色的园区，以此为吸引点，扩大招商引资规模，促进项目落地实施。

三是突出陇商回流招商模式。在全国各地，都有许多非常成功的甘肃籍商人，也主导和发展了许多地方的甘肃商会，因此，应在加快培育和培植、宣传和推广陇商企业家成功模式的基础上，创办陇商创业园区，吸引甘肃籍企业家回流，在家乡投资兴业。

国内贸易篇

Domestic Trade Reports

B.2
甘肃消费品市场运行分析报告

尹小娟*

摘 要： 本研究结合甘肃实地情况，通过对比分析 2017 年 1～8 月全省消费品市场的主要指标，客观分析了全省消费品市场的运行情况、市场结构、消费热点以及存在的问题，认为 2017 年后期及 2018 年全省消费品市场将继续保持平稳增长、以"互联网＋"为核心的新型消费模式将继续引领消费热点，并从消费品供给侧改革、提高居民收入、推进城乡一体化、优化消费环境等方面提出了一系列具有针对性和可操作性的对策建议，旨在为促进甘肃消费品市场的可持续发展提供借鉴。

关键词： 甘肃 消费品市场 批发和零售业 住宿和餐饮业

---

* 尹小娟，甘肃省社会科学院公共政策研究所助理研究员，研究方向为生态经济学、消费经济学。

近年来，在国家和省上扩内需、促消费政策的推动下，甘肃省消费品市场基本保持平稳增长的态势。与此同时，消费的结构和观念已经发生了明显的变化，消费市场中网络消费、文化类消费等快速发展。与发达地区相比，甘肃省农业人口众多、经济相对落后，消费品市场运行过程中存在不少问题。

一　甘肃消费品市场整体运行情况分析

（一）2017年1～8月甘肃消费品市场运行稳中趋缓

2017年1～8月，全省累计实现社会消费品零售总额2193.1亿元，同比增长8.5%，增速比上半年回落0.4个百分点（见图1），低于全国平均水平1.7个百分点，低于全年目标0.5个百分点。按消费形态划分，全省实现商品零售额1843.9亿元，同比增长8.2%，增速比2016年同期回落了0.3个百分点；实现餐饮收入349.2亿元，同比增长10.5%，增速比2016年同期回落了0.1个百分点。分行业看，限额以上批发业实现销售额2404.7亿元，同比增长11.2%；限额以上零售业实现销售额626.3亿元，增长5.9%；限额以上住宿业实现营业额25.8亿元，同比增长5.7%；限额以上餐饮业实现营业额28.1亿元，同比增长8.7%。根据甘肃省商务厅提供的数据，全省限额以上批零住餐企业通过公共网络实现零售额6.8亿元，同比增长22.4%，增速比1～7月回落了0.7个百分点。

总体来说，全省消费品市场运行情况基本平稳，但受经济形势总体下滑压力的影响，3月后增速呈现持续放缓趋势。与2016年同期相比，2017年前5个月增速均有提高，最大增幅上升了0.7个百分点；6～8月增速逐渐放缓，分别比2016年同期下降0.4个百分点、0.2个百分点和0.3个百分点（见图2）。增速的小幅回落造成社会消费品零售总额稳中趋缓态势。

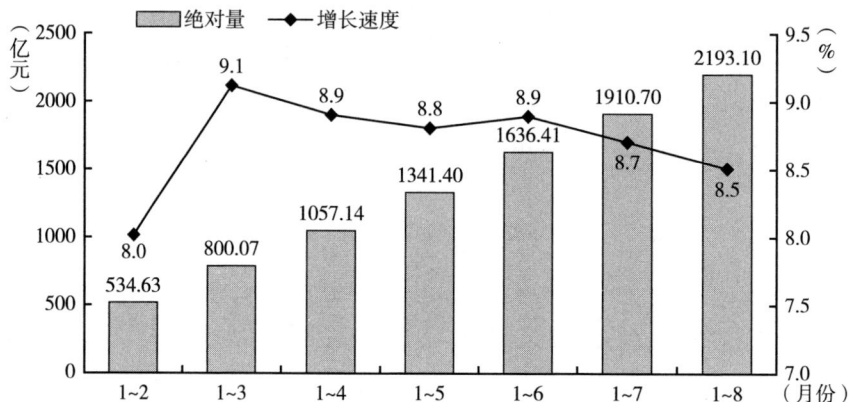

图1 2017年1～8月甘肃省社会消费品零售总额及增速

资料来源：2017年8月甘肃统计月报，甘肃省统计局网站。

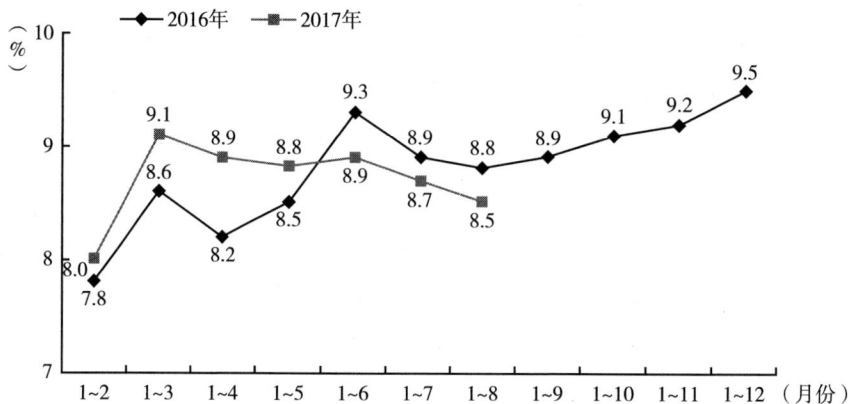

图2 2016年全年、2017年1～8月甘肃社会消费品零售总额累计增速

资料来源：2016年11月甘肃统计月报；2016年甘肃省国民经济和社会发展统计公报；2017年8月甘肃统计月报，甘肃省统计局网站。

（二）甘肃省消费品市场结构分析

1. 批零住餐行业基本情况分析

第一，全省第三产业快速发展，批发和零售业及住宿和餐饮业比重不断上升。近年来，全省第三产业快速发展，第三产业增加值占国民经济生产总值的比例不断上升，2016 年首次突破 50%（见表 1、图 3）。2017 年第三产业保持快速发展势头不变，上半年占生产总值比例已经高达53.15%。第一产业增加值占 GDP 比例不断降低、第三产业增加值占 GDP比例持续增加意味着甘肃省经济发展水平不断提高。批发和零售业、住宿和餐饮业是居民消费市场的重要组成部分，更是第三产业中的重要行业，其变化直接影响居民消费观念的变化和消费结构的升级。2017 年 1～6月，批零住餐行业共占第三产业比重的 22.59%。其中，批发和零售业占第三产业的比重为 16.18%；住宿和餐饮业占第三产业的比重为 6.41%（见图 4）。

表 1 1995～2016 年甘肃省三次产业增加值占国内生产总值比重

单位：亿元，%

产业	1995 年	2000 年	2005 年	2010 年	2014 年	2015 年	2016 年
第一产业	19.83	18.43	15.93	14.49	13.18	14.05	13.61
第二产业	46.05	40.05	43.36	46.84	42.80	36.74	34.84
第三产业	34.12	41.52	40.71	38.67	44.02	49.21	51.55

资料来源：2016 年《甘肃统计年鉴》。

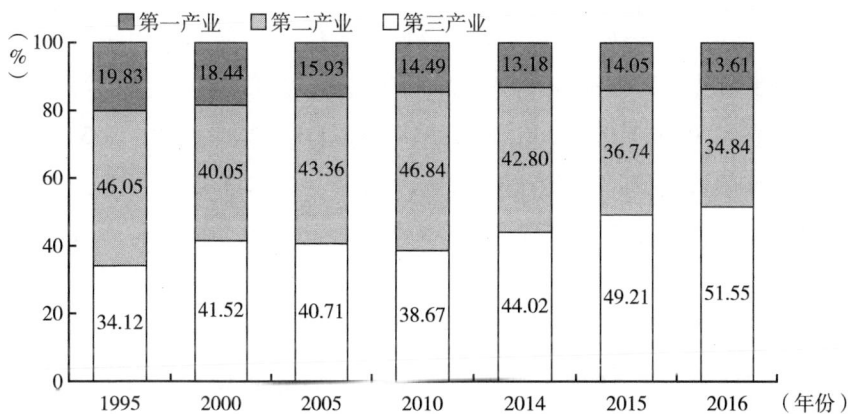

图 3 1995～2016 年甘肃省三次产业增加值占国内生产总值比重

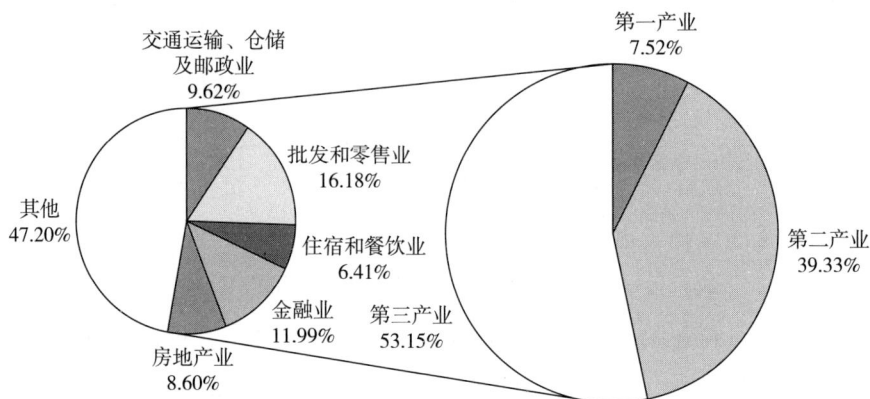

图4 2017年1~6月甘肃省国民生产总值构成及第三产业构成

资料来源：2017年8月甘肃统计月报，甘肃省统计局网站。

第二，批发业累计增速摆脱负增长，后期回落明显，零售业、住宿和餐饮业稳中向好。如表2和图5、图6所示，2017年1~8月全省实现限额以上批发和零售业销售额3031亿元，增长10.1%；限额以上住宿和餐饮业营业额53.9亿元，增长7.2%。四大行业产值的持续增长从侧面表明，甘肃经济正在稳步增长。与前两年相比，2017年1~8月全省批发业累计增速首次摆脱负增长，年初发展势头良好，后期逐渐回落。全省限额以上批发业销售额2404.7亿元，同比增长11.2%，比上年同期增长了8.7个百分点。零售业运行平稳、呈现缓慢增长态势。全省限额以上零售业销售额626.3亿元，增长5.9%，比上年同期增长了3.3个百分点。住宿和餐饮业第一季度增势明显，第二、三季度略有回落，总体运行平稳。限额以上住宿业营业额25.8亿元，增长5.7%；限额以上餐饮业营业额28.1亿元，增长8.7%。中央八项规定等抑制公款消费的政策措施对全省住宿和餐饮业持续产生影响。与2016年同期相比，二者增速均有回落，住宿业下降了3.1个百分点，餐饮业下降了0.5个百分点。总体来说，批发和零售业发展快于住宿和餐饮业，主体地位不断加强（见图7）。

表2 2017年1～8月甘肃省限额以上批发和零售业销售额、
住宿和餐饮业营业额及其增速

单位：亿元，%

时间	批发业销售额		零售业销售额		住宿业营业额		餐饮业营业额	
	绝对量	增速	绝对量	增速	绝对量	增速	绝对量	增速
1～2月	541.14	20.7	139.86	4.7	4.55	3.9	6.58	5.9
1～3月	848.95	17.9	219.55	8	7.39	7.3	9.92	11.1
1～4月	1095.92	14.4	292.2	8.1	10.05	5.9	13.18	11.4
1～5月	1474.56	18.8	376.93	8.3	13.23	6.3	16.57	11.1
1～6月	1855.33	10.8	469.72	7.1	16.98	6.3	20.49	10.2
1～7月	2123.8	11.7	545.2	6.3	21	6.7	24.2	9.8
1～8月	2404.7	11.2	626.3	5.9	25.8	5.7	28.1	8.7

资料来源：2017年1～8月甘肃统计月报，甘肃省统计局网站。

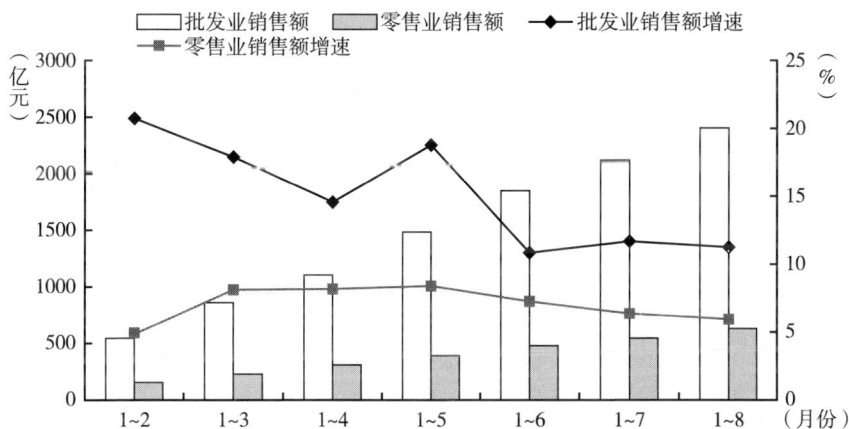

图5 2017年1～8月甘肃省批发和零售业商品销售额及增速

2. 限额以上零售业销售额有升有降

2017年1～8月，全省限额以上零售业销售额中，①消费升级类商品销售增势较快。电子出版物及音像制品类同比增长16.2%，增速比2016年同期提高了7.4个百分点；中西药品类同比增长24.5%，增速比2016年同期提高了6.6个百分点；化妆品同比增长11.1%，增速比2016年同期提高了3个百分点；金银珠宝类同比增长6.0%，增速比2016年同期提高了7.7个

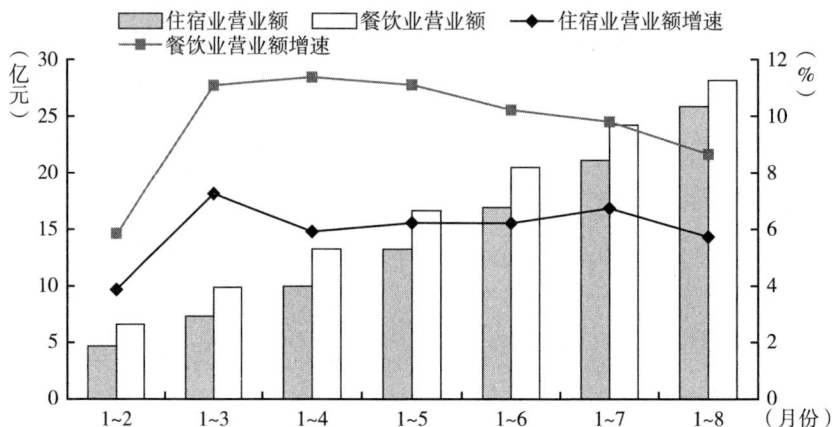

图6　2017年1~8月甘肃省住宿和餐饮业营业额及增速

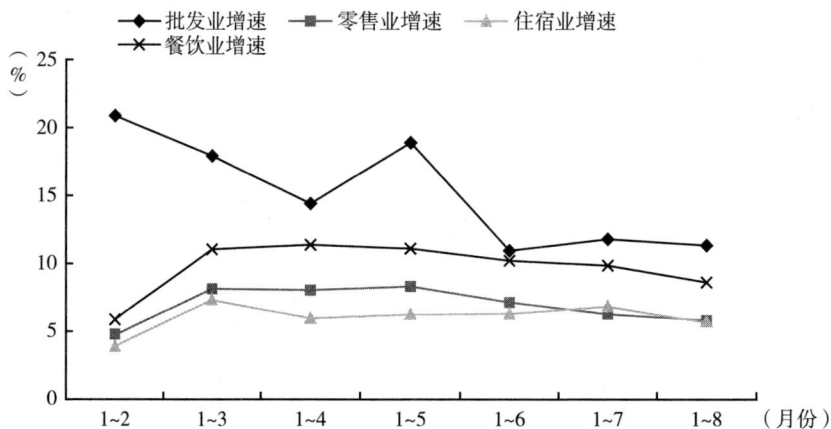

图7　2017年1~8月甘肃省批发和零售业、住宿和餐饮业增速

百分点。②居住类商品销售额大部分回落。家用电器和音像器材类同比增长2.8%，增速比2016年同期提高了4.9个百分点；家具类同比增长7.9%，比2016年同期回落27.7个百分点；建筑及装潢材料类同比增长11.5%，比2016年同期回落了40.1个百分点。③石油及其制品类销售增长放缓。2017年3月以来，石油及其制品类累计增速持续放缓，分别为19.5%、16.3%、13.6%、10.9%、9.4%、7.6%。1~8月，石油及制品类同比增长7.6%，

增速比 2016 年同期提高了 17.6 个百分点。④汽车类消费继续回落。受小排量汽车购置税减半优惠政策退出等因素影响,汽车类销售实现零售额 189.1 亿元,同比增长 2.4%,比 2016 年同期回落 4.1 个百分点。⑤服装类、日用品类等传统商品消费持续减缓。服装、鞋帽、针纺织品类增长 2.5%,日用品类增长 4.1%。与 2015 年相比,服装类商品销售额增速下滑了 2.9%,日用品类销售额增速下滑 7.08%。

3. 城镇消费品市场保持稳定增长,农村消费品市场增势较快

自 2013 年至今,全省城乡消费品市场基本保持同步发展,增速持续放缓(见图 8)。2016 年,全省实现城镇社会消费品零售额 2535.9 亿元,同比增长 9.5%;乡村社会消费品零售额 648.5 亿元,增长 9.5%。2017 年 1~8 月,全省城镇实现社会消费品零售额 1747.2 亿元,同比增长 8.5%,增速比 2016 年同期提高了 0.1 个百分点;乡村实现社会消费品零售额 445.9 亿元,同比增长 8.9%,增速比 2016 年同期回落了 1.4 个百分点。

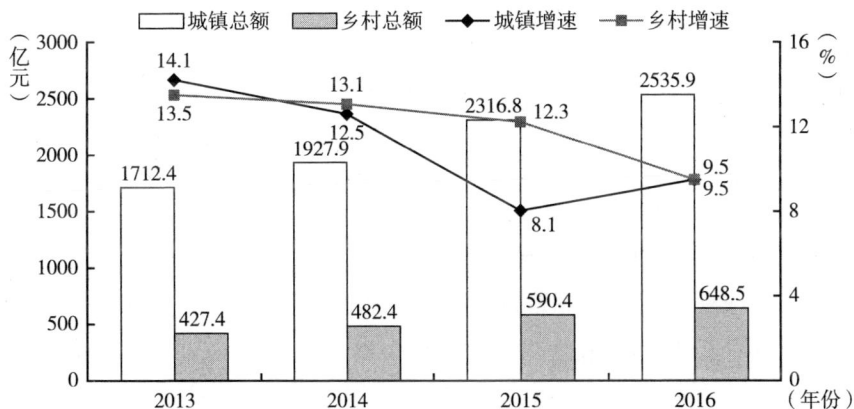

图 8　2013~2016 年甘肃城乡社会消费品零售总额及增速

资料来源:2013~2016 年甘肃省国民经济和社会发展统计公报,甘肃省统计局网站。

总体来说,近年来乡村消费品市场增势较快,2014 年乡村实现社会消费品零售额高于城镇 0.6 个百分点,2015 年高出 4.2 个百分点,2017 年 1~

8月高出 0.4 个百分点。这和 2013 年以来全省参与"一带一路"建设、不断完善城乡市场体系密切相关。根据甘肃省商务厅提供的资料，截至 2017 年 7 月底，八大市场总体建设进度达到 71.2%，100 个县乡便民市场建设进度达到 63.4%。其中，陇西首阳中药材产地交易市场、平凉金果国际博览城已投入运营，甘肃巨龙农产品综合批发市场、张掖玉米种子暨农产品交易中心、定西马铃薯综合交易中心和陇南特色农产品交易市场已完成一期工程建设并启动运营，武山洛门森源蔬菜果品市场获批首批全国公益性农产品批发示范市场。

（三）2017年上半年全省消费品市场地区差异分析

2017 年上半年消费品市场数据显示，兰州市作为省会城市，社会消费品零售总额为 625.84 亿元，遥遥领先所有市州，担负着引领全省消费升级的重任。社零总额超过 100 亿元的城市有天水市、庆阳市、平凉市、酒泉市和白银市；社零总额在 50 亿~100 亿元的城市有武威市、张掖市、定西市和陇南市；社零总额低于 50 亿元的市州为临夏州、金昌市、嘉峪关市和甘南州。全省 14 个市州中，社零增速最慢的是金昌市（7.3%），增速最快的是天水市（9.9%）。天水市和临夏州的社零增速已经多年领跑全省。从社零增速上看，兰州市只有 8.7%，位于社零增速超过全省增速的 9 个市州最末尾（见表 3、图 9）。

从 2017 年上半年城镇、乡村实现的零售额来看，全省城镇消费品市场依然是主力军，城镇实现零售额占社零总额的比例在 64%~85%。城镇零售额 100 亿元以上的城市有兰州市（530.87 亿元）和天水市（107.99 亿元）；50 亿~100 亿元的城市依次为庆阳市（90.29 亿元）、白银市（86.15 亿元）、酒泉市（72.07 亿元）、平凉市（67.8 亿元）、武威市（62.93 亿元）、张掖市（62.28 亿元）和定西市（53.2 亿元）；50 亿元以下的城市为陇南市（36.02 亿元）、临夏州（35.17 亿元）、金昌市（32.79 亿元）和甘南州（17.84 亿元）。与城镇相比，乡村实现的零售额数额较低，仅占社零总额的 15%~36%。乡村零售额最高的是兰州市

（94.98 亿元），最低的是甘南州（4.09 亿元）。但是从增速看，上半年乡村消费品市场发展情况良好，有 7 个城市的乡村零售额增速超过了城镇。其中，平凉市的乡村零售额增速高于城镇 4.2 个百分点，张掖市的乡村零售额增速高于城镇 2.5 个百分点，酒泉市、天水市和兰州市的乡村零售额增速分别高于城镇 1.4 个、1.36 个和 1.1 个百分点。临夏州、武威市、金昌市、甘南州和白银市则继续保持乡村消费品市场增速低于城镇消费品市场增速的常态（见表 3、图 10）。由此可见，乡村市场仍然具有巨大的消费潜力。

表 3　2017 年 1～6 月甘肃省 14 个市州社零总额及城乡消费数据

单位：亿元，%

地区	社会消费品零售总额		城镇实现消费品零售额			乡村实现消费品零售额		
	绝对量（亿元）	增速（%）	绝对量（亿元）	增速（%）	占比（%）	绝对量（亿元）	增速（%）	占比（%）
兰 州 市	625.84	8.7	530.87	8.6	84.83	94.98	9.7	15.18
天 水 市	159.19	9.9	107.99	9.5	67.84	51.2	10.86	32.16
庆 阳 市	121.73	7.4	90.29	7.4	74.17	31.44	7.4	25.83
平 凉 市	105.24	9.4	67.8	7.9	64.42	37.44	12.1	35.58
酒 泉 市	102.96	9.2	72.07	8.8	70.00	30.89	10.2	30.00
白 银 市	101.16	9.6	86.15	10.3	85.16	15.01	5.7	14.84
武 威 市	91.34	9.5	62.93	10.2	68.90	28.41	8	31.10
张 掖 市	82.53	8	62.28	7.4	75.47	20.25	9.9	24.53
定 西 市	62.7	8.2	53.2	8.1	84.85	9.5	8.6	15.15
陇 南 市	50.63	9.6	36.02	9.3	71.14	14.61	10.3	28.86
临 夏 州	43.03	9.8	35.17	10.2	81.73	7.86	8.4	18.27
金 昌 市	38.43	7.3	32.79	7.64	85.32	5.64	5.37	14.68
嘉 峪 关 市	29.9	8.3	—	—	—	—	—	—
甘 南 州	21.93	9.3	17.84	9.8	81.35	4.09	7.4	18.65

资料来源：甘肃省各地区统计局网站。

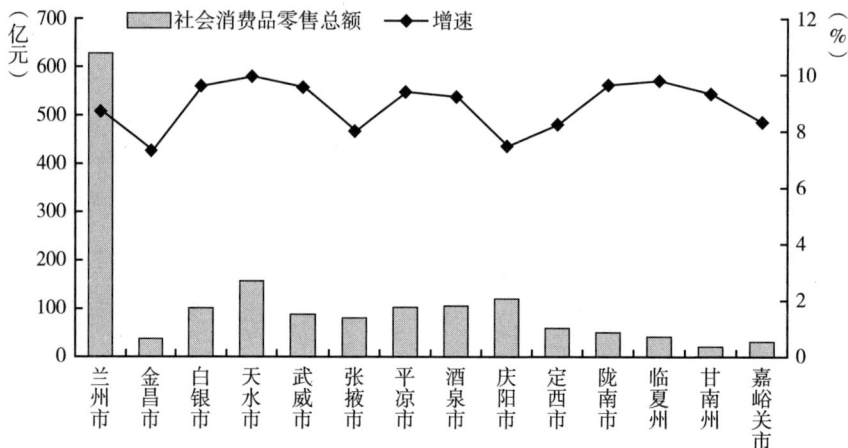

图9 2017年1~6月甘肃省14个市州社会消费品零售总额及其增速

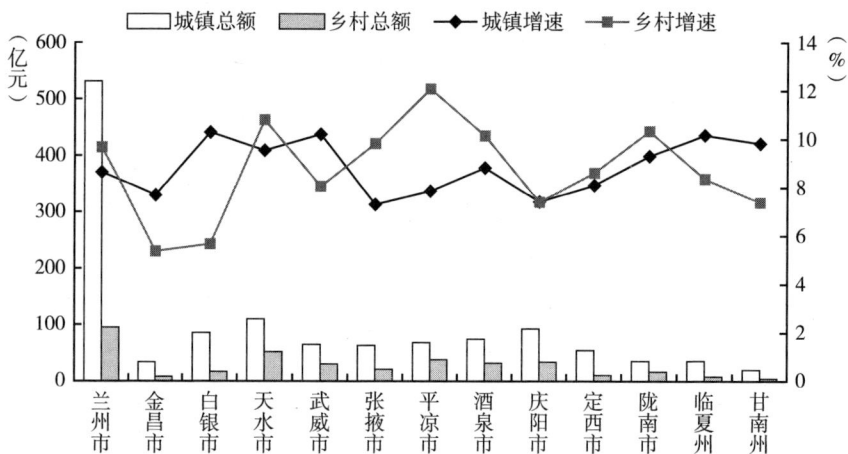

图10 2017年1~6月甘肃省13个市州城乡实现社零总额及其增速

二 甘肃省消费品市场中的新变化

(一)网络消费持续快速发展

全省努力推进农村地区信息网络建设,网络覆盖范围越来越广,网络消费群体不断扩大，网络消费持续快速发展。近年来，网络零售额增速远超社零总额增速。甘肃目前全省宽带信息网络覆盖城乡，城市用户覆盖率达100%，农村地区普遍具备 8Mbps 宽带接入能力。2016 年全省电子商务交易额达到 2080 亿元，同比增长 30%，网络零售成为全省消费新的增长点。2017 年 1~2 月，全省限额以上批零住餐企业通过公共网络实现零售额 1.3亿元，同比增长 40.7%，增速高于社会消费品零售总额增速 31.9 个百分点。上半年，兰州市限额以上批发和零售企业实现网上商品零售额 3.5 亿元，同比增长 32.2%，高于限额以上零售额增幅 27.5 个百分点，占限额以上零售额比重的 1.2%。

（二）移动端消费方式大众化

随着甘肃互联网基础设施建设的迅速推进和智能手机的普及，移动端消费成为一大主流销售渠道。支付宝年度账单显示，2016 年甘肃全年支付总金额排名全国第 27 位，年移动支付笔数排名全国第三。但甘肃省人均支付金额排在全国末尾，仅为 4 万元。兰州人均支付额为 5.5 万元，在全国城市中排名 71 位。支出对象除了网购，还包括通过支付宝完成的线下支付、线上缴纳水电煤、购买火车票和机票等公共服务。在海外扫码支付人均笔数上，兰州的人均增幅达到了 450.1%。移动端消费方式通过改变传统购物模式、用餐模式以及出行模式等，方便人们随时随地购物、推动外卖市场规模和外延不断扩大，并构建了更加智能的新型无现金出行方式，引领着人们生活方式的转变。

（三）"文体+旅游"类消费继续升温

随着人民生活水平的不断提高，人们开始追求各类体验式消费。比如旅行，观看电影、演唱会、赛事等，购买付费视频、歌曲、游戏等消费行为，这些体验型消费已经成为多数人生活中不可缺少的部分。近年来，甘肃依托各类文化体育活动推动"文体+旅游"类消费不断升温。2016 年首届敦煌文博会的成功举办，推动了丝绸之路文化旅游全面融合发展。《敦煌盛典》

《丝路花雨》《又见敦煌》等高端文化演艺项目成为推动敦煌文化旅游产业繁荣发展的新名片和新动力。2016 年，敦煌市旅游接待人数和收入达 801 万人次、78 亿元，分别是 2011 年的 3.8 倍、4.4 倍，敦煌文博会品牌效益初步显现。兰州马拉松的连续成功举办，成为文化旅游产业发展的催化剂。马拉松赛事不仅带动了赛事运营、服务、装备、保险、医疗、场地等相关体育产业上下游，还通过场地建设、旅游、住宿等一系列衍生经济活动促进了区域经济的发展。数据显示，2016 年兰州国际马拉松赛体育用品博览会期间体育产业招商引资合作项目达到 10 个，体育产业项目签约总投资 36.4 亿元。"十二五"时期，兰州市文化产业增加值年均增长 26.08%；兰州旅游人数得到 4 倍增长，机场吞吐量完成了由 360 万到 1000 万人次的突破，旅游总收入由 63.5 亿元上升到 290.93 亿元。

三 甘肃消费品市场存在的问题

（一）消费品市场发展水平较低，区域发展不均衡

甘肃省消费品市场与全国经济较发达地区比，各项数据全面落后，在西北五省中仍处于较低的发展水平。省内各地区消费品市场发展极不平衡。地级市中，省会城市兰州与其他城市的社零总额差别在 6 倍以上，与贫困地区和少数民族地区的差异甚至在 10 倍以上。这与全省的经济形势、城市等级规模不合理等有关。全省 14 个市州中，天水市、临夏州、白银市等 9 个城市的社会消费品零售总额增速高于全省水平 8.5%。嘉峪关市、定西市、张掖市、庆阳市和金昌市这 5 个市州的社零增速低于全省水平。值得注意的是，在 9 个较快增长的市州中，省会城市兰州的社零增速排在末尾。5 个较慢增长的市州中，庆阳市和张掖市 2017 年上半年的 GDP 分别排名全省第二和第七。这说明经济相对比较薄弱地区需要进一步深挖潜力，经济发展较快的地区仍需各种措施激活消费市场，省会城市尤其需要站到一个更高的发展层面带动其他地区发展。

（二）消费品有效供给不足，消费环境还需持续改善

随着人们消费需求的个性化和多样化不断加深，消费品市场正在从量变转向质变、从实物消费转向服务消费、从传统消费转向智能和绿色消费。面对消费品市场中的新变化，全省消费品有效供给不足的深层次矛盾日益凸显。调查数据显示，消费者最在意的是产品质量，只有高质量的产品才能占领市场制高点。特色小吃、餐厅、儿童娱乐中心、银行和电影院是人们乐于光顾的场所，在购物场所配套价位适中的特色餐饮已成为广大市民的热选。但是与全国相比，甘肃省消费品供给存在新产品少、品质不优、品牌不大等问题，特别是在生活用品、汽车、电子信息产品、高尚文化娱乐、高端生活服务等产业发展与全国有很大差距。流通体系效率不高无形中增加了商品成本，消费环境欠佳也在一定程度上抑制了居民消费的增长。以上问题造成了消费者想要消费但缺乏好的产品、好的渠道、好的方式和环境来消费，从而影响了居民消费潜力的发挥。

（三）居民收入水平较低，消费动力基础不强

2017年上半年，甘肃城镇人均可支配收入13148元，增长8.1%，超过国内生产总值增速3.1个百分点。其中，工资性收入依然是主要收入，同比收入增长9.1%，经营净收入增长8.8%，财产净收入增长6.8%，转移净收入增长4.6%。全省农村居民人均可支配收入3515元，同比增长7.9%。其中，工资性收入增长7.2%，经营净收入增长5.0%，财产净收入增长36.3%，转移净收入增长10.2%。城乡居民人均可支配收入比例为3.74%，比2016年高出0.3个百分点。农村绿皮书中预测2017年全国农民人均可支配收入将超过1.3万元，城乡居民人均可支配收入比例维持在2.72%左右。与这一数据相比，甘肃农村居民人均可支配收入远远低于全国平均水平，城乡收入差距高于全国平均水平。再来看生活消费支出。2017年上半年城镇人均生活消费支出10204元，增长10.6%。其中，食品烟酒、居住、交通通信分别占居民消费支出的31%、17%和16%。农村人均消费支出3659

元，增长 8.1%。其中，食品烟酒、居住、交通通信分别占居民消费支出的 29%、18% 和 14%。这三类消费支出均占据城镇和农村人均消费支出的 60% 以上，说明衣食住行类消费依旧是居民消费支出的主体，支出结构有待进一步升级。

（四）区域内企业竞争力弱，消费主体实力不强

与全国发达地区相比，甘肃省限上企业数量比重偏少，企业规模小，缺乏能够支撑和带动发展的龙头企业，造成区域内企业竞争力弱、消费主体实力不强、消费品市场缺乏新增长点等问题。工业方面，金川集团、中石油兰化和酒钢三大龙头企业虽然一直领跑，但也处于应对"产能过剩、需求低迷、价格下跌"的关键转型时期。农业方面，2016 年上半年全省共有 27 家国家级农业产业化重点龙头企业，比四川省少 32 家，比陕西省少 7 家。目前全省更是缺乏沃尔玛、家乐福这样的批发零售巨头。此外，受实体经济下行压力，网络消费冲击及水电、铺租和人工等成本提高等多重因素的影响，传统零售企业销售依旧困难，商贸企业活力不足。

（五）乡村市场对消费品市场贡献依然较小，消费潜力仍未充分发掘

2015 年末甘肃农村人口有 1443.56 万人，占全省总人口的 55%，农村居民消费依然占有重要地位。近年来，随着国家支农惠农力度的不断加大，农民收入水平有了较大提高。2011~2016 年，农村人均收入提高了约 2 倍，年均增长约 12.18%。农村居民的人均消费水平也有了很大的提高，人均生活消费支出从 2011 年的 3664.9 元增长到 2016 年的 7487.0 元。但与城市相比，乡村市场对整个消费品市场贡献依然较小，2016 年乡村社会消费品零售额仅占社会消费品零售总额的 20% 左右。甘肃农村居民的消费水平与全国、西北诸省农村居民比较，绝对水平还较低，增长速度较慢，还存在诸多制约甘肃农村居民消费的因素。农村消费品市场仍存在体系不完善、商贸基础设施建设滞后、市场规模偏小等问题，农村消费潜力仍未完全发挥。

四 甘肃消费品市场未来发展趋势

（一）国民经济趋稳回升，消费品市场继续保持平稳增长

2017 年 8 月后节假日较多，在各类促销活动的刺激下和旅游消费的带动下，整体消费有所回升。国庆、中秋"双节"旅游消费数据表明，甘肃已成为全国重要的旅游区域。黄金周期间，全省共接待游客 1540 万人次，实现旅游综合收入 98.6 亿元。前 7 天与 2016 年同期相比，接待游客数量增长了 23.2%，旅游收入增长了 27%。分地区看，兰州、天水、张掖、酒泉和平凉是游客光顾最多的地区。兰州新区大力发展文化旅游，众多体验式娱乐项目吸引着省内外众多游客前来休闲度假。十一期间，仅西部恐龙园娱乐综合体就接待了超过 4 万名省内外游客，较九月增长 40% 以上。全省以供给侧改革为主线，积极完善市场体系，激发市场活力，释放消费潜力，进一步满足多样化、个性化消费需求，"扩内需、促增长"取得了良好效果，预计全年能够完成增长 9% 的既定目标。

（二）以"互联网＋"为核心的新型消费将继续领跑消费热点

随着信息、网络技术的广泛应用，以"互联网＋"为核心的新型消费将继续领跑消费热点。中国网络零售额增速前几年曾高达 50% 以上，近年来随着"线上零售红利的见顶"，增速逐渐回落到 30% 甚至以下。2017 年上半年，全国实物商品网络零售额同比增长 28.6%，对社会消费品零售总额增长的贡献率达到 34.5%。近年来甘肃网上零售额保持较快增长。2016 年全省限额以上批零住餐企业通过公共网络实现零售额 8.64 亿元，同比增长 42.3%，高于社会消费品零售总额增速 32.8 个百分点。2017 年 1 ~ 8 月，全省限额以上批零住餐企业通过公共网络实现零售额 6.8 亿元，同比增长 22.4%，高于社会消费品零售总额增速 13.9 个百分点，增速比 1 ~ 7 月回落了 0.7 个百分点，但与全国数据相比，甘肃网络零售对社会消费品

零售总额的贡献率较低，网络消费尤其是农村网络消费仍有较大发展空间。

（三）传统零售业、电商向新零售转型

新零售是零售行业的创新模式，包括智慧零售线下体验店、无人便利店等零售新业态，2016年10月由阿里巴巴集团董事局主席马云首次提出。从传统大卖场到电商，再到无人零售店，传统零售业向新零售转型改变了零售渠道、消费场景、业态构成以及用户体验，抓住了消费升级释放出的全新商机，这也是消费升级催生的一种新商业模式。新零售还可将电商与传统零售业之间的竞争关系改变为共生关系。新零售将从供给侧和需求侧方面带来新的变化，商品将以更快的速度、更少的环节、更低的成本从上游的供给端抵达消费者手里。新零售对于甘肃来说是全新的领域，拥有广阔的市场前景。2017年，张掖首家无人值守便利店亮相"张交会"，顾客通过无人便利店APP、微信、支付宝就能轻松购物，真正享受到了互联网购物带来的便利。当然，必须考虑到全省消费品市场的地区差异，有差别地推进零售业转型升级。

五　甘肃消费品市场发展的对策建议

（一）构建以需求为导向的精准消费模式，积极引导消费转型升级

随着社会经济的发展和人民生活水平的不断提高，全省人民日益增长的智能、绿色、健康、品质、个性消费与消费品供给能力不足的矛盾日益凸显。面对消费的结构性矛盾，2017年下半年消费品市场供给侧改革仍需继续推进。①提高商品和服务供给质量。打造多层次的消费促进服务平台，引导品质品牌品种消费供给和服务消费供给，开拓新型消费模式，促进养老与生活性服务业融合发展，加快展览业与旅游、餐饮、住宿、广告等行业融合

发展。②充分发挥流通衔接供需作用，增加有效供给释放消费潜力。进一步完善内贸流通市场体系，打造农产品流通产业发展支撑体系，培育一批农产品流通骨干企业，构建大型商品市场、农产品产地批发市场和县乡便民市场三大交易平台，推动连锁经营网络向农村延伸。③优化公平竞争的市场环境，维护消费者合法权益。推进商务诚信体系建设，完善打击侵权假冒长效机制，加强重点领域治理和行业日常监管。新时期要根据消费者新的需求变化，形成文化消费、信息消费、养老消费、旅游消费、品质消费等新的消费供给，通过供给侧改革释放消费潜力。

（二）提升企业竞争力和品牌效益，大力拓展消费市场

①利用"一带一路"的契机，迅速推进产业结构升级，培养壮大石油化工、有色冶金、装备制造、能源和新能源、特色农产品深加工以及文化旅游等甘肃省经济发展的支柱产业，扩大出口产品的竞争力，提高企业效益。②进一步整合资源，打造具有全国性影响力的批零住餐企业。通过建立现代企业制度、提升自主创新能力、加入行业整合力度等途径，注重培育和发展中小零售企业集团化，积极吸引外来资本和民间资本投入，不断提升全省批发和零售企业及住宿和餐饮企业的核心竞争力。③全力培育跨境电商龙头企业，大力发展高端消费品产业。借力"一带一路"倡议，依托兰州新区综合保税区、兰州国际港务区及中欧、中亚班列，大力发展跨境电商，开拓国际市场，参与全球电商市场竞争。④深化消费体制改革，加大消费政策扶植力度。对促消费项目及活动申报企业开展项目审核，给予资金补贴，调动企业积极性，以鼓励企业继续开展丰富多样的促消费活动。引导消费市场重点行业、重点领域推行和开展新型消费模式。

（三）提高居民收入水平，扩大居民消费需求

社会就业形势和居民经济状况影响着消费者的消费意愿和信心，从而对消费品市场产生影响。①大力发展城市新型服务业、社区服务业、旅游业，鼓励中小企业和非公有制经济发展等方式增加就业渠道，促进就业和下岗职

工的再就业，促进城市低收入群体的收入稳定增长。②千方百计提高农民收入。一要大力推广农业规模化生产经营，确保农民增产增收；二要充分发挥和依托农副产品批发市场的辐射功能，实现农副产品种养加、产供销、贸工农一体化生产的良性循环，使农民收入保持稳定增长；三要保证落实精准扶贫和各种惠民政策，让农民真正享受到政府的扶持，调动农业生产的积极性；四要积极培养农业人才，不断提高农民的科技文化素质，增强农民创业增收能力。③巩固和完善社会保障制度，减少居民在养老、医疗、教育、住房等方面的硬性支出，增加居民即期消费。④继续扩展消费领域，推动传统消费模式向知识文化消费、服务式消费和体验式消费等新模式转变，倡导人们科学消费、绿色消费。

（四）打通城乡贸易壁垒，激发农村消费潜力

目前，全省乡村消费增速呈现良好的发展势头，但城乡消费市场差距依旧很大，应深入挖掘农村消费市场潜力，努力实现城乡消费市场均衡发展。①进一步加强乡村基础设施建设。政府应充分发挥公共服务的职能，巩固完善道路、水、电、通信、网络等基础设施建设，保证农村经济发展和农民生产生活的便利和现代化。②加快农村商品流通网络建设。全面推进大型商品交易市场、公益性大型农产品批发市场、农产品产地批发市场和县乡便民市场的建设，促进城乡流通网络建设日益畅通。目前，全省已初步形成了以大型商品交易市场和公益性市场为龙头、以农产品产地批发市场和商贸物流中心为骨干、以县乡便民市场和农村网点为基础的覆盖城乡的市场流通网络。③扩大商业网点布局，引入成熟的商业配套设施，促进乡村消费的增长。在加快城乡市场建设的同时，大力开展消费促进活动，推动商务、旅游、文化、银行融合发展，拉动餐饮、住宿和购物消费。

（五）优化消费环境，倡导绿色消费

①继续推进基础设施建设，促进全省零售业线上与线下、批发与零售、城市与乡村流通市场共同发展的新格局形成。着重加强农村地区交通、通信

等基础设施的建设，不断降低商品流通成本。②科学合理规划布局城乡商业网点。在乡镇和农村普及连锁店、超市、仓储式商店，构建以县城为中心、乡镇为依托、行政村为基础的农村现代流通网络，满足农民消费升级的需求；在城市应尽量避免布局不合理造成的恶性竞争，要在城市商业中心充分利用和发挥大型百货商店或购物中心的特点和优势，形成能够带动消费升级和创造商业氛围的消费中心，在比较偏僻或交通不便的区域发展贴近和方便居民生活的便利店、餐饮店、菜市场和家政服务网点，满足人们的消费需求。③宣传绿色消费观，重视消费品市场发展带来的环境问题。经济与环境之间的关系不断演化发展，消费品市场的快速发展必然也对环境产生了一定影响。例如，近年来外卖和网购垃圾已经对环境造成巨大压力，一些城市的垃圾容量已经饱和，只能向其他城市转移，"跨区域偷倒垃圾"的现象屡有发生。塑料袋、一次性餐具的滥用带来的生态危害绝非危言耸听，应加大向民众宣传自备购物袋、重复使用餐盒或容器、尽量少选择外带和外卖等绿色环保的消费观念，推动全省生态文明建设。

在全省经济形势下行、工业生产低位运行、固定资产投资大幅下降的大环境下，消费市场能够保持平稳运行实属不易。但与省外其他地区相比，全省消费品市场仍存在区域发展不平衡、消费品市场供给乏力、企业竞争力不足、人民收入水平较低等多个问题。面对挑战，全省应从供给侧改革寻找突破点，在关注消费品市场增速的同时，积极引导消费结构转型升级，不断提升消费在推动经济发展中的基础性作用。

参考文献

《丝路通道续写新辉煌——甘肃商务发展综述》，《甘肃经济日报》2016 年 3 月 15 日。

《1~2 月甘肃消费品市场运行情况分析》，甘肃省统计局，2017 年 4 月 6 日。

《2017 年上半年兰州市社会消费品零售报告》，甘肃省统计局，2017 年 8 月 2 日。

《支付宝发布 2016 年全民账单 甘肃人均支付额排名垫底》，每日甘肃网，2017 年

1月6日。

《2016年敦煌旅游接待人数突破800万人次大关》，中华人民共和国国家旅游局网站，2017年1月19日。

《一场奔跑点亮一座城　马拉松"跑"出美好新兰州》，人民网，2017年6月11日。

《深入开展消费者调查创新驱动供给侧改革的调查报告》，每日甘肃网，2016年11月18日。

魏后凯：《中国农村经济形势分析与预测（2016～2017）》，社会科学文献出版社，2017。

《甘肃省"双节"假日旅游井喷式增长》，人民网，2017年10月9日。

《上半年消费对经济增长贡献率达63.4%》，《经济日报》2017年7月21日。

《从"231"到"321"的嬗变——我省经济结构战略性调整成效凸显》，《甘肃日报》2017年4月1日。

《2017年1～8月全省经济社会发展情况》，甘肃政务服务网，2017年9月26日。

B.3
甘肃批发和零售业、住宿和餐饮业分析报告

吴燕芳*

摘　要： 随着我国扩内需长效机制的确立，甘肃落实稳增长调结构促消费系列措施取得了显著实效。2017年1~8月，全省批发和零售业运行态势总体向好，增速高于上年同期；住宿和餐饮业增势趋缓，运行压力持续加大。本文借助行业统计数据，采用数理统计与定量分析相结合的研究方法，对批零住餐行业的运行态势与现状特征进行了全面系统的剖析；在此基础上，从多维视角出发，客观深入解析了四大流通行业发展中存在的突出问题和深层次制约因素；最后，遵循问题导向原则，有针对性地建立起多层级对策体系，以期引导批零住餐行业持续健康稳定发展，也为各级政府的决策制定提供理论参考与借鉴。

关键词： 甘肃　批发和零售业　住宿和餐饮业

批发和零售业、住宿和餐饮业既是生活性服务业的重要内容，也是居民消费市场的重要组成部分。在国内经济进入"三期叠加"发展阶段的背景下，消费的战略地位已上升至新常态首位，消费成为促增长的第一动力，扩内需成为稳增长的关键抓手，批发和零售业与住宿和餐饮业在稳增长、促改

---

* 吴燕芳，甘肃省社会科学院公共政策研究所助理研究员，研究方向为城市与区域发展规划。

革、调结构、惠民生等方面的重要性愈加凸显。适时对批零住餐行业的基本情况、经营状况以及发展趋势开展分析，加强对行业统计数据的监测，科学把握商品市场和流通领域的运行特征，既有助于有效规避潜在风险，及时消除瓶颈制约，促进行业持续健康稳定发展，也可为各级政府的政策制定和宏观调控提供依据。同时，对于甘肃创新优化服务业供给，积极发挥消费引领作用，助推消费结构优化升级，构建消费拉动增长新格局具有重要的现实意义。

一　甘肃批发和零售业与住宿和餐饮业发展现状

2017 年，应对宏观经济增速放缓、居民消费意愿降低等复杂形势，甘肃省认真落实扩内需、保增长、调结构、促消费系列政策措施，持续扩大有效供给满足有效需求，全力释放消费动能，着力推动消费结构升级，全省消费品市场总体保持平稳向好的发展态势。批发和零售业与住宿和餐饮业的主体地位愈加凸显，对消费品市场的支撑作用进一步增强，步入规模持续扩大、结构加快升级、水平不断提升的行业发展阶段。

（一）批发业持续较快增长，零售业增势相对平缓

2017 年，甘肃省批发和零售业发展势头总体好于上年同期。前 8 个月，全省限额以上批发和零售业累计实现销售额 3031 亿元，销售额比上年同期增加 280.64 亿元，其中批发业销售额 2404.7 亿元，同比增长 11.2%，增幅较 2016 年同期提高 8.7 个百分点，零售业实现销售额 626.3 亿元，同比增长 5.9%，比 2016 年同期提高了 10.26 个百分点。从累计情况看，1~8 月批发业销售额平稳较快增长，增速呈波动下跌之势，总体保持在 11%~21% 的运行区间，一反上年低开低走的发展态势，绝对量差距显著拉大，增速均值高出上年同期 15 个百分点。零售业增势相对平缓，销售额水平与上年相当，但增长率优势较明显。2016 年 1~8 月，全省限额以上零售业以不足 3% 的增速低位运行，而 2017 年则基本稳定在 5% 以上缓慢爬升（见图 1）。

从当月数据看，批发行业一改上年以负增长为主基调的颓势状态，尽管

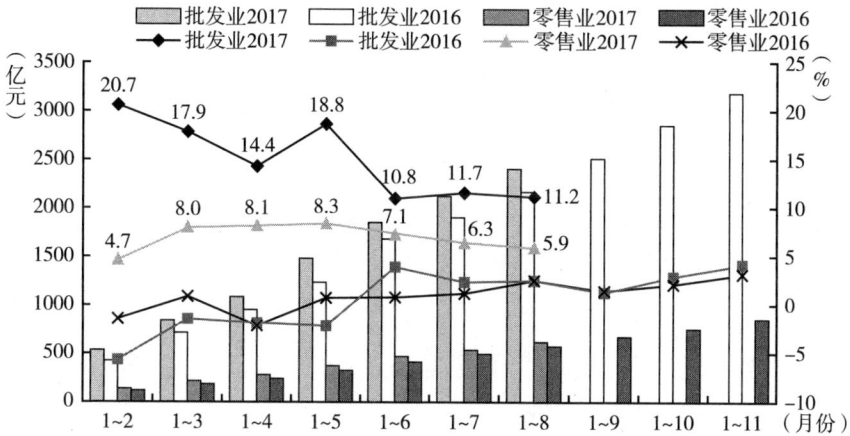

图1 2016～2017年甘肃省累计批发和零售业销售额及增长率

增长率延续剧烈波动态势，但运行态势总体向好。前8个月中，仅6月现负增长，增速低于上年同期，4月和8月增长率偏低，其他各月均保持了两位数的增长。而零售业则表现为温和增长，除3月外，以个位增速保持低水平的平稳递增，整体水平略好于上年同期，增长率均值的差距在5个百分点左右（见图2）。无论当月抑或累计，全省批发和零售业发展势头明显好于上年同期，呈现回暖向好的发展态势，然而受市场竞争激烈以及网购冲击等因素的影响，全省零售业发展势头较为平缓，增势不及批发业。

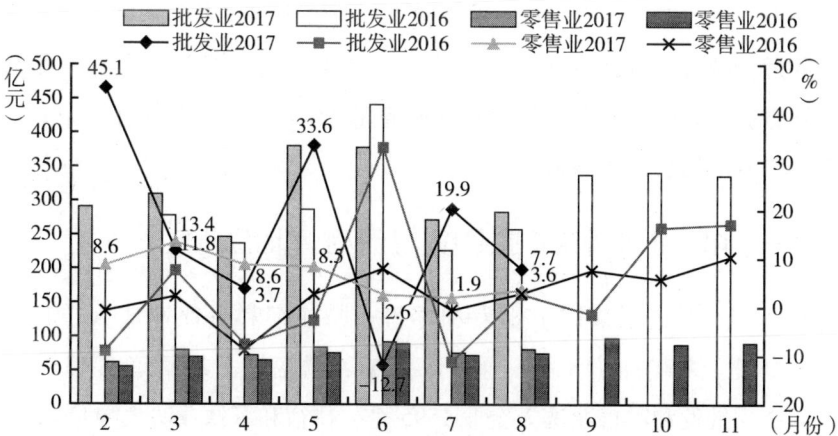

图2 2016～2017年甘肃省当月批发和零售业销售额及增长率

（二）住宿业增速整体回落，餐饮业增势后劲不足

全省住宿和餐饮业经营平淡。2017年1~8月，限额以上住宿和餐饮行业累计实现营业额53.9亿元，绝对量比上年同期增加3.2亿元，其中住宿业营业额25.8亿元，同比增长5.7%，增速较上年同期回落3.1个百分点，餐饮业营业额28.1亿元，同比增长8.7%，比上年下跌0.5个百分点。从累计情况看，甘肃住宿与餐饮行业的产业规模相近，营业额差距稳定在3亿元左右，二者同步性较好，线性上涨趋势明显，但餐饮行业增长势头较好。住宿业增势较为平稳，整体水平低于上年同期，除2月外，总体在5.5%~7.5%的区间运行，低于2016年同期水平2~3个百分点。餐饮业增势呈抛物线形，起伏回落明显，除8月较上年同期回落0.5个百分点外，总体水平好于上年，2016年增长率保持在9.5%以下水平，2017年则基本维持在8.5%~11.5%，最大增速差达5.5个百分点（见图3）。

从当月营业额看，自5月以来，受旅游拉动效应的影响，餐饮业数量优势逐步被住宿业赶超，7月，住宿业营业额首次高出餐饮业0.4亿元，绝对量差距稳定在1亿元以内。二者增长率仍继续上年波动走势，但幅度有所缓和，增速不同程度回落。4月以来，住宿业增速连续低于上年同期，最大跌幅达17.9%。前5个月，餐饮业增速走势与上年步调基本一致，此后却现下滑之态，最大跌幅为7.1%。受增速下滑的影响，二者营业额与上年同期的差距逐步拉近，餐饮行业表现更甚（见图4）。综上所述，甘肃省限额以上住宿行业增长势头不及上年，餐饮业增速波动性较大，增加了发展的不确定性，二者的增长后颈略显不足。

（三）限上企业外延扩张趋缓，行业领军地位凸显

2015年，甘肃限额以上批发和零售业与住宿和餐饮业法人单位共计2219个，比上年增加118个，递增5.62%，增幅较上年回落3.13个百分点。其中，批发和零售业法人企业1595个，住宿和餐饮业法人单位624个，分别增长7.62%和0.81%。零售业新增法人单位占全行业新增总量的

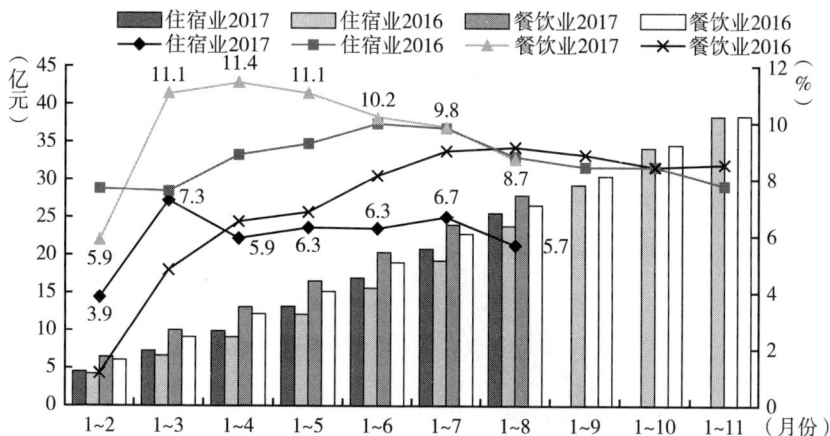

图3　2016～2017年甘肃省累计住宿和餐饮业营业额及增长率

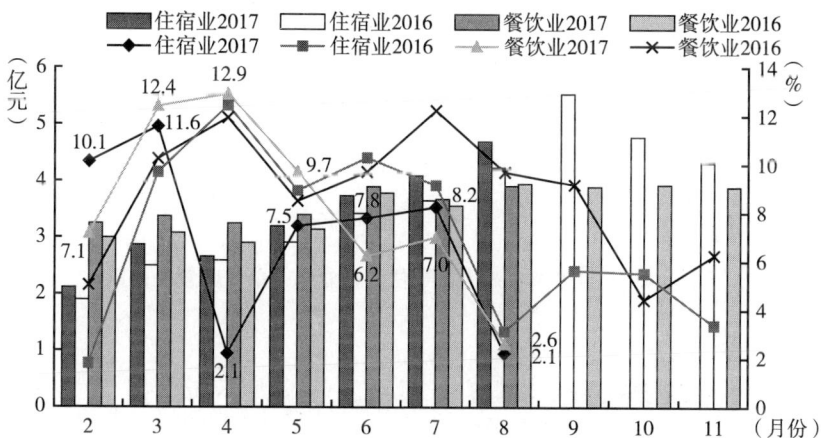

图4　2016～2017年甘肃省当月住宿和餐饮业营业额及增长率

93.22%，可见，限上企业的外延扩张主要得益于零售企业的较快增长。从法人单位的构成来看（见图5），零售行业优势突出，占全行业法人总数的46.01%，批发业略过平均水平，住宿和餐饮企业数量相近，合占28.12%。尽管限上企业扩张速度较缓，但行业主体地位和引领作用进一步凸显。2015年，限上批发、零售企业户均销售额分别实现5.84亿元和0.86亿元，略现下滑，住宿、餐饮企业户均营业额分别为1364.49万元和965.42万元，比上年增加 76.79 万元和 113.97 万元。第三次经济普查数据显示,占批零住餐行业法人单位总数 6.85% 的限上企业,却聚集了 41.3% 的资产量,其中仅批发企业就占去资产总额 1/4 的份额,零售业占 11.34%。

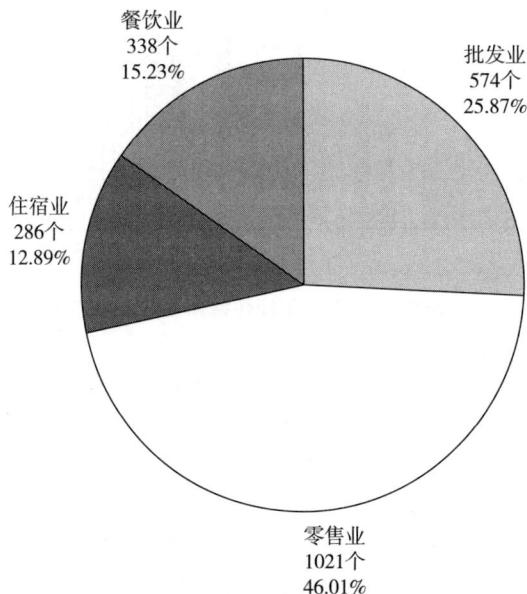

图5 2015 年甘肃省限上批零住餐企业法人单位数量及比重

(四)财政贡献率稳步提升,吸纳就业能力不断增强

2015 年,全省限上批零住餐企业完成主营业务税金及附加 29.34 亿元,比上年增长 44%,其中批发和零售业与住宿和餐饮业分别递增 50.91% 和 7.95%,批发和零售业完成税金占全行业总量的 87.95%。限额以上企业对地方财政收入的支撑作用进一步增强,而批发和零售企业的贡献度更加突出。同期,全省限上企业从业人员达 14.60 万人,比上年增长 1.14%,其中批发和零售业从业人员 10.02 万人,住宿与餐饮业从业人员 4.58 万人。根据第三次经济普查资料,全省批零住餐企业个体经营户从业人员达 70.2 万人,法人单位从业人员共计 38.1 万人,占第三产业从业人员的比重分别

为 17.85% 和 9.69%，而限上企业的从业人员为 14.09 万人，占三产从业人员的比重仅为 3.79%。可见，批零住餐行业的就业带动力稳步提升，而限下企业特别是个体经营户已成为吸纳劳动力就业的中坚力量。

（五）营收增长明显下滑，利润空间大幅缩减

营业收入是反映企业市场占有能力，并为业务拓展趋势预测提供依据的关键指标。2015 年末，全省限上批零住餐企业实现主营业务收入 3763.5 亿元，同比下降 25.39%，营业收入缩水超 1/4。自 2013 年以来，营业收入增速大幅回落，增幅明显收窄，并首次出现下滑。分行业看，2015 年批发企业营业收入 2895.27 亿元，下跌 30.07%，占营业总收入的 76.93%；零售企业收入达 798.3 亿元，下降 4.9%，比重为 21.21%；住宿和餐饮企业主营业务收入分别为 37.96 亿元和 31.97 亿元，同比分别递增 6.29% 和 11.41%，各自占营业收入的比重为 1.01% 和 0.85%。近年来，受物价水平连年上涨，人力成本日趋高昂，商业地租居高不下，税费种类名目繁杂等多重因素的累积效应和叠加作用，批零住餐企业经营成本持续走高，利润下滑趋势明显。2015 年，限额以上企业主营业务成本达 3530.04 亿元，同比下降 25.44%，但企业经营收入同步下跌，使盈利空间受到挤压，同期批零住餐企业主营业务利润下跌 29.41%，跌幅高于营业收入。四大行业中，除餐饮企业利润增加外，其他行业不同程度下跌，企业营运压力不断增大，呈现艰难维持之态。

二　甘肃批发和零售业与住宿和餐饮业发展特征

（一）企业经营主体多元化，非公经济蓬勃发展

全省限额以上批零住餐企业投资主体继续多元化发展。从注册类型看，2015 年内资企业法人单位共计 2206 个，占法人单位总量的 99.41%；港、澳、台商与外商投资企业数量分别为 8 个和 5 个，比重分别为 0.36% 和

0.23%。就内资企业内部结构而言，私营企业略胜一筹，数量为1037个，占内资企业法人单位总数的47.01%；有限责任公司紧随其后，企业数量912个，比重为41.34%，二者合占88.35%的份额，构成了批零住餐企业的中坚力量和重要支撑。此外，国有企业与股份有限公司分别占5.44%和3.13%的份额，其余类型企业的比重不足2%。可见，批零住餐企业形成了以私营企业和有限责任公司为主体，以国有企业与股份有限公司为补充，多种经济成分并存的产业格局（见图6）。

（二）大众餐饮仍居主流，特色饮食持续火爆

自中央八项规定实施以来，居民消费观念逐步回归理性，"厉行勤俭节约、反对铺张浪费"的理念深入人心。当前，大众化消费已成行业主流，市场需求愈发强劲。以外卖配送、主题餐厅、自助餐、地方小吃、特色正餐、火锅以及各类涮锅等为主的消费需求异常旺盛、持续火爆，已成为大众

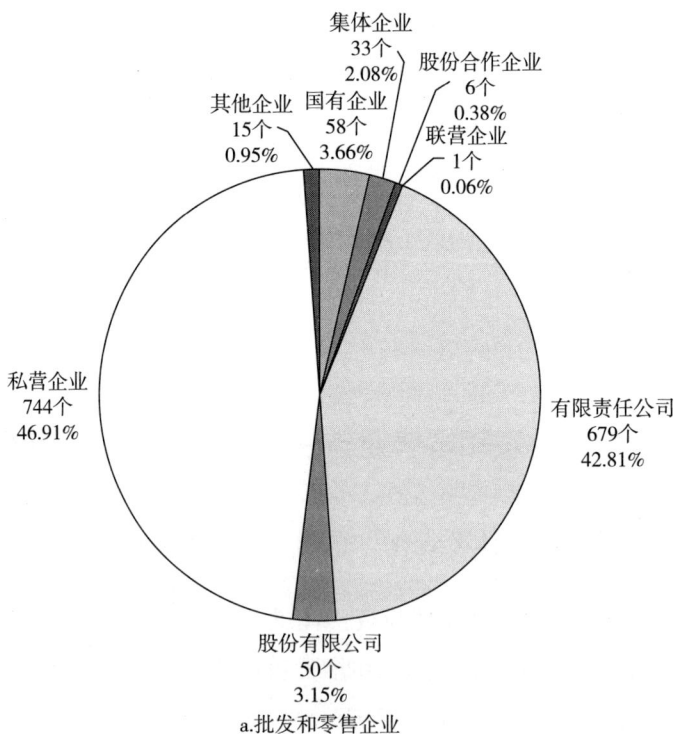

a.批发和零售企业

集体企业
其他企业　国有企业　3个　股份合作企业
9个　62个　0.48%　0个
1.45%　10.00%　　0%

联营企业
1个
0.16%

私营企业
293个
47.26%

有限责任公司
233个
37.58%

股份有限公司
19个
3.06%

b.住宿和餐饮企业

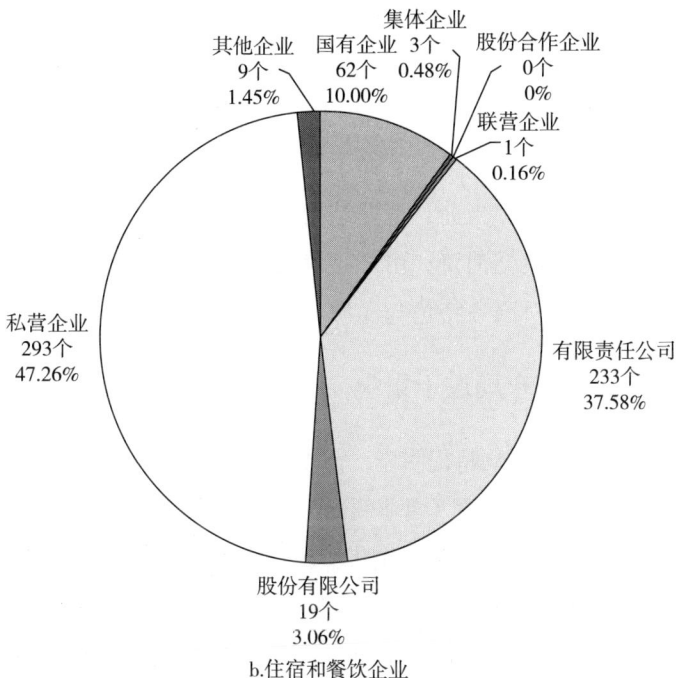

图6　2015年甘肃省批零住餐行业内资企业构成情况

餐饮消费的热点和亮点。同时，"名优风味小吃展销会"、"清真食品博览会"、"美食节"以及"美食大赛"等各类推介促销活动的深入开展，极大地推动了以陇菜、敦煌菜、清真民族菜以及兰州牛肉面为代表的地方特色小吃持续占据市场主体地位，有效促进了大众餐饮市场的繁荣与活跃。

（三）餐饮企业品牌效应凸显，消费结构持续升级

近年来，甘肃高度重视餐饮行业品牌塑造力度，坚持把实施品牌战略作为发展的首要任务。不断扩大"临夏国际清真食品博览会"影响力，坚持实施"精品陇菜工程"，持续开展"精品陇菜店"、"精品陇菜清真店"、"兰州牛肉面示范店"以及"陇味小吃店"等认定工作，借助一系列平台、活动和评选措施，积极引导餐饮企业坚持走品牌化发展道路。经过多年的培育和竞争，以乌穆勒、安泊尔、马子禄、金鼎、马忠华、阿西娅等为代表的一批自主品牌

声名远播，竞争优势明显，市场份额较大，成为引领本地餐饮企业的排头兵。

随着生活水平的不断提高，居民消费观念也随之发生转变，在基础性消费需求得到满足的前提下，品质生活已成为现代人追求的目标，过往从众型、排浪式消费模式正逐步退潮，而个性化、时尚化、定制化、多样化消费观念逐渐成为时代主流。当前，消费结构优化升级的步伐进一步加快，正在由生存型消费转向发展型消费，由产品消费转向服务消费，由物质消费转向精神消费，更加注重对服务特色与品质的追求。

（四）企业空间布局过于集中，区域差异特征明显

限额以上企业集中布局特征明显，省会兰州独占鳌头，凝聚了 33.93% 的批零住餐法人企业，商品销售额（营业额）占全省总量的比重高达 72.37%；然后是酒泉市，法人企业比重为 10%，销售额比重仅为 4.77%，与兰州市的差距犹如云泥；天水市与庆阳市位于第三梯队，企业数量比重分别为 9.28% 和 7.03%，二者合计占商品销售额的 6.39%；白银、张掖、定西三市具有相对优势，处于第四梯队，占全省法人企业的比重位于 5% ~6%，销售额比重在 2% 左右，其他市州企业数量比重均不足 5%。甘肃省商贸流通企业空间布局不均衡，一头独大现象突出。与此同时，各市州商品销售额增幅差距较大。2015 年，全省新增限上批发和零售企业共计 113 个，以兰州、白银、酒泉和嘉峪关四市的新增量为主，占总新增量的 65.49%。全年仅武威、金昌、临夏和甘南四市州商品销售额实现增长，其余各市全面下滑，其中增速最高的威武市比最低的嘉峪关市高出 43.33 个百分点。区域间消费市场发展不平衡，限上企业规模不足，缺少规模大、效益好、档次高的商贸流通企业，严重制约了消费市场的发展速度。

三 甘肃批发和零售业与住宿和餐饮业发展的关键制约因素

（一）企业规模普遍偏小，抗风险能力较弱

由于市场需求广、准入门槛低、投资回报快等行业属性，批零住餐领域

成为民营经济竞相投入的首选行业之一。第三次经普数据显示，全省批零住餐行业小微企业法人单位共计 27508 个，占全行业法人单位总量的比重高达 97.57%，资产占有量 1713.1 亿元，所占比重仅为 62.88%。而同期，限额以上企业法人单位比重仅为 6.85%，却占有 41.3% 的资产量。此外，有证照个体经营户的数量更是企业法人单位的 12.37 倍。由此可知，批零住餐行业中小微企业居主导地位，而个体户更是行业繁荣的主要推动者，数量上占据绝对优势，已成为行业发展的中流砥柱。企业规模小，抗风险能力弱，辐射带动能力不足，不仅抑制了规模效应与集聚效应的有效发挥，也制约了行业层次与整体效益的提升。

（二）商贸产品销售类别失衡，消费结构调整任务艰巨

从商贸企业商品分类销售情况看，2015 年，石油及制品类、金属材料类以及汽车类等商品始终占据甘肃批发和零售业消费市场的主体地位，三者销售额合计 2783.16 亿元，占限上批发和零售企业销售总量的 75.1%，其中石油和制品类销售额比重高达 56.01%，金属材料类为 12.18%，二者比重居高不下，占据绝对优势。甘肃长期以矿产品和化工产品作为销售主力军，具备相对优势的商品类别明显欠缺，对消费市场的支撑能力严重不足，这一消费格局成为掣肘全省批发和零售业消费结构升级的主要因素之一。此外，大宗商品价格易受国际市场波动的影响，使工业类商品销售缺乏稳定性，进一步增加了甘肃批发和零售业平稳运行的风险。

（三）企业营运压力持续加大，连锁化经营程度偏低

甘肃省限上批零住餐行业资产大幅缩减。2015 年，全行业资产总计 1471.92 亿元，比上年减少 43.56%，其中批发企业资产缩减近一半，零售企业减少 2/5；住宿和餐饮企业则分别递增了 5.87% 和 8.06%。而同期，企业资产负债率却呈上升之势，其中批发业 52.77%、零售业 60.1%、住宿业 55.69%、餐饮业 49%，除住宿业回落 0.7 个百分点外，其他行业分别上升了 8.52 个、18.37 个和 2.23 个百分点。限上企业规模收缩，行业负债水平

偏高，不但增加了债务风险，影响了企业的资本积累，也削弱了企业的发展能力。此外，限下商贸企业之间的同行竞争异常残酷，价格战成为经营者抢获竞争优势的惯用手段，从而导致经营者所获利润异常微薄，甚至出现亏损。激烈的市场竞争成为小微商业企业面临的最大挑战。上述现象进一步表明，企业经营风险和难度不断加大，营运压力持续增加。

连锁经济具备品牌效应、规模效应和成本效益等多重优势，是企业规模扩张和拓宽市场的重要路径。长期以来，甘肃批零住餐企业的连锁化经营水平偏低，企业数量少、产业规模小，增长势头弱，已成为掣肘行业持续快速健康稳定发展的一项重要因素。以连锁零售企业为例，2015 年，全省限上连锁企业共计 16 家，数量与上年持平，门店总数 782 个，比上年增加了 41 个；年末从业人数达 0.77 万人，同比增长 4.05%；实现商品销售额 183.4 亿元，同比下降了 17.87%。而同期，限上连锁企业总店数、从业人数和商品销售额占限额以上企业总量的比重分别为 1.57%、11.12% 和 20.78%，仅从业人员比重比上年提高了 0.07 个百分点，企业数量与销售额的比重分别下跌了 0.19 个百分点和 3.22 个百分点。

（四）所占比重严重不足，横向比较差异显著

与自身相比，甘肃批零住餐业发展成效卓著，但相较于兄弟省份，差距如鸿沟。2015 年，甘肃限上批发业和零售业商品销售额仅占全国的 0.83% 和 0.77%，住宿业和餐饮业营业额相当于全国水平的 1.07% 和 0.67%，占全国总量的份额严重不足。就西部地区而言，四大行业所处位次均居中后位，所占比重分别为 7.49%、4.19%、5.83% 和 4.04%，均不足 1/12。其中，批发业规模接近首位重庆市的一半，零售业、住宿业和餐饮业规模分别相当于榜首四川省的 16.39%、25.91% 和 14.25%。可见，甘肃四大商贸服务业在西部地区中仍处于相对劣势。就西北地区而言，仅批发业和住宿业比重超过了 1/5，其中批发和零售业仅次于新疆、陕西排第三位，住宿和餐饮业位列陕西省之后。其中新疆、陕西两省区批零行业占西北市场的份额接近 70% 和 75%，而甘肃仅占 20.94% 和 16.3%，住宿和餐饮业规模不足陕西省

的 2/5 和 1/4。可见，甘肃占西北地区的市场份额仍显不足，与周边省区的差距依然显著（见表1）。

表1 2015 年西部地区限上批发和零售业销售额与住宿和餐饮业营业额

单位：亿元

地　区	批发业销售额	排位	零售业销售额	排位	住宿业营业额	排位	餐饮业营业额	排位
甘　肃	3350	7	882.7	9	39	7	32.6	7
内蒙古	2293.8	9	1518	6	36.3	8	53.1	4
广　西	4291.6	6	1451.9	7	64.8	5	35.5	6
重　庆	6835.7	1	3439.6	2	87.7	3	215.2	2
四　川	6789.2	2	5387.2	1	150.5	1	228.8	1
贵　州	3182.4	8	1529.3	5	50.8	6	23.7	8
云　南	5227.9	5	2222.6	4	80.7	4	47.7	5
西　藏	104.7	12	104.1	12	6.8	12	0.5	12
陕　西	5251.5	4	3082.8	3	103.9	2	142.1	3
青　海	831.4	10	198.4	11	7.8	11	5.2	11
宁　夏	743.3	11	312.7	10	7.9	10	7.8	10
新　疆	5818.3	3	937.9	8	32.2	9	14.6	9
全　国	401312.19	—	114255.27	—	3648.22	—	4864.01	—

（五）从业者素质整体偏低，产业化发展程度不高

批零住餐行业属于典型的劳动密集型行业，劳动强度大、薪酬标准与门槛准入低等特性，导致从业者文化素养和技术水平整体偏低，初中及以下学历人员成为就业的主力军。较高学历、专业技师和管理型人才极度欠缺，直接影响经营理念、创新意识等的有效发挥，企业经营管理和市场化运作水平备受制约。行业从业人员流动性强，企业规范化与标准化程度不高，粗放经营现象普遍；企业经营战略保守，竞争手段单一，化解风险、应对激烈竞争的能力仍显不足；信息化发展滞后，电子商务等管理技术及新型销售业态无法满足发展需求。

四 促进甘肃批发和零售业与住宿和餐饮业发展的对策建议

（一）加快商贸物流体系建设，提升贸易便利化水平

抢抓甘肃打造"丝绸之路经济带"重要物流枢纽的历史契机，加快推进物流基础设施网络建设，引导商业网点与公共服务设施合理布局，优化流通领域业态配置，着力构建安全高效通畅的商贸物流服务体系。加快推进大型商品交易市场、大型农产品批发市场和农贸市场等建设进程，提升市场流通和辐射功能；重点抓好"新农村现代流通网络建设工程"和农资流通体系试点工作，扶持建设大宗农产品标准化冷链仓储设施项目，扩大农超对接试点覆盖面，加快农资及农产品流通体系建设。加大"万村千乡市场工程""双百市场工程"等基础设施改造力度，不断提高商品配送中心、乡镇商贸中心和标准化农家店覆盖范围；积极开展社区综合服务中心试点工作，促进居民便利消费和社区商业转型升级，推动完善农村日用品流通网络。加强物流节点规划布局，搭建信息共享平台，加快新技术应用步伐，积极推进城市共同配送体系建设，加快推动流通产业发展。

（二）积极培育限上企业，引导行业集团化规模发展

为切实增强限额以上企业对批零住餐行业发展的重要支撑作用，甘肃要进一步加大对重点商贸流通企业的培育和扶持力度。深入开展重点企业培育工作，鼓励发展前景好、综合实力强的限下企业上规模、上档次、上水平，努力做大做强，尽快纳入限上企业统计范围，增加上限入库目标企业数量。加大市场主体培育力度，引导限上个体工商户发展成为法人企业；对已纳入限上统计范围内的企业，要加大排查和培育力度，进一步扩大限上企业的经营范围与规模，促使企业不断发展壮大。同时，加快推进商贸流通企业改革步伐，鼓励支持具备一定条件的龙头企业，通过资产重组和业务联合等方式，实现规模化集约发展。积极引导企业完善法人治理结构，优化业务流

程，加快建立现代企业制度，力争打造一批拥有自主知识产权、品牌响亮、主业突出、管理现代、辐射面广、核心竞争能力强的大型商贸流通企业，并依托其示范和带动效应，促进行业整体实力与水平的提升，大力发展集团化连锁经营，推动行业充分发挥规模效益。

（三）加大品牌扶持力度，努力拓宽陇品销售渠道

随着消费者品牌意识的逐步增强，品牌知名度与其市场份额直接挂钩。要坚定不移地实施商贸品牌化发展战略，将品牌打造作为行业发展的第一要务，努力引导企业将发展重心从引进品牌向培育品牌、创新品牌和发展品牌转变。进一步加大本地优势企业和知名品牌培育力度，力争树立一批标杆企业和知名品牌。围绕装备制造、机电高新、有色金属、新材料、特色农产品、陇菜、中医药、清真食品、民族用品等甘肃优势领域，谋划实施特色名优产品培育工程。同时，重点培育一批发展前景广、竞争力较强、知名度和美誉度较高，在同行业中具有示范带动效应的商贸企业。以知名品牌带动名优企业发展，以企业壮大促进行业进步，以行业提升助推产业升级，切实做大做强陇品行业，不断提升品牌知名度与影响力，切实增强企业核心竞争力，大幅提升市场占有率。

充分发挥"甘肃特色商品展示展销馆"、甘肃特色农产品展示销售中心以及淘宝网"特色中国—甘肃馆"等平台的推介作用，持续开展"临夏国际清真食品民族用品博览会""中国兰州牛肉拉面节""全省名优风味小吃展销会""美食节"等展会节会，努力扩大甘肃品牌宣传力度，增强甘肃驰名商标国际影响力，不断提升陇品市场品誉，大力支持甘肃特色名优产品走出国门，积极拓宽销售渠道。加快推进本地优势商贸服务企业出省出国步伐，推动服务水平提质升级，使标准化、规范化、特色化成为甘肃品牌的代名词，力争打造国际知名的商贸服务品牌。

（四）积极探索大众化转型，有效提升服务标准化水平

顺应大众化消费主流趋势，切实转变发展思路和经营理念，主动适应市场需求，推动中高端餐饮企业回归理性。立足于充分的市场调查，深入的消

费需求研究，合理确定市场定位，创新营销模式和新型业态，积极探索企业转型路径及发展模式，着力构建大众化服务体系。中高端餐饮企业可采取分层错位和多元化经营策略来吸引大众消费群体，通过对客源结构、销售策略、创新菜品以及服务转型等方面的研究，定制符合消费需求的具体措施，促进产品与服务的转型升级。引导更多餐饮企业积极加入早餐工程、社区餐饮、商务快餐、便民餐饮等领域，助推中高端餐饮品牌进军大众化市场，通过推出特价菜、网上订餐、团购优惠等促销活动，积极发展早餐、团餐、快餐、套餐、外卖、半成品餐等营销模式，加快向大众化餐饮转型的步伐。

（五）加快培育新型业态，壮大流通企业优势群体

积极顺应以"互联网＋"为引领的现代流通方式大变革，加快推进以连锁经营、物流配送和电子商务等为代表的新型贸易方式，加快推动传统商贸模式与电子商务技术接轨，着力培育商贸服务业增长新渠道。在深入推进国家级电子商务示范基地建设的同时，扎实做好电商扶贫试点工作，扩大电子商务向贫困地区、民族地区的覆盖范围。加强并深化与知名电商企业的合作，加快推动阿里巴巴集团"千县万村"计划，京东集团"千县燎原计划""京东帮服务店""京东冠名"项目，苏宁"农村电商"计划等的落地实施以及上线运营，促进香港贸发网"甘肃馆"正常运行。大力培植本土电商平台，打造以兰州银行"三维商城"和酒泉"巨龙网"等为代表的知名电商平台。营造电子商务发展的良好环境，大力支持企业利用电子商务开拓市场，着力提升电子商务交易额比重，强化其对商贸服务领域的支撑作用。

多措并举推动企业做强做大，打造商贸流通领域优势群体。全面优化区域投资环境，加速完善优惠政策，努力吸引外部资金注入，大力推行品牌化经营，积极发展集团化连锁，重点扶持一批营运能力和核心竞争力较强的企业。加快大型流通企业转型升级步伐，着力培育一批具备供应链整合能力、有效引导生产、推动内外贸融合的龙头企业。加大对中小流通企业的扶持力度，全面破除经营限制，加快培育一批发展潜力大、成长性较好的中小企业，为甘肃商贸服务业的可持续发展夯实基础。

（六）"双轮驱动"推进改革，深化商旅文融合发展

当前补短板是商贸服务业供给侧结构性改革的首要任务，客观上要求经营者切实转变发展理念，深入分析市场需求，准确把握消费者心理，从品牌营销和品质服务上深耕细作，努力为顾客提供定制化服务，鼓励企业积极创新，突出特色经营和个性经营。大力推进"互联网＋"行动，不断扩大商贸服务业市场规模，全面提升行业效率和水平，力争从量和质两方面增加有效供给，依靠供给侧与需求侧"双轮驱动"助推行业转型升级。

借助兰州国际马拉松赛等重大赛事以及兰洽会、敦煌文博会、敦煌行·丝绸之路国际旅游节等平台，加快提升甘肃旅游国际知名度，做强以敦煌文化为代表的甘肃品牌，在扩大住宿和餐饮业有效需求的同时，带动商贸行业的快速发展。同时，依托各地特色商业、文化和旅游资源，紧抓华夏文明传承创新区建设的有利契机，加快资源整合步伐，以商贸为核心、以旅游为纽带、以文化为灵魂，加强商旅文产业联动，推动商旅文融合发展。充分发挥文化旅游产业的消费带动效应，积极开发特色市场，不断延伸消费链，持续扩大旅游文化配套消费。

参考文献

甘肃省商务厅：《关于对全省餐饮工作情况的调研报告》，2013。

《甘肃省住宿餐饮业多元化发展》，甘肃省统计局，http：//www. gstj. gov. cn/www/HdClsContentDisp. asp？Id＝20099，2013 年 7 月 5 日。

《2017 年 1～7 月酒泉市消费品市场运行情况分析》，甘肃省统计局，http：//www. gstj. gov. cn/www/HdClsContentDisp. asp？Id＝34793，2017 年 9 月 5 日。

《甘肃省住宿餐饮业多元化发展》，甘肃省统计局，http：//www. gstj. gov. cn/www/HdClsContentDisp. asp？Id＝20099，2013 年 7 月 5 日。

《2014 年天水市住宿和餐饮业发展报告》，甘肃省统计局，http：//www. gstj. gov. cn/www/HdClsContentDisp. asp？Id＝29328，2015 年 3 月 10 日。

B.4
甘肃电子商务发展报告

胡圣方*

摘　要： 近年来，甘肃电子商务发展环境不断优化，农村电子商务成效非常显著，旅游电子商务快速发展，跨境电子商务加紧建设，日益成为助力脱贫攻坚、产业融合发展、外贸转型升级的重要力量。但同时存在信息物流基础设施、人才智力支持体系、本土电商平台、农产品品牌等方面的建设困难。随着甘肃不断推动电子商务深入发展，预计电子商务仍处在高速增长期，电子商务融合效应将逐步凸显，跨境电子商务将呈现加快发展态势。

关键词： 甘肃　电子商务　融合　模式创新

电子商务是网络化的新型经济活动，是推动"互联网＋"发展的重要力量，是新经济的主要组成部分。[①] 随着我国信息技术的发展和人民生活水平的提高，网络购物正成为新的消费方式和时尚潮流，电子商务服务业市场快速增长，深刻影响着我国经济发展和社会变革。2016 年，我国电子商务交易额 26.1 万亿元，同比增长 19.8%，交易额约占全球电子商务零售市场的 39.2%，其中电子商务服务业市场规模达 2.45 万亿元，同比增长 23.7%，我国已经成为全球规模最大、发展速度最快的电子商务市场。长期

---

* 胡圣方，甘肃省社会科学院公共政策研究所副研究员，研究方向为电子商务。
① 参见商务部、中央网信办、国家发改委印发的《电子商务"十三五"发展规划》。

以来，甘肃作为内陆地区受制于市场交易规模和活跃程度而影响城乡经济社会的发展，电子商务突飞猛进的发展将彻底改变这一现状。2015 年，甘肃电子商务交易额达到 1600 亿元，增长突破 30%，其中网络零售额 310 亿元，增长超过 40%。电子商务正助力甘肃脱贫攻坚，在促进经济转型发展和加快社会变革进程上日益发挥着重要的作用。

一　电子商务发展形势分析

随着网络社会的蓬勃兴起，电子商务迅猛发展，对居民消费结构、经济转型升级和外贸经济发展产生了深刻的影响。新一代信息技术应用将加快电子商务的提质升级，电子商务在社会生活领域的渗透将促进与传统产业的融合，"一带一路"倡议背景下电子商务将通过网络影响全球经济的发展。

（一）加快电子商务提质升级

商务部、中央网信办、国家发改委印发的《电子商务"十三五"发展规划》明确提出，从大力提升电子商务平台创新发展水平、加快提升电子商务内外市场一体化水平、着力提升电子商务领域科技支撑能力等方面加快电子商务提质升级，推动电子商务进入新一轮高速发展阶段。随着以大数据、云计算、虚拟现实、人工智能等为代表的新一代信息技术在全球范围的快速发展，世界正迎来新一轮的科技革命，新技术的应用将促进电子商务平台的创新发展，同时对信息基础设施提出了更高的要求。在科技革命的浪潮中不进则退，电子商务迫切需要提高科技支撑能力，促发新一轮的电子商务高速发展。

（二）促进电子商务与传统产业深度融合

促进电子商务与传统产业深度融合是时势所趋。当今电子商务已广泛渗透到生产、流通、消费及民生等领域，深刻影响着经济的变革进程。网络的连通效应使线上线下互动更加紧密，生产、流通、消费的线性过程正在加速，电子商务的高效率低成本发展对传统产业生产效率和质量提出更高要求，亟须传统产业主动与电子商务融合发展、延长产业链条、提升产业效益、促进整合创新。国家《电子商务"十三五"发展规划》提出，从促进农业转型升级、拉动制造业提挡升级、加快商贸流通业创新发展等方面推动电子商务与传统产业深度融合。

（三）提升电子商务合作开放水平

在共建"一带一路"的国家倡议下，促进跨境电子商务发展有助于发挥我国制造业大国优势，促进外贸经济发展和开放经济升级。随着我国跨境电子商务的快速发展，跨境电子商务的规模持续扩大，根据中国电子商务研究中心《中国电子商务市场数据监测报告》，2015年我国跨境电子商务交易规模达5.4万亿元，同比增长28.6%。2016年我国跨境进口电子商务规模达1.2万亿元，同比增长33.3%。跨境电子商务正深刻影响外贸经济的发展。国务院《关于大力发展电子商务加快培育经济新动力的意见》，国务院《关于积极推进"互联网＋"行动的指导意见》，商务部、中央网信办、国家发改委印发的《电子商务"十三五"发展规划》都明确提出加强电子商务国际合作。

二　甘肃电子商务发展现状

电子商务的发展规模水平与地区经济总量存在正相关关系。受经济发展总量的影响，甘肃电子商务发展规模水平相较于东部、中部地区还存在较大差距。但历时看近几年甘肃电子商务发展突飞猛进，主要表现在电子商务发展环境不断优化、农村电子商务发展成效显著、旅游电子商务快速发展、跨境电子商务加紧建设等方面。

（一）电子商务发展环境不断优化

近年来，甘肃电子商务发展环境不断优化。网络基础设施显著改善，快递物流业快速发展，电子商务示范作用逐渐增强，为推动甘肃电子商务又好又快发展奠定了良好的基础。

1. 网络基础设施显著改善

电子商务的良好发展离不开网络基础设施完善升级。甘肃网络基础设施快速发展，移动电话用户数和互联网宽带接入用户数逐年增长（见图1）。截至2017年6月，甘肃移动电话用户数达2388万户，移动互联网用户达1914万户，光缆总长度达67.75万公里，移动电话基站数达12.97万个。根据《甘肃省信息通信业"十三五"发展规划》，到2020年末，城市部分宽带用户接入能力达到100Mbps，农村部分宽带用户接入能力达到20Mbps，光缆线路总长度达到70万公里，互联网省际出口带宽达到8000Gbps。甘肃网络基础设施的改善优化将为电子商务奠定良好的发展基础。

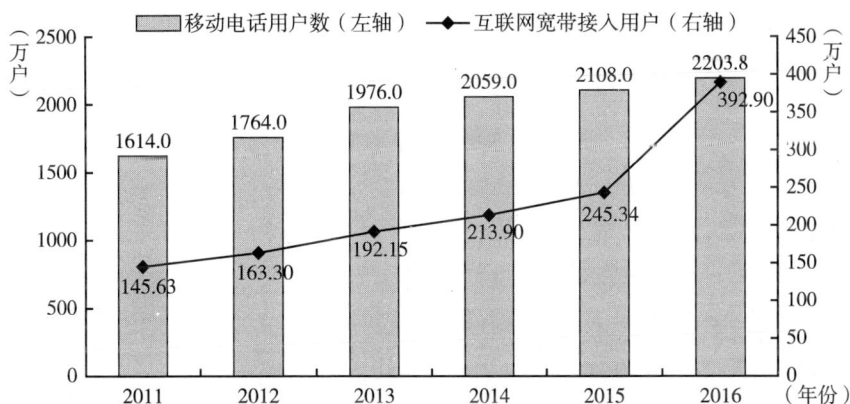

图1 甘肃移动电话和互联网宽带接入用户情况

资料来源：《甘肃统计年鉴》（2016～2017年）。

2. 快递物流业快速发展

快递物流业是电子商务发展的基础支撑。近年来，甘肃省快递物流行业保持快速发展趋势。邮政业务总量和快递业务量持续攀升（见图2）。2016年邮政行业业务总量完成22.19亿元，同比增长35.92%；快递服务企业业务量完成6065.1万件，同比增长71.26%。交通基础设施条件显著改善，

"十二五"末 14 个市州政府驻地全部已高速公路贯通，86 个县市区政府驻地已二级及以上公路贯通，100% 的乡镇已沥青（水泥）路贯通。金昌、张掖、夏河 3 个机场建成通航，全省民航机场数达到 8 个。省物产集团兰州公路港、酒（泉）嘉（峪关）国际物流园区、武威保税物流中心、兰州新区综合保税区充分发挥物流示范带动作用，提升甘肃"通道"能力。

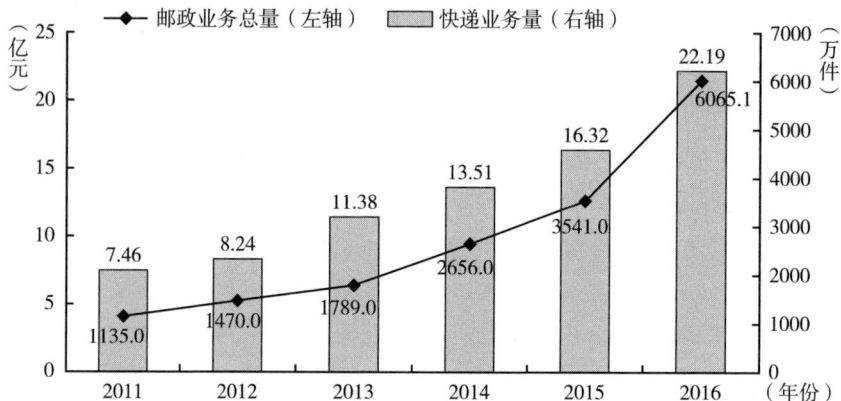

图 2　甘肃邮政、快递业务情况

资料来源：《甘肃统计年鉴 2016》，甘肃省邮政管理局。

3. 电商示范作用逐渐增强

电子商务示范城市、基地等发挥着经验推广、带动引领、促进发展的重要作用。近年来，甘肃有关部门积极加强电子商务示范城市、基地、企业和电子商务进农村综合示范县的建设和申报工作，取得了显著的成效。兰州市、陇南市先后入选国家电子商务示范城市，酒泉市、陇南电子商务产业孵化园、兰州新区联创智业园先后入选国家电子商务示范基地。三维商城、驼行网、藏宝网先后入选商务部电子商务示范企业（见表 1）。同时甘肃省级电子商务示范创建工程积极展开，天水市电子商务产业园、张掖电子商务创业园、平凉新阳光电子商务示范基地入选示范基地，酒泉市敦煌市、张掖市山丹县、张掖市临泽县等 16 个县区入选为示范县区，甘肃巨龙供销（集团）股份有限公司、甘肃爽口源生态科技股份有限公司、甘肃丝绸之路电子商务有限公司等 34 个企业入选为示范企业。

表 1 甘肃省电子商务国家级示范城市、基地、企业、县等情况

示范名称	入选对象
2014 年国家发改委等部门第二批国家电子商务示范城市	兰州市
2017 年国家发改委等部门第三批国家电子商务示范城市	陇南市
2012 年商务部首批国家电子商务示范基地	酒泉市
2014 年商务部第二批国家电子商务示范基地	陇南电子商务产业孵化园、兰州新区联创智业园
商务部 2013～2014 年度电子商务示范企业	甘肃烽火网络有限公司(嘉酒视窗网)
商务部 2015～2016 年度电子商务示范企业	兰州惠商电子商务有限责任公司(三维商城,www.3d100.cn)(电商服务类)
商务部 2017～2018 年度电子商务示范企业	敦煌智慧旅游有限责任公司(驼行网,www.tuoxingwang.com)(网络化服务类)、甘南藏宝网络商务开发有限责任公司(藏宝网,www.zangbooo.com)(电商服务类)
商务部 2015 年电子商务进农村综合示范县	华池县、民勤县、宁县、环县、岷县、会宁县、庄浪县、成县
商务部 2016 年电子商务进农村综合示范县	景泰县、靖远县、礼县、灵台县、宕昌县、静宁县、武山县、合水县、临潭县、永登县、夏河县、古浪县、镇原县、渭源县、和政县、广河县、山丹县、临泽县、玉门市、永昌县
商务部 2017 年电子商务进农村综合示范县	康县、徽县、秦安县、甘谷县、榆中县、永靖县、安定区、泾川县、庆城县、合作市、天祝县、正宁县

资料来源：商务部网站。

（二）农村电子商务发展成效显著

脱贫攻坚是甘肃的重点工程。随着"互联网＋农业"的效益不断增强，农村电子商务蓬勃发展。近年来，甘肃农村电子商务走出了"甘肃特色"之路，电商扶贫效应逐渐凸显，发展模式不断创新，农业龙头企业电商应用增强，甘肃农村电子商务的迅速发展极大加快了脱贫步伐，极大激活了农村市场，极大带动了农业发展。

1. 电商扶贫效应逐渐凸显

电子商务是甘肃深化脱贫攻坚的重要路径。近年来，甘肃电子商务扶贫工作深入推进，2015年甘肃省财政支持2700万元，在58个贫困县和17个插花县的75个乡和225个村开展电商扶贫试点。甘肃2015年有8个县列为商务部电子商务进农村综合示范县，中央财政给予每个县2000万元支持。2016年20个县被确定为电子商务进农村综合示范县，2017年则有12个县。同时甘肃省级16个电子商务示范县（区）受省级财政资金支持。截至2017年6月，甘肃全省已建成75个县级电商服务中心、1159个乡级电商服务站、5360个村级电商服务点。甘肃深入推进电商扶贫显著促进了农民收入增长。甘肃省陇南市通过电商人均增收620元。定西市岷县创造的"电商＋互助资金＋贫困户"模式，以电商获取互助资金并向贫困户分红，直接通过网上销售带动1350多名贫困群众人均增收超2000元。环县通过网上销售小杂粮、黑山羊、滩羊等产品，实现收入3200多万元，通过电子商务直接带动贫困群众人均增收180多元。根据《甘肃省关于精准扶贫电商支持计划的实施方案》，从2018年到2020年，全省贫困地区基本普及电子商务应用，实现"三有一能"目标，即县有农村电子商务服务中心，乡有电子商务服务站，村有电子商务服务点，贫困户能通过电子商务销售自产产品、购买生产生活资料，交易额年均增长30%以上，全省贫困地区宽带家庭普及率大幅提高，4G网络全面覆盖。相信甘肃电商扶贫效应将逐渐放大，到2020年完全实现脱贫目标。

2. 电商发展模式不断创新

因地制宜是甘肃电商发展模式的最大特色。成县以"六位一体"（政府推动、社会参与、协会示范、市场推进、金融支撑、媒体助力）为总抓手，以成县核桃单品突破带动农特产品销售为重点，探索出"网店带贫、就业带贫、平台带贫、信息带贫"的成县模式而被商务部全国推广。环县探索出"政府引导＋订单种植＋专业品牌"模式破解农产品知名度不高的问题，以"统一订单种植、统一生产加工、统一品牌包装、统一网上销售、统一打包发货、统一仓储配送"方式加强品牌培育。岷县通过"电商＋邮政"

"电商 + 金融 + 创业"模式破解电商企业融资问题。清水县通过"电商 + 双联 + 农户""电商 + 众筹 + 扶贫""媒体 + 电商"等模式加快电商脱贫步伐。随着甘肃农村农产品品牌化发展加快，以及电子商务模式不断创新，甘肃农村电子商务在促进脱贫攻坚、改变农村消费结构、提升农业发展水平等方面发挥着越来越重要的作用。

3. 农业龙头企业电商应用增强

随着农业信息化的发展以及农村电子商务的广泛开展，加强农业产业化重点龙头企业电子商务应用是时势所趋。北京市《关于推进"互联网 + 农业"的实施意见》中提出，到 2020 年，"市级以上农业产业化重点龙头企业电子商务应用普及率达 90%，互联网渠道销售本市农产品占比超过 30%"。目前甘肃有国家级农业产业化龙头企业 27 家，省级农业产业化重点龙头企业 405 家。课题组以 27 家国家级农业产业化重点龙头企业为样本，进行了网站及其电子商务应用情况调查，发现 14 家建有企业网站，占比 51.85%；5 家企业网站有电子商务应用或接入第三方电子商务平台，占比 18.52%。超过一半的国家级农业产业化重点龙头企业建立官方网站充分说明甘肃农业重点龙头企业的电商意识和电商应用逐渐增强。但从横向比较看，甘肃需要进一步推动农业产业化重点龙头企业电子商务应用，发挥龙头企业示范带动作用和强化甘肃农业产业品牌化、竞争力、影响力。

（三）旅游电子商务快速发展

旅游业在甘肃经济发展中占有重要地位。2016 年甘肃接待境外旅游人数达 7.2 万人次，比 2015 年增长 31.2%，旅游外汇收入 1890 万美元。接待国内旅游人数接近 2 亿人次，比 2015 年增长 22.1%，国内旅游收入 1219.2 亿元，增长 25.1%，旅游综合收入占全省 GDP 比重逐年提高。随着网络日益渗入人们生活的方方面面，旅游电子商务规模逐年扩大，成为提升旅游服务质量和旅客旅游体验的重要方面。

1. 政策支持不断强化

政策支持是旅游电子商务良好发展的原动力。2016 年《甘肃省智慧旅游建设总体方案》提出建设绚丽甘肃旅游互联网电商门户，"利用国内外知名度高、影响力大和用户量多的在线旅游电商，为甘肃省构建多个集旅游咨询、主题活动宣传和产品购买为一体的官方旅游旗舰店"。甘肃省人民政府办公厅发布的《甘肃省"十三五"旅游业发展规划》提出大力发展旅游电子商务，"引导支持旅游企业开设旅游网络旗舰店、专卖店，建设具有甘肃特色的本地旅游电子商务平台，龙头旅游企业网站升级为服务全行业的电商平台。鼓励全国知名电子商务和智慧旅游服务企业在甘肃设立分支机构。各级旅游官方网站、旅游企业网站积极开展在线预订和旅游电子商务"。

2. 电商平台逐渐增多

电子商务平台是旅游资源的宣传载体和销售平台。在甘肃推进智慧旅游建设中，旅游电子商务平台逐渐增多。敦煌旅游官网整合景区、住宿、餐饮、购物、娱乐及活动演出、三维全景等功能，通过天猫旗舰店等电子商务平台销售，提升了旅客服务体验。崆峒山旅游网覆盖景区介绍、景区政务、影像崆峒、历史文化、崆峒武术、电子商务和旅游服务等多项内容，电子商务引入天猫第三方服务平台，提供景区门票、特色产品、酒店房间等订购服务。驼行网集门票、酒店、家庭公寓、景区游览、美食、土特产于一体，线上销售与线下体验融合，是甘肃本土旅游电子商务发展的典范。

3. 景区电商应用增强

旅游景区电子商务应用是增加用户黏性的重要手段，是旅游电子商务服务的重要内容。近年来，甘肃大力发展旅游经济，智慧旅游快速推进，旅游景区电子商务应用逐渐增强。崆峒山景区开发电子商务系统，实现线上线下连通，网上预订门票与现场取票实时同步，亦可通过智游宝扫码入园。敦煌无线 WiFi 覆盖可承载 3 万游客同时使用，游客使用无纸化门票进入景区，莫高窟通过手机扫码可呈现洞窟立体画面。旅游景区电子商务的应用极大提高了旅客服务体验。

（四）跨境电子商务加紧建设

甘肃是"一带一路"向西开放的前沿和次区域合作战略基地，具有重要的区位优势，跨境电子商务的发展有利于促进甘肃外贸经济增长和外贸转型升级。甘肃高度重视跨境电子商务的发展，近年来在政策支持、基础设施建设和跨境电商经营主体等方面取得积极进展。

1. 跨境电商支持力度加大

政策支持是经济欠发达地区跨境电子商务发展的最大动力。2015 年甘肃省商务厅发布《甘肃省发展跨境电子商务实施意见》，从培育跨境电子商务经营主体、健全跨境电商业务体系、建设跨境电商服务体系、落实和完善跨境电商管理机制等方面开展重点工作，提出到 2020 年实现跨境电子商务年交易额在全省对外贸易中占到 10% 以上的目标。2016 年甘肃省人民政府办公厅印发的《甘肃省"十三五"开放型经济发展规划》提出促进跨境电子商务发展等新型贸易方式快速发展，提高跨境电商占对外贸易的比重。2017 年甘肃省人民政府办公厅印发的《关于促进进出口稳定增长的意见》提出推动"互联网＋"外贸融合发展，研究制定支持跨境电子商务发展的具体政策措施。

2. 基础服务设施建设加快

基础服务设施是跨境电子商务发展的基本保障。近年来，甘肃加快跨境电子商务基础服务设施建设。甘肃省商务厅加快跨境电子商务相关信息化系统开发建设，国际贸易"单一窗口"平台建设正在推进，兰州海关地方数据分节点、兰州跨境电商公共服务平台完成数据对接，兰州新区综合保税区网购保税场地和兰州铁路口岸新区作业区跨境电商监管中心将投入运营。中亚国际货运班列、中欧国际货运班列、南亚公铁联运国际货运班列等开通，兰州中川国际机场改扩建、兰州空港物流园区建设等铁路和航空口岸的完善为甘肃跨境电子商务业务开展提供极大便利。基础设施的逐步建立完善无疑将促进甘肃跨境电子商务的良好发展。

3. 省内经营主体持续增多

培育经营主体是甘肃促进跨境电子商务发展的重点工作。近年来，甘肃省内跨境电子商务经营主体持续增多，呈现良好的发展态势。兰州跨境电子商务综合试验区申报创建，西固区丝绸之路电子商务产业园跨境电商基地企业不断入驻，深圳、广州多家知名跨境电商企业分别在兰州市区和兰州新区综合保税区设立跨境电商公司。在第23届中国（兰州）投资贸易洽谈会跨境电商与产业融合发展推进会上，尼泊尔尼中经贸协会与兰州双信实业有限公司签署《投资建设尼泊尔双信建材商品展示交易中心海外仓项目合作意向书》，兰州双信实业有限公司将利用中国出口贸易南亚通道，在尼泊尔构建海外仓，为两国建材商品搭建贸易平台。同时一批本土外贸企业如甘肃华泰天润贸易有限公司、甘肃润源化工股份有限公司等积极开展跨境电子商务业务。

三　甘肃电子商务发展的困难和对策

近年来甘肃电子商务发展起步快、效益好，在推动经济社会转型发展上发挥越来越重要的作用。但作为内陆经济欠发达省份，促进电子商务快速稳定持续发展的信息物流基础设施建设依然较为滞后；电商人才培养培训工作不断深入，但引领农村电商发展的带头人和复合型人才依然较为紧缺；本土电商平台不断成长壮大，但促进产业融合发展的聚合优势尚未显现；农产品销售逐渐成为主导优势，但农产品品牌建设尚需要加强。

（一）信息物流基础设施有待完善

信息物流基础设施是电子商务发展的基本硬件。近年来甘肃信息物流基础设施建设取得显著成效，但同全国平均水平相比，信息物流基础设施依然较为滞后。尤其是在部分偏远地区宽带网络覆盖率低，物流"最后一公里"问题依然较为突出，成为影响农村电子商务发展的突出短板，需要加大投入进一步完善信息物流基础设施。

（二）人才智力支持体系建设需加强

电子商务的良好发展离不开紧缺人才、高端人才和专业技能人才的支撑。近年来甘肃通过建设专业培训机构和电子商务公共服务平台，实施"电商扶贫培训全覆盖"工程，极大改善了电商人才紧缺的状况。但懂管理、懂技术、懂农业的复合型人才和农村电子商务带头人特别紧缺，需搭建合作平台、建立协作机制、创新服务活动，充分利用省内外高校和科研机构以及电商企业的人才智力，助力甘肃电子商务发展。

（三）本土电商平台需加快发展

做大做强本土电商平台是激发地区电商发展活力、提高电商发展规模和水平的重要抓手。随着甘肃电子商务快速发展，本土电商平台不断涌现，一些电子商务示范企业知名度和成交额日益提高。但总体来看，本土电商企业对甘肃电子商务发展的拉动力还未充分显现，在电子商务与传统产业深度融合的趋势下，本土电商企业发挥促进产业融合的作用还不充分。需要加强本土电商企业彼此之间在电商平台、购销渠道、产业共促等方面的合作，形成聚合力量，促进融合发展，尽快做大做强。

（四）农产品品牌需要加快培育

甘肃特色农业极具优势，电子商务以农产品销售为主。但农产品品牌较少，标准化程度不高，许多有优势、品质好的农产品没有取得"三品一标"（绿色食品、有机农产品、无公害食品和地理标志保护）认证，亟须加快培育农产品品牌，提升知名度和竞争力，促进农业电子商务发展。

四　甘肃电子商务发展预测

甘肃电子商务发展具有良好的环境和产业基础，随着甘肃电子商务政策支持的加强，信息网络基础设施的完善，人才培养培训体系的成熟，甘肃电子商务将迎来黄金发展期。预计甘肃电子商务仍将保持高速增长，电子商务融合效应逐步凸显，跨境电子商务加快发展。

（一）电子商务仍处在高速增长期

生命周期理论认为事物在时间上存在从出现到消亡的过程。马克思、恩格斯对经济周期进行过探讨，认为经济会出现"繁荣、衰退、危机、停滞、繁荣"阶段的周而复始状态。产业生命周期一般分为初创阶段、成长阶段、成熟阶段和衰退阶段。电子商务的发展也是如此。从我国电子商务发展的历程看，电子商务的初创阶段伴随规模较大的信息基础设施的投资，网民、网站、网页的数量开始增长，电子商务企业面临市场不确定性，盈利较低，电子商务平台更多是"信息平台"。在成长阶段，随着信息基础设施逐步完善，前期电子商务企业的竞争和拉动，消费人群快速增长，市场交易日益活跃，电子商务平台逐渐增多，政策法规环境逐步改善，电子商务平台成长为"交易平台"。在成熟阶段，随着"信用体系""物流体系""支付体系"的建设完善，电子商务的平台和产品资源日益丰富，市场消费人群接近饱和，市场竞争日益激烈，电子商务与传统产业深度融合，科技应用不断创新，电子商务平台成长为"创新平台"。伴随新的科学技术广泛应用，传统电子商务将逐渐转型而进入衰退期。从电子商务发展生命周期理论看，笔者认为我国处在第二阶段向第三阶段过渡期，我国网民已达 7.51 亿，继续高速增长的潜力不大，同时前期在满足基本生活需求上消费动力将减退，传统产品融合力和新产品的创造力处于孕育期，新的消费动力有待形成。甘肃处在第一阶段向第二阶段过渡期，由于甘肃受限于经济发展规模，信息基础设施欠账较多，随着信息基础设施建设逐步完善，电子商务发展将继续保持高速增长。事实证明甘肃近年来电子商务发展非常迅速，2015 年全省电子商务交易额达到 1600 亿元，增长突破 30%。网上零售额占社会消费品零售总额的 1.85%，在全国排 23 位；有电子商务交易的企业占比为 3%，在全国排 20 位。企业电子商务交易额[①]为 176.3 亿元，在全国排 24 位。充分说明了甘肃电子商务的发展潜力巨大。

（二）电子商务融合效应将逐步凸显

反梯度推移论认为区域经济发展和技术引进的次序不能完全按照其所处

---

① 企业电子商务交易额 =（电子商务销售额 + 电子商务采购额）/2。

的梯度来推进，而应该主要依据经济发展的需要和条件来定。只要经济发展需要，条件具备，不论区域处于哪个梯度都可以直接引进先进技术，进行优先开发，进而向高梯度地区扩散。因此，低梯度地区也可以直接发展新技术、新产业，实现低梯度地区的跨越发展。近年来甘肃旅游业和文化产业快速发展，"十二五"期间全省旅游接待人数 52046.5 万人次，年均增长29.5%，实现旅游综合收入 3180.5 亿元，年均增长 32.7%。[①]"十二五"期间，全省文化产业增加值占全省生产总值比重从 1.26% 增长到 2.3%，资产总量从 227.5 亿元增长到 578.45 亿元。[②] 甘肃具有丰富的旅游资源和文化资源，在旅游业和文化产业快速发展的背景下，完全可以通过引进先进技术实现反梯度推移发展，"数字敦煌"的建设是典型的示范。在网络社会日益兴起的今日，电子商务与产业融合趋势日益增强，旅游电子商务和文化产业电子商务必定蓬勃发展，成为人们物质生活满足后向精神需要满足发展的重要支撑内容，是人们消费的新趋向和经济发展新动力。在此背景下，甘肃电子商务有望与农业、旅游业、文化产业优先融合发展，在助力脱贫攻坚、经济转型发展等方面效益逐渐凸显。

（三）跨境电子商务将呈现加快发展态势

梯度理论认为，由于自然条件和社会经济基础等不同，区域经济发展是不平衡的，客观上存在着经济技术梯度。在经济发展和生产力布局上，要优先发展高梯度地区，然后逐步依次向低梯度地区转移。事实上，我国经济发展水平的东、中、西的梯度分布正是梯度理论的验证。电子商务经济的发展也满足梯度理论，东中部地区经济基础好，信息化程度高，电子商务经济发展好。甘肃在国家"一带一路"建设中具有重要的区位优势，是向西开放的前沿，甘肃传统产业具有良好的基础，相较于丝绸之路部分国家和地区具有梯度优势。发展跨境电子商务既是"网上丝绸之路"建设

---

① 资料来源于甘肃省人民政府办公厅印发的《甘肃省"十三五"旅游业发展规划》。

② 资料来源于甘肃省人民政府办公厅印发的《甘肃省"十三五"文化产业发展规划》。

的政策要求也是甘肃大力发展"通道经济"的客观需要，还是甘肃发挥传统产业优势的重要抓手。近年来甘肃跨境电子商务起步迅速，随着基础设施的逐步完善和区位优势的逐步彰显，甘肃跨境电子商务将呈现东西合作加速发展态势。

B.5
甘肃会展商务发展报告

魏学宏*

摘　要： “一带一路”倡议带来的强大的市场助推力，为甘肃会展业
的发展和提升带来了难得的发展机遇。通过积极努力，甘肃
省会展数量和质量明显增加和提高，呈现良好的发展态势。
特别是第二十三届中国兰州投资贸易洽谈会、第二届丝绸之
路（敦煌）国际文化博览会、2017甘肃农业博览会、2017甘
肃省中医药产业博览会、第二届丝绸之路（嘉峪关）国际房
车博览会取得了巨大成效。因此，为了能更好地开发甘肃会
展经济，加快发展会展商务与扩大会展商务影响力，甘肃需
要积极构建政府为会展服务的机制，加大会展业扶持力度，
增强营销意识，全面提升会展商务的服务水平，发挥特色优
势，做强做优品牌会展，提高会展影响力，培养会展专业人
才队伍，推进现代会展业飞跃转型发展。

关键词： 甘肃　会展业　会展商务　多元化

现代服务业的一个重要组成部分就是会展业，会展商务不仅汇聚了巨大
人流、物流、资金流、信息流，可以完成商品展示交易、经济技术合作、科
技文化交流，而且在加速经济增长、助推城市发展、传播城市形象、吸纳劳
动就业等方面发挥了巨大作用。“一带一路”倡议带来的强大的市场助推

---

* 魏学宏，甘肃省社会科学院决策咨询研究所副研究员，主要研究方向为美学、信息与文化。

力，为甘肃会展业的发展和提升带来了难得的发展机遇。全省 14 个地州市政府为了发展和加速地区会展经济，也通过各种渠道倾注力量办展，吸引会展项目落地。会展业对全省经济社会发展产生了一定的拉动作用，并逐步成为一些地州市新的经济增长点。因此，各级党委政府需要高度重视会展业的培育发展。通过积极努力，使甘肃省会展数量和质量争取明显增加和提高，进一步呈现良好的发展态势。

一 甘肃会展商务发展状况

（一）2017年甘肃展览会（博览会）、论坛（峰会）举办概况

近两年来，甘肃会展业所带来的社会效应、经济效益越来越被各阶层、各行业认可和肯定。各类展会层出不穷，各个展览公司蓄势待发，展览相关行业闻风而动。省委、省政府也高度重视会展业的培育发展，培育出一批以丝绸之路（敦煌）国际文化博览会、中国兰州投资贸易洽谈会等为代表，在国内外具有较大影响力和发展潜力的知名会展品牌。因此，我们要充分认识会展业对完善城市服务功能、提升城市形象、促进经济社会发展与城市建设的重要性，从战略的高度，不断推进甘肃省会展商务的发展。2017 年甘肃展览会（博览会）、论坛（峰会）举办概况见表 1 和表 2。

表 1　2017 年甘肃展览会（博览会）举办概况

展览会(博览会)名称	主要主办(组织)单位
第二届丝绸之路（敦煌）国际文化博览会	中华人民共和国文化部、国家新闻出版广电总局、国家旅游局、中国贸促会、外交部、甘肃省人民政府等
第二十三届中国兰州投资贸易洽谈会	商务部、国家工商总局、国务院台办、全国工商联、中国侨联、中国贸促会、甘肃省人民政府
第二届兰州科技成果博览会	甘肃省发展和改革委员会、甘肃省科学技术厅、兰州市人民政府、上海市张江高新技术产业开发区管理委员会、兰州市科学技术局
第七届兰州文化旅游博览会	兰州市委、兰州市政府、兰州市文化和旅游局、兰州文化旅游产业发展有限公司

展览会(博览会)名称	主要主办(组织)单位
2017 第八届中国(兰州)艺术品收藏博览会	中国兰州艺术品收藏博览会组委会、兰州金骆驼文化传播有限公司、甘肃省黄河文化研究会、甘肃省观赏石协会、甘肃省收藏协会、甘肃省古玩书画协会
2017 第九届中国(兰州)艺术品收藏博览会	
第二届兰州广电红木博览会	兰州电视台
2017 临夏国际美食民族用品博览会	甘肃省商务厅、临夏州人民政府、马来西亚吉兰丹州、伊朗库姆市、临夏市人民政府
2017 甘肃省中医药产业博览会	国家卫生计生委、国家发改委、国家中医药管理局、甘肃省人民政府、中国中药协、中华中医药协会、国药控股股份有限公司、甘肃省商务厅、甘肃省卫生计生委、甘肃省发展改革委、定西市人民政府、甘肃省 13 个市州政府、陇西县人民政府、康美药业股份有限公司
2017 甘肃农业博览会	甘肃省农牧厅、兰州市人民政府、中国农产品市场协会和中国优质农产品开发服务协会主办,省委宣传部、省委农村工作办公室、省直有关部门和各市州人民政府协办
2017(第八届)兰州国际汽车博览会	中国汽车工业国际合作总公司
2017 兰州体育产业博览会	甘肃省体育局、兰州市人民政府、兰州市经合局、兰州市文旅局、兰州国际马拉松赛组委会、兰州市商务局、兰州市体育局、甘肃会展中心有限责任公司
第四十一届中国兰州(秋季)广告标识展览会	甘肃省工商行政管理局,甘肃省商业联合会,甘肃省印刷技术协会,甘肃省广告协会,甘肃省广告标识协会筹备组,三力企业集团,甘肃奥美工贸有限公司、兰州广告彩印标牌市场,陕、青、宁广告协会及印刷协会,甘肃三力会展服务有限公司
2017 中国兰州 LED 展览会	
2017 中国兰州印刷包装、办公设备展览会	
2017 兰州首届 3D 打印技术展览会	
2017 兰州(十一)国际汽车展览会	中国汽车工业协会、甘肃省会展服务中心、甘肃优尚会展服务有限公司
2017(第八届)中国西部(兰州)国际汽车博览会暨首届新能源及智能汽车博览会	甘肃会展中心有限责任公司、中国汽车工业国际合作总公司、深圳市联合车展管理有限公司
2017 第六届西部(甘肃)国际公共安全防范产品及智慧城市警用装备博览会	甘肃省警察协会、甘肃省安全技术防范协会、甘肃省消防协会、兰州房地产开发企业协会、甘肃亚飞展览策划有限公司

续表

展览会(博览会)名称	主要主办(组织)单位
2017 第二届中国西北(兰州)电动车/三轮车及新能源汽车展览会	《中国三轮》杂志、《名车财智》杂志、《群岛车界》杂志、中国新能源车网、重庆群岛展览服务有限公司、兰州富慧展览服务有限公司
2017 第十八届西北(兰州)医疗器械展览会	甘肃省口腔医学会、甘肃省药学会、甘肃亚飞展览策划有限公司
2017 首届(春季)兰州国际美妆产业博览会	甘肃省商务厅、甘肃省美发美容协会
第三届中国·兰州国际牛肉面文化博览会	甘肃省商务厅、兰州市政府
第四届中国(兰州)国际茶业博览会	甘肃省茶业协会、云南省茶叶流通协会、广东省茶叶流通协会、宜兴市陶瓷行业协会、广州市东华文化发展有限公司
甘肃第二届孕婴童博览会	中华全国妇女儿童用品协会、陕西大合展览有限公司、兰州燎原展览有限公司
2017 中国(兰州)精品火锅食材用品展览会	中国饭店协会、联合利华饮食
2017 中国白银房产建材汽车博览会	白银市商务局、白银市文明办、白银市工商联、白银区工商联、白银市房地产业协会、白银市建筑装饰与建材商会、白银国际青少年美术博览中心、兰州中和文旅运营有限公司、兰州大秦广告有限公司、掌上白银
白银市靖远县第三季建材家居博览会	浙江商贸城承办
甘肃省白银市首届文玩博览交流会	白银含锦商业运营有限公司、兰州伟泰茂房地产咨询有限公司、白银市博物馆、白银区美术协会、白银区书法协会
第四届丝绸之路国际生态产业博览会暨绿色有机产品(张掖)交易会	全国工商联农业产业商会、中国农业产业化龙头企业协会、甘肃省工商业联合会、中国国际贸易促进会甘肃省委员会、张掖市政府、谊和永邦(北京)会展有限公司
第一届中国·张掖(西部药都)陇药博览会	中华中医药学会、中国中药协会、甘肃中医药大学、甘肃省中医药管理局、甘肃省陇药产业协会、张掖市人民政府、民乐县人民政府、民乐生态工业园区管理委员会、民乐县西部药都药业有限责任公司
2017 中国·甘肃嘉峪关市石文化产业园首届石文化博览会	嘉峪关市委宣传部、嘉峪关国土局、嘉峪关文广新局、嘉峪关市旅游局、嘉峪关市观赏石协会、嘉峪关市雄关区、华城置业有限公司、势界文化传媒有限公司

续表

展览会(博览会)名称	主要主办(组织)单位
第二届丝绸之路(嘉峪关)国际房车博览会	甘肃省工业和信息化委员会、甘肃省旅游发展委员会、嘉峪关市人民政府、中国汽车工业协会旅居车(房车)委员会
陇东汽车城第三届汽车博览会	庆阳市西峰区人民政府、甘肃日报报业集团、《甘肃日报》、《甘肃农民报》、每日甘肃网汽车频道

资料来源：通过百度搜索整理，时间截至 2017 年 9 月 30 日。

表 2　2017 年甘肃论坛（峰会）举办概况

论坛(峰会)名称	主要主办(组织)单位
2017 甘肃农业博览会农业供给侧结构性改革高峰论坛	甘肃省农牧厅、兰州市人民政府、中国农产品市场协会、中国优质农产品开发服务协会、甘肃省委宣传部、甘肃省委农村工作办公室、甘肃省直有关部门和各市州人民政府
敦煌画派论坛	中国文联、甘肃省人民政府、敦煌研究院、甘肃省美协
文化创意论坛	文化部文化产业司、甘肃省文化厅
"一带一路"高校联盟 2017 大学校长论坛	甘肃省人民政府、甘肃省教育厅、兰州大学
国际产能合作产业园区建设论坛	国家发改委、甘肃省人民政府、甘肃省发展和改革委员会、酒钢集团
2017 马铃薯全产业链高峰论坛	中国农业技术推广协会、南方报业传媒集团
2017 年中华伏羲文化论坛(天水)	天水市政府、甘肃省公祭伏羲大典活动领导小组办公室、甘肃省政府文史研究室、天水师范学院、天水市委宣传部、天水市伏羲文化研究中心
2017 年旅游区域联盟产业发展论坛	甘肃省旅发委、天水市人民政府、关中—天水经济区、陇东南旅游联盟、陕甘川宁毗邻地区经济联合会四省(区)、天水市文化和旅游局
2017 天水·武山蔬菜博览会	天水市农业局、天水市科技局、武山县人民政府
2017 兰州成瘾医学论坛	兰州市公安局强制隔离戒毒所、贵阳市第一强制隔离戒毒所、兰州戒毒康复医院、兰州和盛堂制药股份有限公司
2017 中国兰州消化道早癌高峰论坛	北京医学奖励基金会、中华医学会消化内镜学分会早癌协作组、首都医科大学附属北京友谊医院、兰州大学第二医院、武威肿瘤医院
第十二届中国西部国际治疗内镜内外科联合高峰论坛	
2017 中国兰州空间信息产业高峰论坛	甘肃省工信委、中国航天科工集团、兰州交通大学

续表

论坛(峰会)名称	主要主办(组织)单位
2017年中国民族学学会高层论坛	中国民族学学会、兰州大学西北少数民族研究中心
甘肃省仪器渠道峰会	中国仪器仪表行业协会代理商分会、仪众国际网
2017中国地理信息技术装备西北地区(兰州)高端论坛	中国地理信息产业协会装备工作委员会、甘肃省地理信息产业协会联合、北京博乾国际会展服务有限公司
历史语言学研究高端论坛(2017)	中国社会科学院语言研究所、《历史语言学研究》编辑部、西北师范大学及文学院
2017年中国西部麻醉论坛	甘肃省医学会、甘肃省医学会麻醉专业委员会
"一带一路"中国网络文学论坛(2017甘肃·兰州)	中国作家协会网络文学委员会、中共兰州市委宣传部、兰州市作家协会、《都市生活》杂志社
2017西北首届休闲农业与乡村旅游发展高峰论坛	省农牧厅、兰州文理学院、甘肃休闲农业与乡村旅游发展协会(筹)、蓝海集团
"一带一路"背景下的西部大开发论坛	甘肃省社会科学院、敦煌研究院、甘肃省社会科学院天水分院
2017甘肃电子商务创新创业商峰会	中央网信办、中国互联网发展基金会、甘肃省人民政府、甘肃省委网信办、甘肃省发改委、甘肃省人社厅、甘肃省科技厅、甘肃省教育厅、甘肃省商务厅、甘肃省经合局、兰州市委宣传部
西部农村电商发展高峰论坛	
智慧城市项目高端研讨会	
"一带一路"沿线国家财税服务高端论坛	
"一带一路"首届教育扶贫高峰论坛	
"一带一路"媒体合作论坛(敦煌)	《人民日报》
丝绸之路(敦煌)司法合作国际论坛	甘肃省最高人民法院
中医药事业发展高层论坛	国家卫生计生委、国家发改委、国家中医药管理局、甘肃省人民政府、中国中药协会、中华中医药协会、国药控股股份有限公司、甘肃省商务厅、甘肃省卫生计生委、甘肃省发展改革委、定西市人民政府、甘肃省13个市州政府、陇西县人民政府、康美药业股份有限公司
中医药产业发展高层论坛	
第四届西部(白银·平川)陶瓷峰会	中国陶瓷工业协会、白银市政府、白银市平川区政府

论坛(峰会)名称	主要主办(组织)单位
新型智慧城市暨新媒体白银峰会	甘肃省委网信办、甘肃省发展改革委和省工信委主办,白银市委市政府、新华社新闻信息中心、半月谈杂志社、中国移动甘肃公司承办
第七届"新媒体论坛(白银)"	
2017甘肃竞信论坛	绿盾征信(北京)有限公司甘肃分公司
2017广播行业峰会	尼尔森网联
"醒来悦"·大爱之年健康饮酒高峰论坛庆阳峰会	浙江醒来悦生物科技有限公司、庆阳夏天商贸有限公司
甘肃平凉崆峒黄酒中医养生研究高端论坛	江南大学、浙江工业职技学院黄酒学院、甘肃省轻工研究院、甘肃崆峒山养生行业联合会、平凉市酒类商品管理局、平凉市酒业协会
2017·甘肃陇南成县县域经济发展论坛	中共陇南市委员会、陇南市人民政府主办,中共成县委员会、成县人民政府承办,陇南市林业局、陇南市商务局协办
2017·甘肃陇南成县核桃产业发展论坛	
2017·甘肃陇南成县县域电商品牌暨农产品溯源体系建设论坛	
2017年中国牦牛乳产业发展论坛	甘南州人民政府联合甘肃省工业和信息化委员会、甘肃省农牧厅、甘南州经济和信息化委员会、农牧局以及甘肃燎原乳业集团
首届中国·九色甘南-南亚国家商品展览会	甘南州人民政府、甘肃省贸促会、甘肃省烹饪协会、甘肃省安多藏餐烹饪协会、合作市人民政府、甘南州商务局、甘南州旅游局、甘南州食药监局、甘南州文广新局
"一带一路"建设与文化遗产论坛(临夏)	中国社会科学院世界宗教研究所、兰州大学、西北民族大学、中国宗教学会、中国统一战线理论研究会民族宗教理论甘肃研究基地、甘肃省丝绸之路研究会
临夏历史文化资源暨旅游经济发展论坛	甘肃省社会科学界联合会、中共临夏市委、临夏市人民政府、甘肃省丝绸之路研究会、甘肃省民俗学会、甘肃伊山伊水环境与社会发展中心、西北民族大学历史文化学院
2017全国砖雕文化传承与创新峰会	中国建筑材料工业规划研究院、中国艺术研究院建筑艺术研究所、中国砖瓦工业协会、甘肃省砖雕协会
凉州文化高峰论坛	中共武威市委、武威市人民政府、甘肃普康酒业集团有限公司
2017绿色及可持续发展麦积山论坛	天水市政府,华东师范大学、中国科学院大连化学物理研究所、北京大学深圳研究生院、兰州分离科学研究所、甘肃中科药源生物工程股份有限公司

续表

论坛（峰会）名称	主要主办（组织）单位
第一届中国·张掖（西部药都）中医药学术论坛	中华中医药学会、中国中药协会、甘肃中医药大学、甘肃省中医药管理局、甘肃省陇药产业协会、张掖市人民政府、民乐县人民政府、民乐生态工业园区管理委员会、民乐县西部药都药业有限责任公司
第七届祁连玉文化旅游博览会	张掖市文广新局
2017 张掖旅游融合发展论坛	张掖市旅游局、甘肃兰神国际旅行社、张掖旅游兰州营销中心
"康复丝路行"第二届西部康复论坛	甘肃省医学会物理医学与康复学分会、甘肃省医院协会、兰大一院、河西学院附属张掖人民医院
首届中国科学院丝绸之路青年论坛（张掖）	中国科学院兰州分院、西安分院、新疆分院青年联合会，中国科学院临泽内陆河流域研究站（国家站）
第八届中国民族旅游论坛（张掖）	中国人类学民族学研究会民族旅游专业委员会、张掖市旅游局、西北师范大学旅游学院、河西学院历史文化与旅游学院
酒泉市第二届中小微企业发展论坛暨大学生创新创业峰会	酒泉市人社局、共青团酒泉市委、酒泉职业技术学院、酒泉市青年创业协会
玉门县域经济论坛 2017 年年会	甘肃省经济合作局，酒泉市人民政府，中共玉门市委、玉门市人民政府，兰州大学县域经济发展研究院，甘肃省疏勒河流域水资源管理局，酒泉市旅游局，酒泉市商务局
中国地震预报论坛 2017 年学术交流会（嘉峪关）	中国地震学会地震预报专业委员会、甘肃省地震局
第三届环境与发展智库论坛（嘉峪关）	西部资源环境与区域发展智库、甘肃省科学技术协会、中国科学院西北生态环境资源研究院、中国科学院资源环境科学信息中心、嘉峪关市政府
西北蔬菜产业绿色发展武山论坛	中国园艺学会、甘肃农业大学、甘肃省园艺学会
麦积山雕塑论坛·2017	天水市人民政府、敦煌研究院、麦积山石窟艺术研究所、清华大学美术学院雕塑系
2017 陇山文化发展论坛	天水市委宣传部、市社科联联合宝鸡市社科联、平凉市社科联、固原市社科联
2017 金昌循环经济发展论坛	中国循环经济协会与金昌市人民政府
中国西部首届网络空间安全高峰论坛	甘肃省委网信办、兰州大学、清华大学和西安电子科技大学
第三届中国西部丝绸之路骨科高峰论坛	甘肃省医学会骨科专业委员会、甘肃省骨科医师协会、甘肃省医学会运动医学专业委员会、兰州大学第二医院骨科学系、甘肃省第三人民医院

论坛(峰会)名称	主要主办(组织)单位
中国(甘肃)丝绸之路经济带务实合作论坛	商务部、国家工商总局、国务院台办、全国工商联、中国侨联、中国贸促会、甘肃省人民政府、中国—东盟中心
"一带一路"国际中小企业产业合作论坛	
丝绸之路合作发展高端论坛	

资料来源：通过百度搜索整理，时间截至 2017 年 9 月 30 日。

（二）甘肃会展商务发展特点

2017 年甘肃会展商务呈现不断发展的良好势头，总体来看，甘肃会展商务的发展主要有以下特点。

1. 会展商务数量有一定增长，甘肃特色不断凸显

通过百度搜索整理，2017 年截至 9 月 30 日全省共举办会展项目 100 个。其中，34 场展会，66 场论坛（峰会）。与 2016 年全省共举办会展项目 84 个，其中，36 场展会，48 场论坛（峰会）相比，2017 年全省举办的展览活动和论坛峰会的数量有一定增长，其中论坛（峰会）涨幅较大，可以说全省会展业 2017 年发展势头良好。2017 年举办的会展商务另一个特点是甘肃特色不断凸显。例如 2017 甘肃农业博览会、2017 甘肃省中医药产业博览会、第七届兰州文化旅游博览会、麦积山雕塑论坛·2017、2017 陇山文化发展论坛等。

2. 会展商务的内容继续呈现多元化，涉及了社会生活的各个方面

2017 年甘肃会展商务延续了 2016 年的内容多元化特点，博览会、峰会（论坛）的内容涉及了美容、消防、机械、金融、移动互联网等多个行业以及汽车业、娱乐业、文化产业等多个产业。例如 2017 兰州体育产业博览会、第四十一届中国兰州（秋季）广告标识展览会、2017 第六届西部（甘肃）国际公共安全防范产品及智慧城市警用装备博览会、中国西部首届网络空间安全高峰论坛等。这些会展商务几乎涉及了我们生活各个方面。

3. 大型展览会（博览会）带动论坛（峰会）发展，峰会与论坛相得益彰

2017 年甘肃举行的比较大的博览会带动了论坛（峰会）发展。如围绕第二十三届中国兰州投资贸易洽谈会，召开了中国（甘肃）丝绸之路经济带务实合作论坛、"一带一路"国际中小企业产业合作论坛、丝绸之路合作发展高端论坛。可以说，展览会（博览会）对推进论坛（峰会）的发展具有重要作用。围绕 2017 甘肃省中医药产业博览会，召开了中医药事业发展高层论坛、中医药产业发展高层论坛。同时峰会与论坛相得益彰。如围绕 2017 甘肃电子商务创新创业商峰会，举办了西部农村电商发展高峰论坛、智慧城市项目高端研讨会、"一带一路"沿线国家财税服务高端论坛、"一带一路"首届教育扶贫高峰论坛。

4. 特有品牌会展持续发展，展会效果持续升温

在 2017 年甘肃会展中，第二十三届中国兰州投资贸易洽谈会、第二届丝绸之路（敦煌）国际文化博览会、第二届兰州科技成果博览会、2017 兰州体育产业博览会等，都是甘肃自己培育发展的品牌博览会，这几个品牌展会成功连续举办，展会的形式越来越呈现多样化，越来越丰富的内涵吸引了越来越多的参展客商，国际化、甘肃特色越来越明显。这些展会不仅展现了甘肃的地域文化，加强了甘肃省特色产品与国际同行业的交流与合作，而且为甘肃省特色产品走向国内、走出国门搭建了巨大的平台。

5. 展览会（博览会）活动丰富，论坛（峰会）专业性较强

展览会（博览会）活动丰富，如第二届丝绸之路（敦煌）国际文化博览会就设计了开幕式及主题演讲、系列展览、文艺演出、高级别论坛等多项活动。2017 甘肃省中医药产业博览会设计了开幕式暨建设国家中医药产业综合试验区启动大会、甘肃省中医药产业招商大会、专题论坛、展览展销、实地考察等活动。论坛（峰会）专业性较强，主要是某一研究领域的专家学者以及部分高层人员，围绕医学、文学、经济、生态、网络等主题发表演讲，阐述自己的观点和看法，之后进行讨论或发表言论，专业性比较强，以行业内的人士参加为主。

6. 全省14个市州会展商务都有所发展，地方特色明显

就全省来看，甘肃14个市州2017年都有会展商务活动，论坛（峰会）比博览会发展快。但总体而言在省会兰州市召开的展会数量、展览面积、参观人数和经济效益要多于任何一个地州市。因此，兰州可以加强与其他地州市的合作，一些博览会主会场可以设在兰州，其他论坛峰会可以在地州市召开，形成全省会展业中心突出、多点开花的共赢发展局面。地州市需要进一步发掘本地举办博览会和论坛峰会资源，积极筹划，争取举办，通过博览会、论坛（峰会）带动或者促进本地经济以及相关行业的发展。

二　2017甘肃农业博览会和第二届丝绸之路（嘉峪关）国际房车博览会亮点纷呈

（一）2017甘肃农业博览会

2017年9月8日，甘肃农业博览会在甘肃国际会展中心隆重开幕。这次博览会的主题是"创新、协调、绿色、开放、共享"，宗旨是"展示成就、培育品牌、促进流通、合作共赢"。通过博览会，更多的人了解了甘肃的农产品，促进了甘肃农产品的信息互通和流通，提高了甘肃特色优势农产品的品牌知名度和市场影响力，有助于甘肃开拓更大的农产品市场，使甘肃农产品走向全国，走出国门。

1. 展示规模大，参展部门多，层次比较高

2017甘肃农业博览会展示规模大，面积共3.4万平方米，4个室内展区主要展示特色优势农产品、林产品、现代农业以及生产资料，1个室外展区主要展示农业机械装备。有农牧厅、省林业厅等6个省直部门、全省14个市州政府以及来自省内外的投资商、商会、贸易团体、采购商等1000余家单位企业参会。中国农产品市场协会和中国优质农产品开发服务协会的参与主办，展示、销售、洽谈的分区，为甘肃特色优势农产品的宣传推介搭建了一个更大的平台，实现了特色产业的突出展示、产品流通、品牌培育、信息

互通。

2. 展示品种类别丰富，显示了甘肃现代农业大发展

这次展会有高原夏菜、马铃薯、苹果、小杂粮、牛羊肉、橄榄油、茶叶、中药材等十大类上万个农产品品种参展。兰州百合、嘉峪关紫轩葡萄酒、武威手工拉条、甘南牦牛肉、平凉苹果、天水蟠桃、金昌花产品等更是让前来参观的市民眼花缭乱、满载而归。这些展品不但充分展示了甘肃打造培育形成的草食畜、优质林果、蔬菜等六大特色优势产业，而且涵盖了甘肃农产品加工贸易、农业科技前沿技术、农资农机、农业信息化等农业全产业链上下游技术和产品，以及现代农业发展成果、特色优势农产品。

3. 活动方式多样，突出甘肃农业特色

一是以展品实物展示、现代信息技术播放、彩色展板宣传相结合的方式让此次博览会更具特色、更生趣味。二是市（州）长品牌农产品推介会让品牌在市场当中发挥了更好的引领作用。14个市州的市（州）长们拎菜篮子、捧瓜果、抱鲜花纷纷上台，为本地方的优质农产品代言。三是举办了农业供给侧结构性改革高峰论坛。全国农业领域的著名专家学者从不同角度、不同视野、不同领域对农业供给侧结构性改革问题进行了深入探讨和分析交流，为甘肃省农业部门更好地推进全省农业供给侧结构性改革提供了理论和实践支持。四是举行了农业招商引资项目对接洽谈签约活动。本届博览会共推介170多项农业项目，经各地各部门积极对接洽谈，签订签约3项战略合作协议、65项招商引资项目。五是开展了"金奖"产品和"甘肃十大农业区域公用品牌"评选活动。

2017甘肃农业博览会，荟萃了甘肃各地的特色农产品和优势农产品，充分展示了近年来全省农业农村经济发展成果，以及甘肃现代农业发展的新亮点、新成就、新实践。

（二）第二届丝绸之路(嘉峪关)国际房车博览会

2017年9月28日，在嘉峪关市召开第二届丝绸之路（嘉峪关）国际房车博览会。此次博览会以"天下雄关丝路情·房车旅游甘肃行"为主题，旨在展示国内外主流房车品牌，搭建房车企业交流合作平台，进一步推进丝绸之路房车露营与旅游产业深度融合，促进"一带一路"沿线国家房车及旅游产业发展。此次博览会亮点纷呈。

1. 注重博览会的顶层设计

甘肃省委、省政府从省旅游资源禀赋、嘉峪关区位优势以及房车全产业链建设布局出发，充分考虑，精心策划了开幕式、高峰论坛、基地启动仪式、戈壁之夜、发车仪式等系列活动，这些活动为全国著名房车展销运营基地的全力打造、世界级房车露营目的地的建设、丝绸之路沿线城市旅游产业的转型升级搭建了重要的交流和贸易平台。

2. 注重博览会的市场化运作

在前期谋划博览会召开阶段，特别注重发挥市场优势，进行市场化运作。邀请兰石集团、酒钢集团、甘肃移动公司等大型企业参与其中，并给予大力支持。同时，通过公开招标，让有实力的 20 多家国内外房车企业参与策划组织展会，有特色的 30 多家相关产品企业以及 300 余辆房车、专用车参展。企业的专业优势和行业优势得到充分发挥，实现政府与市场、政府与企业优势资源互补，保证了博览会的高水准。

3. 注重博览会的高标准规格

一是参会客商规格高。保加利亚共和国国会副议长、国会外交委员会副主席、原德国联邦议会议员、甘肃省政协副主席、中国旅游车船协会秘书长、嘉峪关有关领导等以及德国 HWK Erfurt、德国 BHS（博凯）集团、中信资本公司、上海新南洋股份有限公司、景域集团等国家有关协会、国内外知名企业代表参加了本次博览会。二是参展面积大，参展高端车辆多。本次博览会展会主会场总面积约 26000 平方米，参展房车品牌有中欧奔驰、美国清风、福特拖挂、长城、金龙大巴等，超过 200 辆房车。

4. 注重博览会研究业态的专业性

本届博览会的重要活动之一是召开"房车智造＋基地"布局"一带一路"新经济带高峰论坛及甘肃房车旅游产业融合发展推介会，国内外知名专家学者、房车制造企业负责人、大型旅游企业代表、运营主管部门负责人等专业人士就甘肃休闲旅游产业、房车及专用车制造产业展开讨论，为甘肃房车与旅游融合发展、甘肃房车露营产业与国际快速接轨建言献策，论坛活动、推介会更具实效性、专业性。

5. 注重成果导向，促进优势项目合作

以"合作、发展、共赢"为主题的签约仪式，成功签约19个项目，总金额121.14亿元。其中，4项工业和信息化项目，总金额53.25亿元；8项文化旅游项目，总金额59.39亿元；2项科技研发项目，总金额8.5亿元；2项体育赛事、3项教育合作项目。签约项目涵盖了文化旅游、房车露营地建设、房车旅游路线开发、交通用铝材加工、汽车人才培养等多个领域，这对甘肃深入对接国家"一带一路"倡议，深入贯彻落实"中国制造2025"战略，延长房车全产业链，打造甘肃成为全国重大影响力的房车旅游胜地具有重要意义。

三 加快发展会展商务与提升和扩大
会展商务影响力的对策建议

（一）构建政府为会展服务的机制，加大会展业扶持力度

从2017年甘肃会展论坛举办的情况看，政府牵头主办，多家单位承办、协办办会的情况不在少数。而从会展发展的国际惯例来看，成功持续发展的大型会展往往是市场化、企业主导的。所以，甘肃省会展业要得到进一步发展，办会企业需逐渐处于主导地位，政府要做宏观战略管理者，为会展业发展做好必要的扶持。因此，政府要认真贯彻落实国家扶持会展业发展的相关政策，尽快制定出台全省会展业发展规划，加大会展业扶持力度。全省、各地市州年财政需要安排好引导、扶持、发展会展业的专项资金，并根据社会经济以及会展业发展实际状况作相应调整。政府要引导和鼓励社会各方面投入资金引办承办联办各类会展、论坛，积极培育非政府主导型会展、论坛活动，最终形成会展运作由政府主导到"政府＋市场"或者直接市场化的模

式运作。同时对办会水平进行评估,对社会效益和经济效益比较高、贡献突出的展会、论坛进行专项奖励。

(二)增强营销意识,全面提升会展商务的服务水平

目前,国内展会是铺天盖地,性质相同的展会也不在少数,这就给参展商带来了很大的选择空间和余地。因此,要吸引单位、企业来甘肃参展,一是办会各方需要增强营销意识,政府需要为会展活动做好政策提供和服务支持,会展企业需要通过各种方式加大招商力度,吸引和组织行业和产业明星企业以及专业人士参加展会,要为参展商和参会者宣传产品做好服务,帮助他们拓展产品销路和打开市场,不能一收参展费用就万事大吉。媒体需要对甘肃举办展会的城市形象以及展会的筹备、组织、形象等进行全方位的宣传与报道,营造良好的展会氛围,从而引导和吸引公众参与会展。二是全面提升会展商务服务水平。展会的服务质量是展会成功举办的关键一环。展会的组织者应对参展商提供便捷的运输服务、给专业观众安排合适舒适的餐饮住宿、组织展后的旅游活动等,以及做好展会中的银行进驻、律师事务、商务资质认证等事务。只有做好全面、跟踪式服务,展会、论坛才能获得持续发展。

(三)发挥特色优势,做强做优品牌会展,提高会展影响力

中国兰州投资贸易洽谈会、丝绸之路(敦煌)国际文化博览会、中国兰州科技成果博览会、甘肃农业博览会、甘肃省中医药产业博览会等都是甘肃省品牌展会,要持续发展,一方面需要政府加大支持力度,另一方面需要各地区、各部门和各单位统一思想、提高认识、紧密配合、严密组织、参与其中,不断创新展会内容、活动方式,不断丰富展会内涵,扩大展会规模,做强做优品牌会展,推动甘肃省品牌展会成为国内顶尖展会。同时发挥特色优势,会展、论坛峰会可以围绕高原夏菜、马铃薯、苹果、小杂粮、牛羊肉、橄榄油、茶叶、中药材等组织活动。不凸显特色就没有强大的生命力,只有利用甘肃宝贵的资源,在人无我有、人有我特上做文章,这样才能逐渐扩大影响,慢慢形成规模化品牌优势,从而提高甘肃的会展影响力。

（四）培养会展专业人才队伍，推进现代会展业飞跃转型发展

熟悉会展业务的人才对于会展业的发展是举足轻重的，富有管理经验的会展专业人才是会展业发展的保障。因此，一是加快会展人才的教育培养。甘肃需要利用好国家宏观政策的倾斜照顾，学习借鉴国内会展业做得比较好的发展经验，结合甘肃的优势资源，充分发挥高校和行业的作用，通过"走出去"和本地培养的途径办法，多层次培养人才。二是加快会展紧缺人才的引进。会展业将快速发展这是大趋势，所以通过各种渠道，积极引进国内外各类会展专业人才来甘肃省发展非常必要。省市政府及相关部门要采取有力措施，为引进的国内外人才落实相关优惠政策。同时要建立会展业人才库，为甘肃省会展业储备一支素质较高的骨干人才队伍。

B.6
甘肃现代服务业发展报告

尹小娟[*]

摘　要： 本研究基于甘肃省现代服务业发展的各项历史数据，结合经济普查资料和其他文献资料，客观分析了近年来甘肃省现代服务业的发展现状及特征。甘肃现代服务业规模不断扩大，结构进一步优化，成为第三产业快速发展的核心动力。金融业等支柱服务产业保持高速稳健发展，现代物流等重点服务产业发展势头良好，软件与信息技术等新兴服务产业发展潜力巨大。但全省现代服务发展仍处于较低水平，存在发展动力不足，潜力难以激发等问题。本文对甘肃现代服务业的发展趋势进行研判，并提出具有针对性和可操作性的对策和建议，旨在为甘肃省现代服务业的发展提供借鉴。

关键词： 甘肃　现代服务业　现代物流　金融业

自 1997 年 9 月党的十五大报告中首次提出"现代服务业"的概念之后，我国现代服务业的发展从初级探索阶段逐步进入快速增长阶段，"十二五""十三五"规划纲要中多项重大举措与任务均与服务业密切相关。2016年中国服务业增加值占国内生产总值比重已提升至 51.6%，比上年提高 2.4个百分点，比第二产业高出 16.8 个百分点。服务业对国民经济增长的贡献

---

* 尹小娟，甘肃省社会科学院公共政策研究所助理研究员，研究方向为生态经济学、消费经济学。

率达到 58.2%。现代服务业的发展水平体现着一个国家或地区的现代化水平及其综合实力，加快现代服务业发展已经成为国家转变发展方式、调整经济结构的主要战略举措。近年来，甘肃省经济结构战略性调整成效凸显，三次产业结构由 2012 年的"231"转变为 2016 年的"321"①，第三产业发展势头迅猛，支撑带动作用不断增强。作为第三产业的发展核心，现代服务业对甘肃省经济发展产生了实实在在的巨大推动作用。然而与全国相比，甘肃省仍然是一个后发展、欠发达地区，其现代服务业发展水平仍处于中等偏下。在此背景下，把握甘肃现代服务业的发展现状、剖析发展中遇到的问题有助于客观认识全省现代服务业所处的发展阶段，更有针对性地提出促进现代服务业发展的政策措施等，这对助推甘肃乃至全国的经济发展都具有重要的研究意义。

一 甘肃现代服务业发展现状分析

（一）经济结构调整凸显成效，第三产业发展势头强劲

近年来全省经济结构调整凸显成效，发展方式更加科学，第三产业得到了快速发展。从 1995 年到 2016 年，全省第三产业发展保持稳中求进态势，占国民经济的比重不断上升（见表 1、图 1）。2016 年，全省经济发展中以现代服务业为核心的第三产业在变革中快速发展，第三产业增加值占生产总值的比重比上年提高 2.4 个百分点，首次超过 50%。这说明在全省人民创造的财富中，有一半多来自服务产品。无形的服务业，对全省经济发展产生了实实在在的巨大推动作用。2017 年上半年第三产业实现产值 1590.82 亿元，占国民生产总值的 53.15%；与 2016 年上半年相比，增速回落了 1.6 个百分点，但 7.5% 的增速依然高出第一产业 2.7 个百分点，高出第二产业

---

① 2012 年甘肃省三次产业之比为 13.8∶46.0∶40.2，第二产业比重过大；2016 年三次产业之比为 13.6∶34.8∶51.6，第三产业的比重超过了第一产业与第二产业之和。

5.6 个百分点，继续领跑三产。第三产业发展势头强劲、后发优势明显，一是农业、工业多年来快速发展为其奠定了基础，二是全省适应新常态、贯彻新理念，有效实现动力转换和结构升级的成效。

表1　历年甘肃省三次产业增加值占国内生产总值比重

单位：%

项目	1995 年	2000 年	2005 年	2010 年	2014 年	2015 年	2016 年
第一产业	19.84	18.44	15.93	14.49	13.18	14.05	13.61
第二产业	46.05	40.05	43.36	46.84	42.80	36.74	34.84
第三产业	34.12	41.52	40.71	38.67	44.02	49.21	51.55

资料来源：2011～2016 年《甘肃国民经济和社会发展统计公报》。

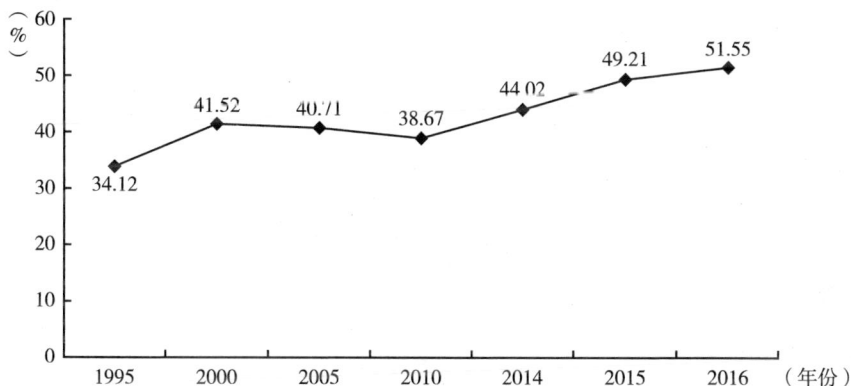

图1　历年甘肃省第三产业增加值占国内生产总值比重

资料来源：根据 2017 年 8 月甘肃统计月报整理计算。

（二）现代服务业成为第三产业快速发展的核心动力

长期以来，甘肃省高度重视发展现代服务业，取得了一定的成效，规模不断扩大，结构得到了进一步改善，休闲旅游、商贸物流、金融服务等产业加快发展，服务业的外延和范围不断扩大，服务业的带动力日益增强。2017年 1～7 月，全省规模以上服务企业共有 1098 个，同比增长 34.1%，实现营业收入 376.23 亿元，同比增长 7.4%。服务业成为吸纳新增劳动力就业的有效渠道，全省服务业从业人员 18.22 万人，同比增长 3%；应付职工薪酬 61.68 亿元，同比增长 15.1%。2011～2015 年，全省服务业中传统服务业的比重逐年下降，金融、房地产等现代服务业的比重明显上升，以信息传输、软件和信息技术服务业为代表的新兴产业发展迅速（见图 2）。2017 年上半年，金融业等现代服务业占服务业的比例超过了 78%，有效拉动了第三产业和甘肃经济的发展。以现代服务为主的第三产业不仅占据全省经济的半壁江山，更成为对稳增长贡献最大的坚强力量。

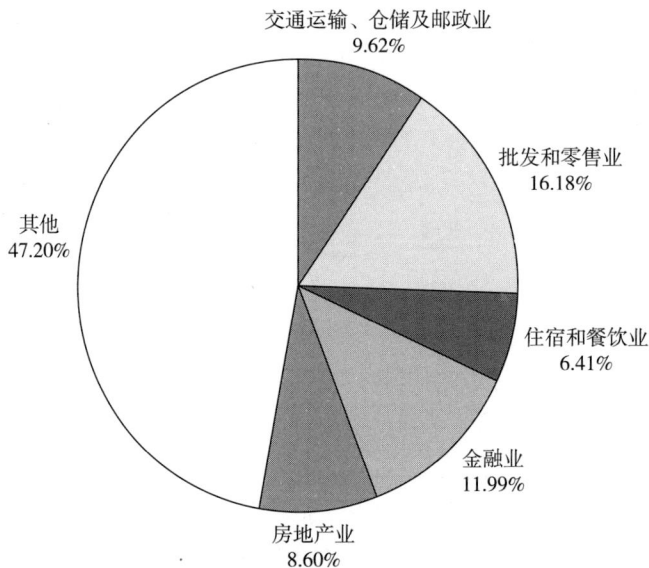

图 2　2017 上半年甘肃省第三产业构成

资料来源：甘肃省统计局网站。

（三）甘肃省现代服务行业现状分析

1. 支柱服务产业保持高速稳健发展

（1）交通运输邮电服务保持稳定增长

2016 年，甘肃省建成高速及一级公路 328 公里，新增铁路运营里程 227

公里，兰渝铁路岷县至广元段建成通车，兰州中川机场旅客吞吐量突破1000万人次大关。以上基建的顺利完成为2017年交通运输行业发展的良好开局和稳定增长创造了条件。

2017年上半年，交通运输、仓储及邮政业实现产值153.08亿元，同比增长8.8%，领跑第三产业各行业。与2016年交通运输低位运行相比，2017年交通运输服务整体稳中有增。除公路客运周转量增幅收窄0.2个百分点，铁路客运量持续快速增长，公路客运量保持平稳运行。截至8月末，省内铁路公路共计完成客运量28973.7万人次，同比增长2.6%，比上年同期回落了1.6个百分点；实现客运周转量441.7亿人公里，同比增长0.4%，比上年同期收窄0.6个百分点；累计完成货运量42039万吨，同比增长9.9%，比上年同期高出8.9个百分点；实现货运周转量1543亿吨公里，同比增长13.1%，比上年同期提高18.1个百分点。1~8月省内各铁路局完成客运量2946.4万人次，同比增长18%，增速比1~7月上升了2.3个百分点；实现客运周转量255.4亿人公里，同比增长0.3%，比1~7月高出1.4个百分点；累计完成货运量4061.1万吨，同比增长6.9%，增速与1~7月持平；实现货运周转量887.5亿吨公里，同比增长14.6%，增速比1~7月收窄1.1个百分点。

2017年邮政电信服务继续保持快速增长，邮政快递业务量增速与2016年相比逐渐回落，尤其是2016年发展速度惊人的快递业（2016年完成快递业务量6065.1万件，比上年增长71.3%）增速逐渐回归常态。1~7月全省完成邮电业务总量14.3亿元，增速18.8%；电信业务总量206.5亿元，同比增长63.3%；快递业务量3658.4万件，同比增长24.7%。

（2）金融服务业对经济发展贡献度显著提升，增速略有回落

近年来，全省金融业针对金融供给不足、信用风险持续暴露、中小企业融资困难、资本市场发展滞后等问题，不断加大金融业改革发展力度，认真执行稳健的货币政策，回归服务实体经济发展需求。通过整合信用资源、建立风险补偿机制、增加农村金融机构试点等措施不断改善"三农"金融服务、中小企业融资困难等问题。目前，全省金融运行总体平稳，金融行业对

经济发展贡献度显著提升。2016年甘肃金融业增加值实现507亿元，同比增长14.4%，占全省生产总值的7.09%，占第三产业的比重为13.75%，已发展成为甘肃省支柱产业。2017年上半年，全省金融业实现产值190.80亿元，同比增长7.5%。8月末，全省金融机构本外币存款余额18052.58亿元，同比增长5.0%，比2016年同期收窄2.3个百分点；金融机构本外币贷款余额17296.34亿元，同比增长14.3%，比2016年同期回落3.6个百分点。

（3）保险行业稳步发展，企业经营效益明显上升

人民生活水平的不断提高，对保险行业的需求也逐渐增长。近年来，保险业在教育、医疗、养老、扶贫开发、灾难事故中发挥着"保护伞"的作用，为人民群众的经济生活提供保障。2017年1~8月，全省保险行业原保险保费收入为278.77亿元，比2016年同期增加了46.53亿元。其中，财产险原保险保费收入为74.32亿元，人身险原保险保费收入为204.42亿元。全省原保险赔付支出为74.97亿元，比2016年同期高出6.65亿元。其中，财产险原保险赔付支出为31.95亿元，人身险原保险赔付支出为43.02亿元。就全省原保险保费收入分地区来看，兰州市保险行业原保险保费收入为92.8亿元，占到全省市场的33.29%。其后是酒泉市保险行业原保险保费收入为24.38亿元，张掖市为21.93亿元，武威市为19.85亿元。保险行业凭借其"守信用、担风险、重服务、合规范"的行业价值理念稳步向前发展，企业经营效益明显上升。

2. 重点服务产业发展势头良好

（1）现代物流业发展规模不断扩大

一是基础设施规模不断扩大。全省坚持将道路联通作为基础性工作，物流通达和集散能力得到进一步提升。目前全省共开通24条国际航线，2016年全省航空口岸出入境17.3万人次，同比增长22.7%。引进兰州港龙供应链有限公司、甘肃中欧国际物流有限公司等入驻甘肃，兰州至迪拜、达卡的国际货运包机出口、澳大利亚至兰州的国际货运包机进口开始直航。兰州国际港务区纳入国家中欧班列建设发展规划，正在打造我国陆路进出口货物集散地和国际经贸活动聚集区。自2014年12月甘肃省"兰州号""天马号"

"嘉峪关号"国际货运班列开行以来，至 2017 年 4 月底共发运 286 列，货运量 36.3 万吨，货值 7.54 亿美元，并呈逐年增长态势。二是全省商贸物流业建设发展日益加快。①积极推动商贸物流标准化建设，推荐 7 户企业 2 家协会为商贸物流标准化专项行动第三批重点推进企业（协会）示范单位。制定《贯彻物流业降本增效专项行动实施方案（2016～2018 年）落实措施》，督促相关市州及兰州新区制定本辖区商贸物流业发展规划。②引导传统物流业态的互联网改造，加快打造兰州国际港务区、兰州新区综合保税区、北龙口国际商贸物流城等一批现代物流产业园区；重点建设兰州东川铁路国际物流中心、兰州中川国际空港物流园、兰州新区货运集散中心、五矿兰州钢铁物流园、兰州国际高原夏菜副食品采购中心等一批物流集散中心。

（2）电子商务发展态势良好

近年来电子商务发展迅速，根据甘肃省商务厅提供的数据，2017 年 1～5 月全省已建成 75 个县级电商服务中心，1159 个乡级电商服务站，5297 个村级电商服务点，县、乡、村三级电商服务体系日臻完善。与"苏宁云商"等国内知名电商大平台合作进一步加强，2017 年新建 2 家（兰州、平凉）市县网上特色馆，全省共建成 40 个苏宁直营县级服务站。兰州银行"百合生活网"自 2014 年上线以来累计实现销售 35 亿元，并在兰州市开设了 55 家 O2O 便利店。甘肃巨龙集团开发完成了"聚农网"（B2B）、"沙地绿产网"（B2B2C）两大农业电子商务服务平台的开发，实现销售近 2 亿元。甘南州"藏宝网"，已有甘肃、四川、青海、西藏、云南等地 700 多家藏族企业成功入驻，成为甘肃省乃至西北地区极具代表性的民族电子商务平台。甘肃陇萃堂公司截至目前实现电商销售 2000 万元，同比增长 33%。跨境电商发展有待进一步加强。目前，兰州新区综保区网购保税场地、兰州铁路口岸新区作业区海关国检查验监管区跨境电商监管中心建设项目、跨境电商地方公共服务平台与海关、国检的内部对接工作等都在有序推进中。

（3）文化旅游产业发展势头迅猛

"十二五"以来，全省旅游业进入黄金发展期，并逐渐形成了业态丰富、产业升级、爆发增长的发展新常态。2016 年全省共接待游客 1.91 亿人次，实现旅游综合收入 1220.4 亿元，分别同比增长 22.11% 和 25.12%。2017 年国庆中秋长假，全省共接待游客 1540.2 万人次，实现旅游综合收入 98.61 亿元；前 7 日分别比上年同期增长 23.2% 和 27%。近年来，甘肃省把乡村旅游发展作为统筹城乡发展的有效抓手、刺激消费和扩大内需的重要途径、推动贫困地区脱贫攻坚的重要举措，走出了一条旅游扶贫的新路子。2016 年，甘肃省乡村旅游接待人数 5368.7 万人次，乡村旅游收入 92.2 亿元，全省 15 万人通过发展乡村旅游实现脱贫。2017 年上半年，全省乡村旅游接待人数 2700 万人次，增长 22.7%；实现乡村旅游收入 40.5 亿元，增长 26.5%。目前，甘肃省加快 100 个重点旅游景区体系建设，共涉及乡镇 76 个，行政村 302 个，人口总数达 40 万。

3. 新兴产业发展潜力巨大

从省统计局公布的统计数据来看，新产业新业态迅速成长。其中，信息传输、软件与信息技术服务业的高速发展为人们带来的变化最为明显。人们在日常生活中已经离不开各种手机应用程序，例如使用 APP 购物、订餐、购票、叫车，使用共享单车等。这些程序令人们足不出户就享受各种服务，节省时间提高效率；同时也为更多人带来就业的机会。2017 年上半年，全省实现软件业务收入 14.14 亿元，同比增长 28.8%；软件产品收入 4.85 亿元，同比增长 72.4%；信息技术服务收入 9.04 亿元，同比增长 13.4%（见表 2 和图 3）。在西北五省中，陕西省信息传输、软件和信息服务收入遥遥领先，

表2　2017 年 1~6 月西北五省信息传输、软件和信息技术服务业主要经济指标完成情况

地区	企业个数（个）	软件业务收入		软件产品收入		信息技术服务收入	
		绝对值（万元）	同比增减（%）	绝对值（万元）	同比增减（%）	绝对值（万元）	同比增减（%）
甘肃	119	141385	28.8	48493	72.4	90420	13.4
陕西	638	8311606	21	2446861	21.5	5142619	21.7
青海	22	4089	29.7	660	200	2467	4.1
宁夏	65	41222	12.8	15646	13.4	21602	12.5
新疆	130	198221	15.9	43527	40	152104	10.5

资料来源：中华人民共和国工业和信息化部网站。

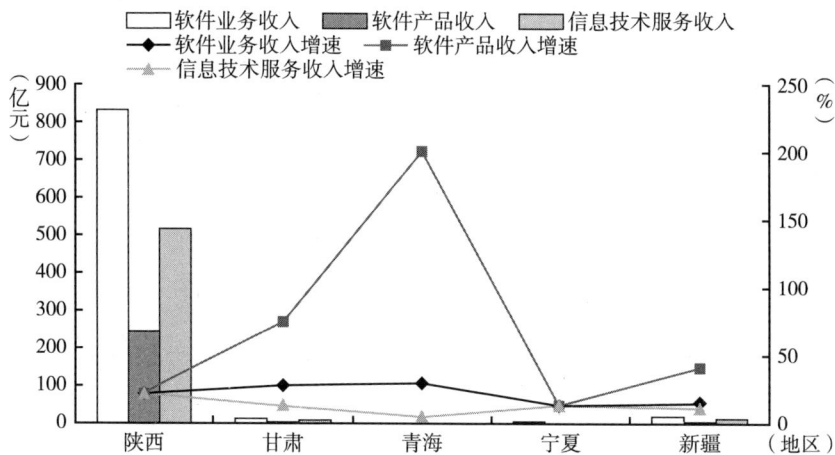

图3　2017年1~6月西北五省信息传输、软件和信息技术服务业主要经济指标对比

甘肃省在实现收入方面排名第三，但增速均已显著高出同期 GDP 增速，表明以信息传输、软件和信息服务业为代表的新兴产业在国民经济中的地位进一步提升，发展潜力巨大。

二　甘肃省现代服务业发展中存在的问题分析

虽然甘肃省现代服务业近年来取得了较大进展，对经济的贡献度逐年递增，主体行业发展较快，但跟国内其他地区相比，由于经济发展水平落后、居民收入水平较低、科技创新投入不足、缺乏高层次人才等原因，全省现代服务发展仍处于较低水平，依然存在不少问题。

（一）总体发展水平较低，现代服务产业体系集聚效应不足

跟全国相比，甘肃省现代服务业总体发展水平较低。在西北五省中，2017年上半年陕西省和宁夏回族自治区第三产业生产总值增长达到9.3%，

高于甘肃省 1.8 个百分点；青海省和新疆维吾尔自治区第三产业生产总值增速为 8.4% ，高于甘肃省 0.9 个百分点。现代服务业已经成为国内其他省份经济追赶超越的新引擎。在北京、上海、深圳等大城市，电子商务在经济活动中占据了重要位置，与它们相比，甘肃省企业电子商务发展大多处于初级阶段，适合产业发展的上下游产业链还未形成，一定程度上成为该市电子商务产业的发展瓶颈。甘肃省软件行业在产业规模、创新能力、企业实力、行业应用、公共服务体系建设方面也还有很长的路要走。有研究表明，国内大部分针对现代服务业的地域研究都集中在中、东部地区，这和现代服务业发展水平东强西弱表现一致。

（二）固定资产投资失速，现代服务业发展后劲不足

2012～2016 年，全省固定资产投资增速分别为 43% 、27% 、21% 、11% 和 11% ，平均增速约 22% ，是近 5 年 GDP 平均增速 9.6% 的 2 倍以上，为全省经济发展提供了强大动力。然而，2017 年上半年固定资产投资增速下滑至 -36.3% ，比 2016 年同期下降了 49.6 个百分点。其中，第一产业投资 210.8 亿元，下降 42.3% ；第二产业投资 735.9 亿元，下降 53.1% ；第三产业投资 1868.0 亿元，下降 24.8% 。1～8 月，全省固定资产投资断崖式下滑趋势并未明显减弱，增速为 -35.9% ，比上半年仅回升 0.4 个百分点。其中，第三产业投资 2839.5 亿元，增速 -21.2% ，比上半年回升 3.6 个百分点。在各行业项目投资中，以信息传输、软件和信息技术服务业，金融业等为代表的现代服务业固定资产投资也严重失速（见表 3、图 4）。甘肃省长期依靠政府主导的投资发展思维，没有发挥市场经济的作用，科技创新驱动不足，企业尤其是民营企业发展动力严重缺乏（甘肃非公经济比重 47.6% ，全国 65% ，发达地区 80% 以上），投资增长方面存在政府投资过大、投资效率偏低、投资环境差、投资回报率低等问题。传统的固定资产投资偏好造成现代服务业发展后劲不足、战略性新兴产业等数量少、企业成活率低等问题。

表3 2016年、2017年1~8月甘肃省固定资产分行业项目投资及增速

单位：亿元，%

行业	2017年1~8月		2016年	
	绝对值	同比增减	绝对值	同比增减
信息传输、软件和信息技术服务业	37.97	-30.5	105.02	45.43
金融业	3.92	-74.1	22.51	69.44
房地产业	238.97	-28.2	494.65	15.39
租赁和商务服务业	68.51	-16.8	145	14.55
科学研究和技术服务业	31.72	-29.9	79	35.17
水利、环境和公共设施管理业	561.49	-18.4	1073.57	40.78
居民服务和其他服务业	59.55	-34.3	141.98	-8.09
教育	113.39	-40.7	294.28	43.36
卫生和社会工作	76	-22.9	155.09	51.69
文化、体育和娱乐业	103.91	-47.1	291.72	43.10
公共管理和社会组织	128.35	-2.2	205.17	-32.53

资料来源：甘肃省统计局网站。

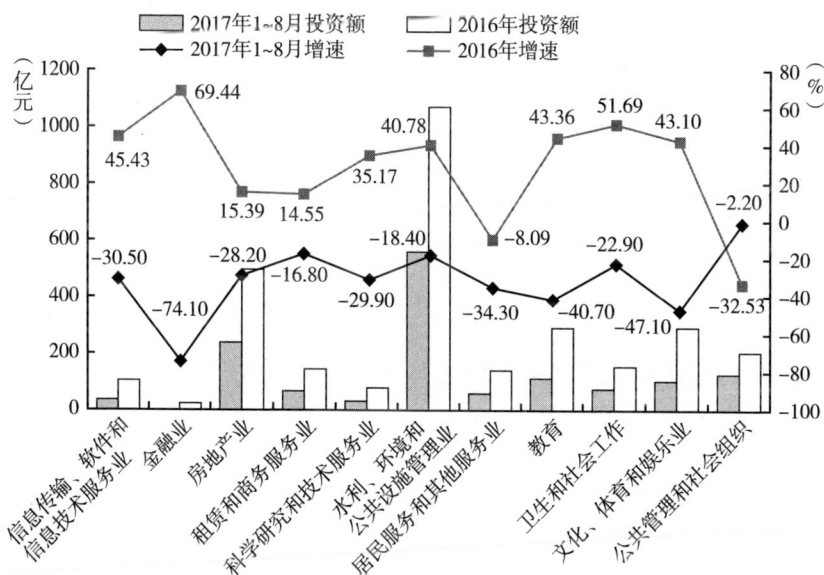

图4 2016年、2017年1~8月甘肃省固定资产分行业项目投资额及增速

（三）创新机制落后，教育、科技研发、人力资本长期投入过低

现代服务业相对于传统服务业更具知识性、高增加值性、高素质性、高科技性和新兴性。以上5个特征都离不开科技创新与高科技人才的投入。甘肃过度依赖投资拉动经济增长的发展模式已经暴露出问题，政府需要重视教育、科研和人力资本的投入，尽快转化成为依靠科技创新驱动经济自然增长的发展模式。有研究表明，同时期的财政教育经费是经济增长的结果，而财政教育支出对经济增长的影响势必存在时滞性，教育人力资本积累对地区经济增长具有显著的促进作用。当前甘肃在引进、培育人才方面的力度不够，创业环境缺乏活力，创新创业人才难以集聚。甘肃科技研发支出占GDP的1.1%，只有全国一半。想要通过科技创新引领经济发展，必须改革人才引进、调度办法，加大教育、科技研发及人力资本投入。

（四）县域经济发展落后，现代服务业全面扩展困难

2016年，全省属县域经济范畴的68个县（市、区）实现地区生产总值不到3000亿元，占比不到全省生产总值的一半，人均GDP高于全省平均水平的县有17个，人均GDP高于全国水平的县只有5个。由此可见，县域经济仍然是全省经济的主要短板。受生态环境恶劣、贫困问题突出、地理位置偏远、资源开发不足等影响，全省县域经济存在发展能力弱、地区发展不平衡、区域经济实力差异大、产业集群度低等特征，县域经济发展层次和基本公共服务均未达到全国平均水平，严重阻碍了现代服务业的全面扩展。

（五）城市发展路径未能激发现代服务业发展的巨大潜力

第一，相比其他省份，甘肃在打造门户城市方面，尤其是省会城市的定位、功能、发展空间方面欠缺长远规划。虽然"十二五"期间，兰州市服务业总量持续扩张，成为支撑经济增长的重要力量，服务业增加值年均增幅为11%以上。2017年上半年完成服务业增加值685.7亿元，增长8%，占GDP比重达到61.9%。然而兰州作为省会城市，城市首位度只有0.14，在

西北五省区最低，依托省会城市发展的现代服务业经济增长极并未真正形成。第二，兰州新区是西北地区第一个国家级新区，目标是成为"西北地区重要的经济增长极、国家重要的产业基地、向西开放的重要战略平台和承接产业转移示范区"。然而从近 5 年的发展回顾来看，兰州新区目前的发展状况与预期相比存在较大落差。集中表现为经济发展规模、人口吸引能力低于预期，产业发展后劲不足和土地利用较为粗放等方面。2016 年，兰州新区生产总值 150 亿元，只占全省生产总值的 2.1%，公共预算收入只有 13.9亿元，新区发展路径未能激活现代服务业发展的巨大潜力。第三，作为国家第二轮西部大开发的"新引擎"，黄河上游经济带的建设缺乏政策支持，青海、甘肃、宁夏三地城市群对经济的带动作用不明显，其自然资源、工业基础、农产品基地、交通枢纽位置等优势并未得到充分发挥，难以促进现代服务业集群发展。

三 甘肃省现代服务业发展趋势研判与预测

（一）现代服务业将保持快速发展态势，产业地位不断上升

从国际看，这是一个各国都重视服务业快速发展的时期。从国内看，加快发展服务业是适应中国经济发展进入新常态的大势所趋。现代服务业从以往的辅助产业、一般产业上升为支柱产业、战略性产业，从以往的自然产业转变为国家重点支持产业。"十三五"时期，随着互联网经济的繁荣、"一带一路"的建设和亚洲基础设施投资银行的成立，中国经济活力不断增强，现代服务业发展也迎来前所未有的黄金时期。产业成长的大环境发生了深刻变化，同时也面临一系列新的历史发展机遇。

在工业快速增长，特色农业规模不断扩大和其他服务业加快发展的拉动下，甘肃省现代服务业发展将继续呈现规模扩张、结构逐步改善、功能不断趋强、业态日益多样的态势。在"一带一路"建设背景下，国家将甘肃定位为"构建我国向西开放的重要门户和次区域合作战略基地"，寄希望于

甘肃在建设陆上丝绸之路、推动欧亚大陆繁荣发展中发挥作用。2016年首届丝绸之路（敦煌）国际文化博览会的成功举办，展示了甘肃深厚的历史文化底蕴，极大提升了甘肃知名度和美誉度，进一步夯实了打造丝绸之路经济带甘肃黄金段、加快向西开放的平台支撑。全省必须抢抓华夏文明传承创新区建设机遇，坚持全面发展与重点突破相结合，构建与现代制造业相融合、与现代农业相配套、与城镇化进程相协调、与城乡居民需求相适应的服务业体系。促进产业地位不断上升，成为全省经济发展的重要支撑和推动力量。

（二）现代服业发展目标预测

依据《甘肃省"十三五"服务业发展规划》，预计到2020年甘肃省服务业增加值年均增长10%以上，占地区生产总值比重提高到50%以上。预计2020年全省服务业固定资产投资年均增长保持在10%左右，社会消费品零售总额年均增长10%以上。"十五"时期全省第三产业维持了较快的年均增长率，高达12%；"十一五"时期和"十二五"时期受经济总体形势影响，年均增速回落到11.61%和10.95%。2016年第三产业增长8.9%，2017年上半年增速7.5%，下半年节假日较多，市场需求量大，预计增速会略有回升。根据此发展趋势，到2020年实现年均增长10%以上的目标还需进一步激发经济活力。2016年全省服务业增加值占地区生产总值比重已经超过50%，2017年上半年比重继续保持在50%以上。只要全省经济发展保持稳中求进态势，2017年下半年至2018年全省服务业维持50%的比重并不困难。如果能实现服务业占GDP比重年均提高1个百分点，到2020年甚至可以实现55%的最高目标。2017年1~8月全省服务业固定资产增速比上半年有所回升，但因投资失速严重，下半年回升空间不大，到2018年要实现两位数的增长将面临巨大挑战。

（三）重点产业和举措

为实现现代服务业发展目标，甘肃省将加快培育交通运输服务、现代物流服务、商贸流通服务、文化服务、旅游服务、金融服务等重点产业，提升服务业综合实力；促进现代信息服务、科技服务、会展服务、电子商务服务、知识产权服务、文化创意服务、节能环保服务、中介服务等新兴产业发展，抢占服务业发展先机；有序推进各重大建设项目，注重促进产业结构转型升级，以巩固和提升传统产业为重点，着力培育和促进动力电池新材料、生物医药、健康养老和大数据信息服务业等战略性新兴产业发展。甘肃省项目建设还聚焦生态环境保护和民生保障，据了解，2017年水利、生态保护和民生领域项目达到37个，年度计划投资155亿元，比2016年增加投入57亿元。

四　甘肃现代服务业发展的对策建议

甘肃省现代服务业现阶段发展速度虽然较快，但与其他省份相比发展水平总体一般，仍有极大的提升空间。为了促进全省现代服务业稳健发展，全省应抓住"一带一路"重要历史机遇，发掘发展现代服务业的优势，主动适应现代经济发展潮流，加快促进现代服务业转型升级，促进经济加快发展、跨越发展。

（一）回归服务实体经济本质，不断促进全省产业转型升级

实体经济是国民经济的重要支撑。现代服务业要坚持为实体经济服务，要服从国家和社会经济的发展规律。现代服务业是实体经济中知识含量高、人力资本密集、产品附加值高的产业，对于提高产业国际竞争力、引领产业向价值链高端提升、推动经济转型升级和持续改善人民群众生活等具有重要作用。发展现代服务业，是调结构、促转型的重要抓手。全省要立足自身优势传统产业，创造良好的环境条件，鼓励企业开展产品设计、技术开发、市场创新等工作，并从制造业剥离，形成新兴现代服务业态，促进全省产业逐步由生产制造型向生产服务型转变。

（二）推进地区基础设施建设，加速"互联网＋"与现代服务业融合

一要不断提高地区生产生活水平，坚持推进地区基础设施建设。2017年，甘肃省确定交通和城市基础设施建设重大项目共计43个，年度计划投资721亿元，占省列重大项目年度计划总投资的61.3%。二要加强现代化信息技术基础建设，提高地区信息技术水平。三要促进现代物流业快速发展，不断降低企业物流成本。四要实体经济与虚拟经济相结合，大力促进电子商务发展。加大电子商务人才的引进和培养力度，扶持电商龙头企业，推进O2O服务、电商基础服务、电商培训、跨境电商和电商代运营服务等，促进电子商务与本地区特色经济、优势产业协同发展，助推现代服务业实现跨越式发展。

（三）加大科技与人才投入，引领现代服务业创新发展

一要提高地区现代服务业科研创新能力，制定"现代服务业科技行动"，加强现代服务业共性关键技术支撑体系、标准规范体系和科技创新体系建设，开展现代服务业科技应用示范，优化现代服务业科技创新环境，不断提高现代服务业科技发展水平。二要引进现代服务业高素质人才，加大政策扶持力度和人才引进及培养力度，提高现代服务业从业人员数量。三要"走出去"，多参加规模大、国际化程度高、具有影响力的行业盛会，不断学习新技术与新理念。2017年9月召开的第十三届中国南京软博会吸引了来自30多个国家和地区的1375家企业，它们展示了新一代信息技术发展趋势的最新产品和服务，无不体现了软件信息行业在推进传统行业智能化方面的巨大作用。通过以上措施及时补充当地现代服务业技术资源和人力资源，弥补甘肃省现代服务业发展潜力不足的问题，备足马力促进现代服务业的创新发展。

（四）大力促进现代服务业集群发展，增加现代服务业发展动力

一要大力发展绿色、特色产业，不断扩大现代服务业发展规模。在优化

交通设施、信息技术水平等发展环境的基础上，根据地方地理环境优势，提高当地旅游业、文化业等现代服务业的发展。二要不断学习发达地区现代服务业集群发展模式的优秀经验，例如《无锡市现代服务业提质增效三年（2017～2019年）行动计划》中提到全力支持培育服务业集聚示范区发展，对增速达到省级服务业集聚区平均水平以上的示范区给予资金扶持、实施综合奖补。大力促进服务业向专业化、集约化、规模化和特色化发展，不断提升企业品牌竞争力和社会影响力。

（五）科学制定中长期发展规划，引领现代服务业稳步向前

一要立足省情，科学制定全省现代服务业中长期发展规划，确定其发展总体定位和发展战略，明确其发展阶段及目标。二要确立经济发展较快的地区形成全省现代服务业中心，增强其辐射带动作用。根据地区特色，确立以交通运输、金融等支柱服务业，现代物流、商贸流通、文化、旅游等主导服务产业，现代信息、科技、会展、电子商务、知识产权、文化创意、节能环保、中介等新兴服务产业组成的产业体系，不断提升现代服务业综合实力、完善服务经济的体系结构。三要通过实地调研和访谈，定期对重点产业进行评估选择，及时掌握产业发展动态和问题，不断提高产业竞争力和品牌效益。

服务业是一个地区乃至国家现代化程度的重要标志和综合实力的集中体现。加快发展服务业是适应中国经济发展进入新常态的大势所趋。"一带一路"为甘肃带来千载难逢的发展优势和机遇，全省上下应继续以深化改革为根本途径，通过政策支持、资金扶持等手段不断培育服务业集聚发展，支持公共服务平台建设、商贸流通创新发展示范区建设，推进现代服务业重点项目实施，鼓励企业做大做强，支持龙头企业和高成长性企业加快发展。优化产业结构，促进现代信息服务业、现代物流业、电子商务业、旅游业、现代金融业等现代服务业发展，引进相关技术和加强人才支撑体系，不断完善服务经济的体系结构，以结构调整助推经济发展。同时，全省也要正视现阶段发展水平，以与自己资源禀赋类似的省市为短期靠拢目标，学习借鉴全国

发达地区现代服务业发展经验，科学规划，全面提升甘肃省现代服务业整体发展水平，逐步实现地区现代服务业发展水平整体迈向中等水平，最终达到高水平。

参考文献

关兵：《2016～2017 年甘肃省服务业形势分析与预测》，载《甘肃经济发展分析与预测（2017）》，社会科学文献出版社，2017。

《2017 年 1～8 月保险业经营数据》，中国保险监督管理委员会甘肃监管局网站，2017 年 9 月 18 日。

《2017 年 1～8 月甘肃省辖区各地区原保险保费收入情况表》，中国保险监督管理委员会甘肃监管局网站，2017 年 9 月 18 日。

《2017 年国庆中秋假日全省旅游市场情况》，http：//www. gsta. gov. cn/jx/gslyyw/22611. htm，2017 年 10 月 8 日。

《甘肃乡村游带动 15 万人致富》，http：//www. gsta. gov. cn/jx/gslyyw/22656. htm，2017 年 10 月 12 日。

《2017 年 1～6 月软件和信息技术服务业主要经济指标完成情况表（一）》，中华人民共和国工业和信息化部网站，2017 年 7 月 21 日。

袁峰、陈俊婷：《"一带一路"中国区域现代服务业发展水平评价——基于面板数据及突变级数法的分析》，《华东经济管理》2016 年第 1 期。

《甘肃印发"十三五"服务业发展规划 8 大产业列为重点培育对象》，人民网，2016 年 7 月 20 日。

《2017 年甘肃省计划投资重大项目 3245 亿元》，人民网，2017 年 3 月 24 日。

对外贸易篇

Foreign Trade Reports

B.7
甘肃对外贸易运行分析报告

王军锋*

摘　要： 2017 年，甘肃对外贸易呈现进出口总额下滑明显，对外贸易结构出现逆差化发展态势；进口总额快速攀升，工农业原料产品仍占主导地位；出口总额大幅下跌，产品结构改善升级步伐加快；大型骨干企业带动作用增强，民营中小企业进出口占比下降；亚洲仍是对外贸易的重要区域，与丝路沿线国家贸易总体保持着平稳增长势头等发展态势。依然存在诸多表面的和实质性的影响因素，也存在暂时和长久发展的突出问题。报告最后提出了始终以对外贸易结构调整为抓手，增强外贸稳定发展的新架构；始终以转变发展方式和优化布局为重点，培育外贸转型发展的新增长点；始终以畅通贸易通道和构筑国际营销网络

* 王军锋，甘肃省社会科学院杂志社副研究员，研究方向为区域经济、企业治理、民间金融。

为中心，注入外贸突破发展的新活力等对策建议。

关键词： 甘肃省　对外贸易　运行分析

甘肃省通过深入实施"一带一路"倡议，坚持推进"优质优价优进优出"对外贸易调整战略，积极优化贸易结构，不断创新贸易方式，加快培育外贸竞争新优势，强力推动跨境电商等新型贸易模式，大力发展服务贸易和服务外包，全面提升外贸竞争力，但影响甘肃省外贸发展的深层次因素依然存在，以重工业为主的产业结构、外向型人才的匮乏以及融资方面的瓶颈，使之以资源性产品和农产品等初级产品为主的进出口商品结构短期难以改变，对外贸易数据出现大幅下降态势，主要指标增长状况处于全国垫底的不利局面。由此判断，甘肃省对外贸易总体开始进入一个全面调整转型、蓄力待发的新阶段。

一　对外贸易运行现状分析

2017 年上半年，全省实现货物进出口总额 147.1 亿元，同比下降46.5%，进出口增速居全国倒数第 2 位（见图 1）。其中出口额 51.5 亿元，同比下降 75.1%，增速居全国倒数第 1 位；进口额 95.6 亿元，同比增长34.8%，增速居全国第 15 位①。若剔除 2016 年同期代理出口 182.7 亿元，出口增长 14.2%，进出口实际增长 28.8%，高出全国平均水平 9.2 个百分点②。本文通过进出口总的发展态势、出口结构构成、进口结构调整、企业结构变化和市场布局转变等五个方面，对甘肃省上半年对外贸易运行状态进行分析。

---

① 甘肃省商务厅综合处：《甘肃省进出口运行参考》，2017。
② 甘肃省商务厅：《〈关于进一步扩大对外开放的意见〉落实情况的自查报告》。

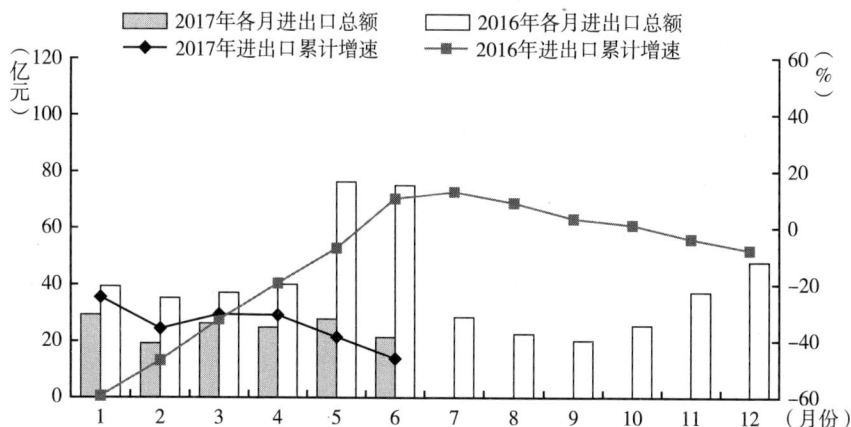

图1 2016年各月及2017年上半年各月进出口增长趋势比较

（一）进出口总额下滑明显，对外贸易结构出现了逆差化发展态势

前几年，甘肃对外贸易均呈高速增长，对外贸易顺差呈扩大趋势，2015年上半年贸易顺差为132.3亿元，2016年上半年贸易顺差为156.1亿元，2017年上半年对外贸易首次出现逆差，逆差额达44.1亿元，相当于出口额的86%（见表1）。

表1 2016～2017年甘肃月度进出口额对比

单位：亿元

月份	2016年当月进出口额	2017年当月进出口额	2016年当月进口额	2017年当月进口额	2016年当月出口额	2017年当月出口额
1	39.4	28.9	8.0	19.8	34.4	9.1
2	35.5	18.6	9.8	11.7	25.7	6.9
3	36.5	25.5	13.8	16.8	22.7	8.7
4	40.0	24.7	11.0	15.1	29.0	9.6
5	75.5	28.1	17.5	18.4	58.0	9.7
6	74.0	21.3	13.8	13.8	60.2	7.5
7	28.6	—	11.7	—	16.9	—
8	21.8	—	13.8	—	8.0	—
9	20.4	—	13.4	—	7.0	—
10	24.8	—	16.2	—	8.6	—
11	37.3	—	25.8	—	11.5	—
12	47.3	—	32.9	—	14.4	—

资料来源：甘肃省商务厅综合处。

1. 进出口总额逐月趋于均衡，对外贸易高峰期尚未显现

从表 1 看，2017 年上半年进出口总额每月均低于上年同期，且呈微弱的波浪式走势，往年进出口总额增长大都有年初、年中和年末三个高峰期，2017 年 1 月分别比 2015 年、2016 年同期减少了 67.1 亿元和 10.5 亿元，2017 年 6 月分别比 2015 年、2016 年同期减少了 5.5 亿元和 52.7 亿元，差距特别显著，已经错过了年初和年中两个重要的增长高峰期，要实现对外贸易稳增长的发展目标压力十分巨大。

2. 进出口失衡特征明显，出口增长遇到了极大的困难和瓶颈

2017 年上半年进口额是出口额的 185.6%，接近两倍，分别与 2015 年、2016 年同期比，进口额是出口额的 35.1%、32.3%，也就是说，前两年对外贸易总体上是出口远远大于进口，且出口额基本保持着高于进口额 3 倍左右的水平，2017 年进出口增长格局出现明显变化的征兆，进出口失衡问题已经显现出来。从表 1 可知，2017 年每月出口额都处在 5 亿元以上、10 亿元以下这样一个低额度的水平，与往年同期基本处在 20 亿元以上、60 亿元以下的数据比，出口增长遇到了前所未有的困难和挑战，加快改进出口的不利局面显得更为迫切。

3. 一般贸易进出口持续下降，加工贸易进出口增速趋高

2017 年上半年，一般贸易进出口 66.5 亿元，同比下降 71.6%，占总值的 45.4%。其中出口 27.3 亿元，同比下降 85.0%；进口 39.2 亿元，同比下降 15.0%。加工贸易进出口 78.0 亿元，同比增长 198.6%，占总值的 53.3%，其中出口 22.1 亿元，同比增长 112.0%；进口 55.9 亿元，同比增长 256.0%。

4. 个别市州进出口增长显著，大部分市州呈快速下滑态势

2017 年上半年，全省 14 个市州中，只有 5 个市州进出口增长明显，甘南州增幅较大，达到 88 倍，白银市增长了 247%、嘉峪关市增长了 55%、天水市和金昌市分别增长了 29%、6%。9 个市州进出口下滑幅度较大，定西市下降 9%、张掖市下降了 10%、酒泉市下降了 13%、平凉市下降了 24%、武威市下降了 45%、陇南市下降了 46%、临夏州、庆阳市、兰州市下降幅度均超过了 50%，分别为 50%、61%、77%。

（二）进口总额快速攀升，工农业原料产品仍占主导地位

2017 年上半年进口产品结构中原材料产品持续攀高，进口额 71.3 亿元，同比增长 61.7%，占进口总值的 74%，占外贸总值的 48.5%①。机电高新产品占 18%，同比下降 2 个百分点，其他产品占 7%，同比下降 11 个百分点；农产品保持基本不变，仅占 1%（见图 2）。

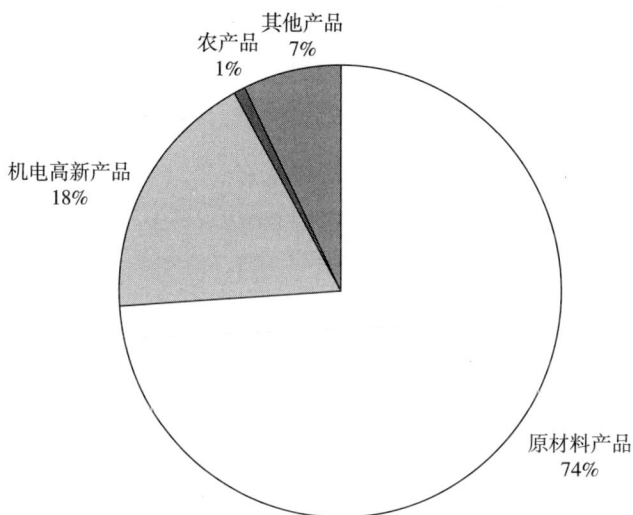

图 2　甘肃省 2017 年 1～6 月进口商品构成

1. 国际原材料价格上扬，拉动进口总额快速增长

省外贸重点监测的 10 种大宗进口商品中，2017 年实际进口了六类，单价全部走高，镍锍、铜精矿、镍矿砂、钴湿法冶炼中间品、锰矿砂、锌矿砂进口单价分别增长了 31%、40%、41%、50%、72%、106%。

2. 初级资源性产品进口数量提升，助推进口额再上台阶

从表 2 看，铜精矿、镍锍、锌矿砂进口数量齐增，其中铜精矿进口量和

---

① 甘肃省商务厅综合处：《甘肃省进出口运行参考》，2017。

进口额分别增长了44%、101%，镍锍进口数量和进口额分别增长了75%、130%，锌矿砂进口量和进口额分别增长了219%、557%。

表2　2017年主要资源产品进口数量、价格、金额对比

品名	数量(吨)	同比(%)	价格(万元)	同比(%)	金额(万元)	同比(%)
铜精矿	477762	44	9017	40	430814	101
镍锍	12029	75	42300	31	50883	130
铁矿砂	—	—	—	—	—	—
钴矿砂	—	—	—	—	—	—
未精炼铜	—	—	—	—	—	—
其他未锻轧精炼铜	—	—	—	—	—	—
镍矿砂	79389	−64	6849	41	54370	−49
锰矿砂	20063	−64	1431	72	2871	−38
锌矿砂	91621	219	7154	106	65542	557
钴湿法冶炼中间品	9610	−6	50194	50	48236	40

资料来源：甘肃省商务厅综合处。

3. 机电产品进口增长较快，高新产品进口缓慢

机电产品进口16.84亿元，同比增长47.56%。高新产品进口3239万元，同比下降0.43%，主要是集成电路、表芯、视频游戏控制器及设备的零件、引线键合装置、贱金属表壳、分光仪、试验用机器、检验仪器等。

4. 饲料等初级产品和农作物种子进口量有所增加，农产品进口增长较快

农产品进口7978万元，同比增长36.2%，进口农产品主要是干豌豆、亚麻子、其他小麦及混合麦、紫苜蓿子、其他食用高粱等。

（三）出口总额大幅下跌，产品结构改善升级步伐加快

2017年上半年，全部出口总额中，机电高新产品、农产品、原材料产品和其他产品各占53%、17%、15%、15%，与上年同期占比比例比，机电高新产品提高了19个百分点，农产品提高了12个百分点，原材料产品降

低了2个百分点，其他产品降低了29个百分点，说明产品结构改善升级步伐进一步加快（见图3）。

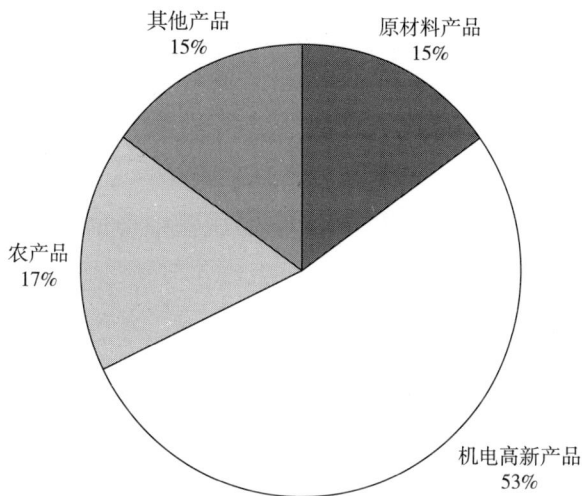

图3　甘肃省2017年1～6月出口商品构成

1. 机电高新产品出口总体低迷，部分产品出口逆势飞扬

机电高新产品总体实现出口26.9亿元，同比下降61%，其中，机电产品出口26.4亿元，同比下降60.6%；高新产品出口4682万元，同比下降61.0%。但部分机电高新产品出口仍呈逆势飞扬态势，其中碳素制品出口2.9亿元，同比增长37.0%；集成电路出口7.6亿元，同比增长81.3%；钻机及配件出口2.9亿元，同比增长102倍；轴承出口1.2亿元，同比增长11.3%①。

2. 大宗农产品出口下滑明显，特色农产品成倍增长

全省农产品出口8.53亿元，同比下降20.8%，主要表现在大宗商品、同质化产品出口受阻。其中，白瓜子出口224万元，同比下降96.5%；鲜苹果出口1.76亿元，同比下降55.6%；番茄酱出口1663万元，同比下降77.7%；

---

① 甘肃省商务厅综合处：《甘肃省进出口运行参考》，2017。

蔬菜种子出口 7247 万元，同比下降 6.5%；杂豆出口 5083 万元，同比下降 13.2%。相反，部分具有陇原特色的农产品出口总额依然坚挺并呈井喷式增长，苹果汁出口 9137 万元，同比增长 7.3%；肠衣出口 4261 万元，同比增长 9.5%；柠檬酸出口 3038 万元，同比增长 59.6%；葵花籽出口 1095 万元，同比增长 66.9%。干酪素和中药材出口表现出成倍增长的强势势头，其中干酪素出口 961 万元，同比增长 167.7%；中药材出口 2 亿元，同比增长近 15 倍。

（四）大型骨干企业带动作用增强，民营中小企业进出口占比下降

金川公司、酒钢集团、白银公司三家大企业共实现进出口 71.6 亿元，较上年增加 25.2 亿元，同比增长 54.3%，占全省外贸总值上升到 48.9%。显而易见，骨干企业带动作用显著，中小企业进出口降幅明显。

1. 工业品市场需求趋旺，大型骨干企业进出口激增

2017 年上半年，金川公司完成进出口 34.4 亿元，同比增长 4.0%，其中进口 33.5 亿元，同比增长 10.0%，出口 8713 万元，同比下降 68.0%；酒钢集团完成进出口 8.1 亿元，同比增长 50.0%，其中进口 5.6 亿元，同比增长 42.0%，出口 2.5 亿元，同比增长 73.0%；白银公司完成进出口 29.2 亿元，同比增长 268.0%，其中进口 28 亿元，同比增长 351%，出口 1.2 亿元，同比下降 30%。三家大企业外，其他中小企业实现进出口 74.8 亿元，同比减少 152.6 亿元，同比下降 67.1%，占全省进出口总值的 62.4%。

2. 国有企业进出口增势趋稳，民营企业进出口持续下降

2017 年上半年，国有企业进出口 85.7 亿元，同比增长 57.8%，较上月下降 7.4 个百分点，占比达到 58.6%。民营企业进出口 58.86 亿元，同比下降 73%，较上月下降 5.2 个百分点，占比达到 40.2%。外资企业进出口 8878 万元，同比增长 25.7%，较上月下降 4.5 个百分点，占比达到 0.6%。

（五）亚洲仍是对外贸易的重要区域，与丝路沿线国家贸易总体保持着平稳增长势头

从贸易额占比看，亚洲市场实现贸易总值 96.6 亿元，占比 65.7%，比

上年提高了 0.6 个百分点，仍是甘肃对外贸易的核心区域。与欧洲、拉美、非洲、北美、大洋洲市场分别实现贸易总值 14.3 亿元、11.2 亿元、10.1 亿元、7.8 亿元、7.1 亿元，占比分别为 9.7%、7.6%、6.9%、5.3%、4.8%，其中欧洲、拉美、大洋洲分别同比增加 3.5 个百分点、2.6 个百分点、1.0 个百分点，非洲、北美分别同比降低了 1.0 个百分点、2.1 个百分点。

1. 向西开放效果增强，贸易伙伴与进出口市场位次发生微妙变化

前十大贸易伙伴分别是哈萨克斯坦 27.6 亿元、中国香港 20.3 亿元、蒙古国 10.5 亿元、中国台湾 8.6 亿元、美国 6.7 亿元、澳大利亚 6.2 亿元、秘鲁 5.6 亿元、韩国 5.1 亿元、芬兰 5.0 亿元、民主刚果 4.8 亿元。其中，与哈萨克斯坦贸易总额从上年的 13.1 亿元大增到 27.6 亿元，翻了一番多；与韩国贸易总额从上年的 27.6 亿元大降到 5.1 亿元，跌了 81.5%。主要出口市场是中国香港、美国、韩国、土库曼斯坦、中国台湾、中国澳门、印度、印尼、日本、俄罗斯，马来西亚、新加坡、吉尔吉斯斯坦、泰国、朝鲜等国都被挤出前 10 位。主要进口来源地是哈萨克斯坦、蒙古国、中国台湾、澳大利亚、秘鲁、芬兰、民主刚果、马来西亚、智利、南非，印度尼西亚、德国、新加坡等传统的进口来源地日渐式微。

2. "一带一路" 沿线国家贸易往来更为紧密，与东亚、中亚贸易占比显著上升

甘肃省与 "一带一路" 沿线 54 个国家，包括东亚、东南亚（东盟）、南亚、中亚、西亚、中东欧均有贸易往来，2017 年上半年，与这些地区的国家实现贸易额 59.47 亿元人民币，同比下降 51.1%，但占全省进出口总额的比例提高到 40.61%，其中，进口 46.22 亿元人民币，同比增长 55.2%，出口 13.25 亿元人民币，同比下降 85.6%。

甘肃省与东亚国家进出口 10.47 亿元，同比增长 37%，其中进口 10.38 亿元，同比增长 36.6%，出口 927 万元，同比增长 107%，占比为 7.15%。与东南亚国家进出口 10.65 亿元，同比下降 78.9%，其中进口 6.94 亿元，同比下降 43.5%，出口 3.71 亿元，同比下降 90.3%，占比为 7.27%。与南

亚国家进出口2.48亿元，同比下降79.6%，其中进口173万元，同比增长19.3%，出口2.46亿元，同比下降79.8%，占比为1.69%。与中亚国家进出口30.78亿元，同比增长17.4%，其中进口27.41亿元，同比增长212.2%，出口3.37亿元，同比下降80.7%，占比为21.02%。与西亚国家进出口2.86亿元，同比下降83.8%，其中进口6659万元，同比下降3.5%，出口2.2亿元，同比下降87%，占比为1.95%。与中东欧国家实现进出口2.24亿元，同比下降69.8%，其中进口8149万元，同比增长90.8%，出口1.33亿元，同比下降85.6%，占比为1.53%（见图4）。

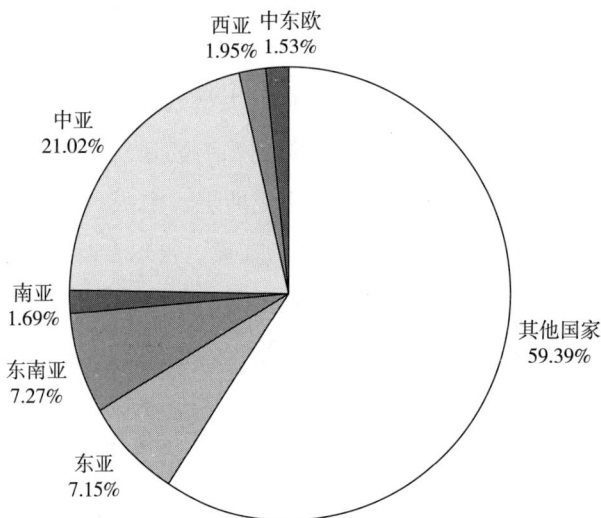

图4　2017年1~6月甘肃省与"一带一路"沿线国家进出口总额占比

二　影响甘肃对外贸易发展的主要因素分析和前景展望

面对尤为复杂多变的国际市场及外需不振等负面因素影响，甘肃对外贸易发展既存在诸多表面的和实质性的影响因素，也存在着暂时和长久发展的突出问题。

（一）影响甘肃对外贸易发展的主要因素分析

对甘肃对外贸易影响最大的影响因素莫过于国际政治经济格局的变化，但这是客观的、外在的，从内在的、主观的两个角度看，从不利因素和有利条件两个视角判断，可全面了解和把握甘肃省对外贸易发展方向。

1. 剔除有关影响因素，对外贸易依然趋稳向好

2017 年上半年，尽管受"逆全球化"、贸易保护主义、发达经济体政策不确定性带来严重外溢效应等因素的影响，甘肃省对外贸易主要指标出现明显的下滑势头，但在剔除上年同期代理出口数据后，外贸进出口、进口、出口分别增长 28.2%、30.0%、14.2%，说明从数据和表象上看，对外贸易出现了巨大的困难和挑战，但从结构变化和实质看，仍能确保年内实现稳定增长的发展目标。

2. 对外贸易占比呈下降趋势，拉动区域经济增长的力量不足

2015 年甘肃对外贸易总额为 497.7 亿元，占全国对外贸易总额的 0.20%，占全省 GDP 的 7.3%，2016 年甘肃对外贸易总额为 453.2 亿元，占全国对外贸易总额的 0.18%，占全省 GDP 的 6.34%，2017 年上半年甘肃对外贸易总额为 147.1 亿元，占全国对外贸易总额的 0.11%，占全省 GDP 的 4.9%，对外贸易规模总量偏小，对外贸易依存度偏低，况且，无论在全国对外贸易总额占比，还是省内 GDP 总规模占比，都处于一个不断下滑的态势，这是长期困扰甘肃对外贸易发展乃至甘肃经济社会转型跨越发展中一个最大的问题，一个迫切需要正视和重视的现实问题，一个需要集合各方面才智、集思广益、共谋出路的大课题①。

3. 进出口结构单一，资源依赖型对外贸易格局的支撑力偏弱

资源依赖型的甘肃经济发展特征决定了甘肃对外贸易长期围绕资源型产品发展进出口的基本格局②。从出口产品结构看，虽然机电高新产品稳居首

---

① 张应华、王福生、王晓芳：《甘肃商贸流通发展报告（2017）》，社会科学文献出版社，2017。

② 张应华、王福生、王晓芳：《甘肃商贸流通发展报告（2017）》，社会科学文献出版社，2017。

位，原材料仅占15%，但实质上甘肃的农产品、机电产品等均为初级产品，也可以视同原材料产品，这样分析，绝大部分出口产品还是围绕原材料做文章。从进口产品结构看，资源型产品占进口总值的74.0%，机电高新产品占18.0%，农产品和其他产品分别占1.0%和7.0%。全球性的"资源诅咒"现象对甘肃对外贸易持续增长的支撑力将会进一步减弱。

4.出口市场集中度仍然过高，对外贸易稳定增长风险因素增多增大

亚洲仍是甘肃对外贸易的重要区域，从贸易额占比看，亚洲市场实现贸易总值96.6亿元，占比65.7%，比上年提高了0.6个百分点，仍是甘肃对外贸易的核心区域和主导区域。2016年上半年数据显示，甘肃对韩贸易占比最高为17.0%，对韩出口增长幅度最大为42.0%[①]，因此，可以分析判断，韩国坚持部署"萨德"系统，将会引发并增多中韩贸易争端与贸易摩擦，势必会为甘肃对外贸易带来一定影响。2017年数据表明，与韩国贸易总额从上年的27.6亿元下降到5.1亿元，跌了81.5%，影响还是不小的。因此，应在积极扩大进出口总额的同时，更加注重贸易市场布局的调整和完善，降低政治、文化、经济等冲突因素对外贸发展的干扰。

（二）对外贸易战略布局趋于完善，回稳向好的发展态势较明朗

近期，甘肃省商务系统通过加大政策支持力度，印发了《关于促进进出口稳定增长的意见》和《2017年外贸稳增长调结构项目实施方案》；积极拓展出口渠道，支持特色农产品扩大出口，编制中亚、西亚、南亚和国内果蔬产品市场研究报告，制定《2017年农产品出口基地建设及品牌创建项目实施方案》；推进跨境电商加快发展，制定《跨境电商健康快速发展的实施意见》和扶持政策等措施，全力扭转外贸发展的不利局面，效果明显。

1.向西开放步伐日益加快，全面融入"一带一路"的基础工作富有成效

积极开展经贸交流合作。在俄罗斯、泰国新设2个商务代表处，全省驻

---

① 张应华、王福生、王晓芳：《甘肃商贸流通发展报告（2017）》，社会科学文献出版社，2017。

外商务代表处增至 11 个。支持马来西亚设立"兰州牛肉面推广服务中心"项目，依托"甘肃省特色农产品阿拉木图集散中心"扩大甘肃省特色农产品出口，加快推进甘肃建材阿拉木图展示展销中心项目和南瓜子油葵种植项目。积极组织企业参加第 15 届哈萨克斯坦—中国商品展览会，筹备举办"甘肃省阿拉木图经贸合作洽谈暨'张交会'推介会"，帮助省内企业拓展哈萨克及中亚市场。

2. 加快对外开放通道建设，国际货运网络初步形成

把道路联通作为基础性工作，进一步提升甘肃的通达和集散能力。中欧、中亚货运班列及南亚公铁联运国际货运班列常态化运行，2017 年上半年"兰州号""天马号"国际货运班列共发运 165 列，累计货运 21.39 万吨，货值 5.15 亿美元。全省共开通 24 条国际航线，兰州—迪拜、兰州—达卡国际货运包机出口，澳大利亚—兰州国际货运包机进口开始直航。

三　2018 年甘肃对外贸易发展对策建议

随着世界经济复苏进程受政治经济壁垒政策的影响，美联储加息政策作用显现，全球区域冲突和半岛危机的加深，进一步加大了中国及甘肃对外贸易运行压力。在国际主要工业原材料市场价格进入上升通道时期内，对以冶金、有色产品等原材料产品为主导的甘肃对外贸易发展既带来挑战，也蕴藏着巨大的发展机遇和良好的外部条件。

（一）始终以对外贸易结构调整为抓手，增强外贸稳定发展的新架构

一是加大力度落实国家、省市支持外贸稳增长的有关政策。调整完善外经贸发展专项资金政策，着力推进全省外贸发展稳增长调结构。改进完善小微外贸企业风险补偿担保基金运行管理机制，利用出口信用保险工具扩大出口规模，早日搭建出口退税账户托管贷款政税银合作平台。

二是落实"自主品牌出口增长行动计划"，继续实施机电和高新技术产

品自主品牌出口促进项目，组织企业参加专业性境外品牌展会，做强企业和特色产品品牌。

（二）始终以转变发展方式和优化布局为重点，培育外贸转型发展的新增长点

一是加快实施《甘肃省商务发展第十三个五年发展纲要》的开放主体培育工程、出口基地建设工程和服务外包促进工程，重点打造三大出口基地，即科技兴贸创新基地、外贸转型升级示范基地和农产品质量安全示范基地。

二是加快培育外贸竞争新优势，推动跨境电子商务综合发展，健全完善跨境电商服务支撑体系，促进产业集聚发展。积极培育外贸综合服务企业，为中小外贸企业提供集成式供应链服务。积极推动中欧班列和国际货运包机常态化运营，鼓励班列承运企业在境外设立"海外仓"，提高货物集散能力。加大与广西铁海联运南向通道的合作，拓展东盟市场。

三是大力促进加工贸易发展，探索发展市场采购贸易等新业态。利用好中央安排承接加工贸易转移专项资金，制定措施，完善机制，建立加工贸易集聚区公共服务平台，引导中东部加工贸易企业向甘肃省梯度转移。在深圳、东莞、苏州等东部加工贸易集聚区，开展承接加工贸易梯度转移、产业链招商专项对接活动。深化国际产能合作，支持金川公司等资源加工型企业建立境外资源生产加工基地，带动相关设备、材料、产品和服务出口。

四是培育扶持服务贸易和服务外包企业主体，进一步扩大旅游、建筑、劳务输出等传统劳动密集型服务贸易出口。发挥商务发展资金支持作用，加强对中小服务贸易企业扶持。

五是以中医药对外拓展为突破点，带动中医药对外贸易快速发展。实施"以文带医、以医带药、以药带商"发展战略，在俄罗斯、法国、吉尔吉斯斯坦等8国的岐黄中医学院以及在匈牙利、巴基斯坦等5国的岐黄中医中心的基础上，扩大规模，增加布局网点，带动陇医陇药走向世界。

（三）始终以畅通贸易通道和构筑国际营销网络为中心，注入外贸突破发展的新活力

一是完善和增强开放平台功能。加快完善兰州、敦煌空运口岸，兰州铁路口岸，兰州新区综合保税区，武威保税物流中心和进口肉类、冰鲜水产品、水果、木材等指定口岸功能，建设兰州跨境电商公共服务平台。

二是拓展国际物流通道。认真研究机电高新产品和农产品国际物流问题，开展与相关国家的食品农产品国际互认合作，推动中亚、西亚、南亚、中欧班列和国际货运包机常态化运营，加强与广西等地合作，建立铁海联运新通道。同时，着力优化国际招投标、机电自动进口许可证、两用物项出口许可等审批备案流程，加强监管。

三是深耕重点国别市场，继续巩固东亚、欧美等传统市场，拓展中西亚、东南亚等"一带一路"沿线国家的新兴市场。在认真细分市场特别是农产品市场需求、当地风土人情、法律文化、贸易政策以及风险管控的基础上，发挥驻境外商务代表处的作用，有针对性地组织企业参加重点国际展会，举办甘肃特色商品吉尔吉斯斯坦展览会、香港（亚洲）果蔬展览会、阿斯塔纳世博会"甘肃日"等市场拓展活动，完善境外营销网络；着力开拓中巴和孟中印缅经济走廊市场。

B.8
甘肃与丝绸之路经济带沿线
国家经贸合作分析报告

胡圣方 *

摘　要： 甘肃具有重要的区位优势和极大的外贸发展潜能。近年来甘肃经贸合作取得较大发展，外贸总体态势向好。与丝绸之路沿线国家投资贸易不断扩大、外贸发展态势趋稳、外经合作不断深化，但同时也存在外贸发展基础不强、与沿线国家外贸规模较小、外经合作有待强化等方面的困难。甘肃对外贸易有望逐渐企稳、园区布局将会逐步优化、产业结构将会加快调整。

关键词： 甘肃　丝绸之路沿线国家　经贸合作

甘肃是向西开放的重要门户和次区域合作战略基地，在丝绸之路经济带建设中具有重要的区位优势。加强与丝绸之路沿线国家的经贸合作是发挥区位优势的现实需要。近年来甘肃与丝绸之路沿线国家在政策沟通、设施联通、贸易畅通、资金融通、民心相通上积极作为，奋勇开拓，外贸基础设施环境显著改善，外贸发展总体态势不断向好，科技教育、人文交流不断深入，充分展现和发挥了甘肃作为"重要门户"和"战略基地"的重要定位和作用。

---

* 胡圣方，甘肃省社会科学院公共政策研究所副研究员，研究方向为网络经济。

一 甘肃经贸合作总体状况

在全球经济增长持续低迷和国内外贸严峻下滑态势下，甘肃经贸合作砥砺前行，经济贸易虽然呈现下滑趋势，但外贸形势总体向好；货物贸易虽然占全国比重小，但外贸合作发展迅速；省内外贸产业结构虽然单一，但外贸整体结构正在逐步优化。

（一）外贸潜能加快积聚

面对错综复杂的国际环境和国内传统优势减弱等多重挑战，我国作为世界第一货物贸易大国的外贸形势十分复杂严峻，但外贸发展总体形势向好，主要表现在新优势加快形成、新动能加快集聚、新业态蓬勃发展、新市场大力开拓等方面。甘肃在全国外贸总额中的占比较低，但依托"一带一路"建设机遇和甘肃的区位优势，外贸发展呈积极态势。

新优势将加快形成。在世界经济增长乏力和全球贸易持续低迷的背景下，我国外贸传统优势减弱，下行压力加大，迫切需要加快形成外贸产业新优势。国家《对外贸易发展"十三五"规划》提出从加快提升出口产品技术含量、加快提升国际标准制定能力、加快培育外贸品牌、加快提高出口产品质量、加快建立出口产品服务体系等五个方面加快培育外贸竞争新优势。《甘肃省"十三五"开放型经济发展规划》提出，加快培育以技术、标准、品牌、质量和服务为核心的外贸竞争新优势。在外贸政策引导和形势压力下，外贸新优势有望加快形成。

新动能将加速集聚。在我国外贸面临严峻下行压力下，民营企业比重显著提高，跨境电子商务逆势增长，成为外贸发展的亮点。民营企业正成为我国外贸发展的重要力量，2015年民营企业比重达到45.2%，创新能力、品牌建设、营销能力不断增强。同时我国跨境电子商务2015年增幅超过30%。"十二五"期间，甘肃的民营企业进出口比重由20%提高到70%。跨境电子商务呈现积极发展态势，基础服务设施建设加快，省内经营主体持续增多。可见外贸新动能正在加速集聚。

新业态将蓬勃发展。国家《对外贸易发展"十三五"规划》提出要促进跨境电子商务健康快速发展、促进市场采购贸易发展、培育一批外贸综合服务企业，积极发展外贸新业态。《甘肃省"十三五"开放型经济发展规划》提出培育新型贸易方式，促进跨境电子商务等新型贸易方式快速发展，积极与中西亚、中东欧国家开展电子商务合作，积极培育外贸综合服务企业。可以预见，跨境电子商务的逆势增长和政策对外贸新业态的积极支持将促发新业态蓬勃发展。

新市场将大力开拓。在共建"一带一路"倡议下，我国与"一带一路"沿线国家贸易合作快速发展。2016年，我国企业在"一带一路"沿线61个国家新签对外承包工程项目合同8158份，新签合同金额1260.3亿美元，占同期我国对外承包工程新签合同额的51.6%，同比增长36%。① 甘肃在"一带一路"中具有良好的产业基础和重要的区位优势，《甘肃省"十三五"开放型经济发展规划》和《甘肃省"十三五"服务贸易发展规划》都提出抢抓"一带一路"建设机遇，深化与沿线国家的贸易合作。

（二）外贸发展不断向好

面对复杂严峻的国际国内外贸形势，甘肃抢抓机遇，加快对外开放步伐，对外贸易发展迅速。经济贸易取得较大进展，扭转了外贸逆差状况；服务贸易从无到有，发展较快；外贸基础设施取得突破性进展。

经济贸易取得较大进展。近年来甘肃经贸合作取得很大发展。从进出口额看，2013年进出口总额超过100亿美元，2014年开始实现贸易顺差（见图1）。在全球经济复苏乏力和我国外贸下滑的背景下，2016年甘肃进出口总值453.2亿元，比2015年下降8.3%，其中进口总值185亿元，增长39.3%；出口总值268.2亿元，下降25.7%；外贸顺差83.2亿元。从利用外资看，"十二五"期间外商直接投资增长明显，2015年达到1.1亿美元，

---

① 资料来源于商务部网站。

新能源和制种业是利用外资的主要行业，占利用外资总额的 80%。① 2016 年实际利用外资 11588 万美元，同比增长 5%。"十二五"期间甘肃对外直接投资规模达 26.26 亿美元，金川公司、酒钢集团、白银公司、天庆集团等大企业带动明显。2016 年实际开展对外直接投资的境外企业 50 家，实际投资额 6.31 亿美元，同比增长 391%。

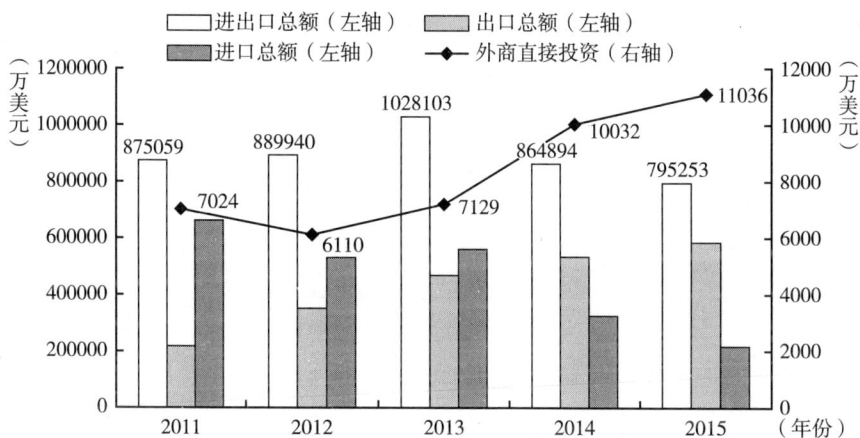

图 1　"十二五"期间甘肃进出口与外商直接投资情况

资料来源：《甘肃统计年鉴 2016》。

服务贸易发展较快。近年来甘肃服务贸易从无到有，发展较快。2014 年对外承包工程完成营业额 3.39 亿美元，达到峰值。旅游外汇收入 2016 年达 1890 万美元，比上年增长 33.3%（见图 2）。文化贸易呈现积极动向，读者出版集团、庆阳锦绣实业有限公司、庆阳岐黄文化传播有限公司是国家文化出口重点企业，庆阳凌云服饰集团有限公司的"庆阳香包迪拜推广项目"、庆阳岐黄文化传播有限公司的"庆阳香包手工生产加工基地"、甘肃省歌舞剧院有限责任公司的"舞剧《丝路花雨》对外交流"入选 2015～2016 年度国家文化出口重点项目。在中医药方面，兰州佛慈制药股份有限

---

① 资料来源于甘肃省人民政府办公厅印发的《甘肃省"十三五"开放型经济发展规划》和《甘肃省"十三五"服务贸易发展规划》。

公司被纳入国家中医药服务贸易先行先试骨干企业（机构）建设名录。甘肃在俄罗斯、法国、吉尔吉斯斯坦等 8 国成立了岐黄中医学院，在匈牙利、巴基斯坦等 5 国成立了岐黄中医中心，2016 年中药产品出口达 4260 万元。

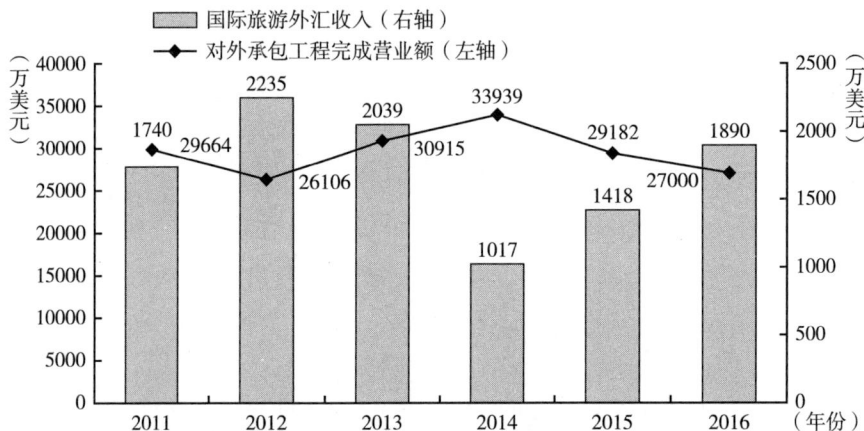

图 2　对外承包工程与国际旅游外汇收入情况

资料来源：2016～2017 年《甘肃统计年鉴》。

外贸基础环境显著改善。甘肃外贸基础设施取得重大进展。兰州中川机场、敦煌机场国际航空口岸对外开放，全省已开通 24 条国际和地区航线；2016 年底兰州铁路口岸对外开放。兰州中川国际机场获准开展口岸签证业务、获批成为进口冰鲜水产品及水果指定口岸，武威保税物流中心获批成为进境木材监管区，嘉峪关航空口岸列入国家"十三五"口岸发展规划。武威保税物流中心、兰州新区综合保税区相继封关运营。中亚国际货运班列、中欧国际货运班列、南亚公铁联运国际货运班列等开通。中国兰州投资贸易洽谈会、敦煌行·丝绸之路国际旅游节、中国（甘肃）新能源国际博览会、丝绸之路（敦煌）国际文化博览会等展会影响日益扩大。

（三）外贸结构得到优化

加快外贸结构优化是提升外贸发展动能的重要抓手。随着甘肃加强在"一带一路"建设中的本省布局，近年来外贸结构得到优化，外贸区域发展发生显著变化，民营企业逐渐成为外贸发展的主要力量，加工贸易不断提升，其他贸易比重上升，呈现良好的转变态势。

外贸区域发展发生明显变化。甘肃外贸主要由兰州市、嘉峪关市、金昌市、白银市和天水市占主导位置，从海关进出口商品总额看，2011年5市总额占全省96.05%，金昌市占比最大，其他9市占3.95%；2015年5市占94.96%，兰州市占比最大，其他9市占5.02%。5市中兰州市和天水市稳步提升，嘉峪关市、金昌市和白银市呈下滑态势（见表1）。表明受全球经济发展和国际贸易形势的影响，甘肃传统外贸产业面临严峻的下滑压力。兰州市外贸发展潜力进一步释放，2015年兰州市进出口商品总值占全省的70.84%。随着"一带一路"建设推进和甘肃加快向西开放，其他9市外贸发展面临重大机遇，有望实现新突破。

表1　甘肃各地区进出口商品总值占全省比例

单位：%

地区	2011年	2012年	2013年	2014年	2015年
兰 州 市	21.45	38.17	39.53	56.43	70.84
嘉峪关市	10.78	9.57	8.05	4.12	2.37
金 昌 市	49.90	38.62	36.72	21.73	13.71
白 银 市	10.93	5.93	7.60	8.62	3.21
天 水 市	2.99	3.48	3.58	4.52	4.83
武 威 市	0.66	0.21	0.23	0.46	1.23
张 掖 市	0.21	0.20	0.23	0.27	0.32
平 凉 市	0.16	0.21	0.18	0.33	0.48
酒 泉 市	0.15	0.82	1.04	0.88	0.93
庆 阳 市	0.16	0.82	0.84	0.85	0.98
定 西 市	0.28	0.23	0.34	0.52	0.58
陇 南 市	0.73	0.06	0.10	0.25	0.20
临 夏 州	0.21	0.21	0.16	0.19	0.28
甘 南 州	1.39	1.47	1.40	0.82	0.02

资料来源：2012～2016年《甘肃统计年鉴》。

民营企业成外贸发展主要力量。随着甘肃民营经济的发展，民营企业在外贸发展上焕发勃勃生机，逐渐成为甘肃外贸发展的中坚力量。根据兰州海

关数据，2013 年甘肃有进出口实绩的民营企业达 575 家，实现进出口 46.9
亿美元，占全省对外贸易额的 45.6%；2014 年进出口商品总额为 55.23 亿
美元，占全省比重提高到 63.86%。2015 年民营企业进出口 376.9 亿元，占
全省进出口总值的 75.7%。可见民营企业正成为甘肃外贸发展的主要力量。

外贸贸易方式得到逐步优化。甘肃一般贸易占主导地位。2013 年甘肃
以一般贸易方式进出口 89.7 亿美元，占全省进出口总值的 87.26%，加工
贸易进出口 10.5 亿美元。2014 年一般贸易方式进出口 68.7 亿美元，加工
贸易方式进出口 15.69 亿美元，增长 50%，以保税仓库进出境方式进出口
2.08 亿美元，增长 38.38%。2015 年一般贸易进出口 406.1 亿元，加工贸易
进出口 78.1 亿元（见图 3）。总体来看，甘肃一般贸易发展稳定，加工贸易
逐步提升，其他贸易方式不断发展，贸易方式不断优化。

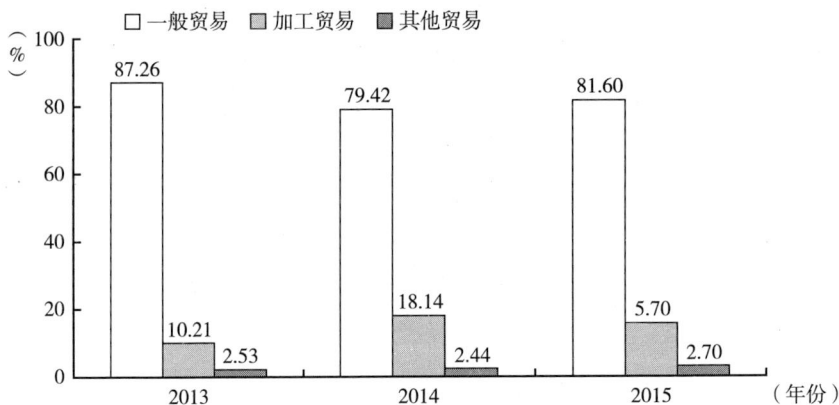

图 3　甘肃贸易方式占比情况

资料来源：兰州海关网站。

二　甘肃与丝绸之路沿线国家经贸合作现状

随着"一带一路"建设的逐步实施，甘肃与"一带一路"沿线国家的
经贸合作日益密切，经济贸易呈现良好的发展态势。2016 年甘肃与"一带

一路"沿线国家贸易额突破 100 亿元人民币，同比增长 10%，占全省进出口总额的 23%。2017 年上半年，甘肃与"一带一路"沿线国家贸易额占全省进出口总额的 40.63%。目前已经与 180 多个国家和地区建立了经贸往来关系，甘肃向西开放的格局已经形成。

（一）投资贸易不断扩大

近年来甘肃通过把"引进来"与"走出去"相结合，主动作为，不断强化政策支持，加强布局与丝绸之路经济带沿线国家的产能合作，积极吸引外资拓宽投资领域，甘肃与丝绸之路沿线国家投资贸易不断扩大，极大地推动了甘肃参与建设丝绸之路经济带的步伐。

政策支持不断强化。近年来甘肃抢抓"一带一路"建设机遇，不断强化与丝绸之路沿线国家经贸合作的政策支持。甘肃省人民政府办公厅印发的《甘肃省"十三五"开放型经济发展规划》提出了与"一带一路"沿线国家贸易额占贸易总额比重达到 30% 的目标。《甘肃省"十三五"服务贸易发展规划》提出，"一带一路"沿线中西亚、中东欧国家在甘肃省服务出口的占比稳步提升。甘肃省人民政府办公厅印发的《关于促进进出口稳定增长的意见》提出加强自主品牌建设，优化贸易结构，加大特色农产品国际市场开拓工作力度，积极拓宽"一带一路"沿线国家等新兴市场。甘肃省发改委牵头深入推进"13685"工程实施，交通运输厅大力实施"6873"交通突破行动，甘肃省外事办不断拓展友城关系，商务厅大力发展"13105"行动计划。随着政策的深入实施，甘肃与丝绸之路沿线国家经贸合作将会加快发展和推进。

对外投资发展迅速。加强国际产能合作是甘肃参与建设丝绸之路经济带的重要内容。甘肃金川公司、酒钢集团、白银公司、兰州海默科技公司等省内骨干外贸企业充分利用两个市场、两种资源，布局国际产能合作。金川公司在南非、澳大利亚、印度尼西亚等国设立 18 家境外企业；酒钢集团在蒙古国、牙买加等国设立 5 家境外企业；白银公司在秘鲁、哈萨克斯坦等国家（地区）设立 7 家境外企业；兰石能源装备国际工程公司在美国、俄罗斯、土库曼斯坦等国家设立 8 家境外企业，从事石油钻采设备销售和技术服务；兰州海默科技公司在海外设立 6 家子公司，开展装备制造技术合作等。2016年甘肃全省境外实际投资额达 6.3 亿美元，为 2015 年的 4.8 倍。

利用外资质量提升。面对国内外吸引外资的激烈竞争压力，作为经济欠发达地区的甘肃吸引外资的规模和水平有限，但依然取得较大提升。2015年甘肃实际利用外商直接投资 1.1 亿美元，同比增长 10%。2016 年外商直接投资实际使用额为 1.15 亿美元，同比增长 5%。外商投资领域由传统产业向现代农业、基础设施、新能源、先进制造业、物流、现代服务业等领域不断拓展。"一带一路"沿线国家投资甘肃呈现良好趋势，新加坡、马来西亚、泰国成为近年来主要投资国家，实际利用外资近 3800 万美元，占全省实际利用外资总额的 33% 左右，主要投向制造业、电力供应、服务业等领域。

（二）外贸发展态势趋稳

在我国外贸总体下滑的背景下，甘肃外贸同样面临较为严峻的下滑趋势。在丝绸之路沿线国家中，西亚北非、南亚和东南亚下滑较为明显，中亚、中东欧及独联体国家呈现上升趋势，整体而言外贸发展态势趋稳。

中亚成为甘肃外贸重点地区。中亚地区包括哈萨克斯坦、吉尔吉斯斯坦、塔吉克斯坦、土库曼斯坦和乌兹别克斯坦等 5 个国家，2016 年 GDP 分别为 1336.5 亿美元、65.5 亿美元、69.5 亿美元、361.8 亿美元和 672.2 亿美元，GDP 同比增长 1%、3.8%、6.9%、6.2% 和 7.8%。按照世界银行的分类标准，其中乌兹别克斯坦、塔吉克斯坦和吉尔吉斯斯坦属于中等偏下收入国家，2016 年人均国民总收入分别为 2220 美元、1110 美元和 1100 美元，哈萨克斯坦和土库曼斯坦属于中等偏上收入国家，2016 年人均国民总收入为 8710 美元和 6670 美元。[1] 中亚地区具有丰富的石油、矿产、稀有金属等自然资源，其中哈萨克斯坦铜矿居世界第四位、钨矿居世界第一位。《甘肃

---

① 数据来源于世界银行数据库。

省"十三五"开放型经济发展规划》提出以哈萨克斯坦等中亚国家为重点，发挥甘肃省石油化工、有色冶金、装备制造、建筑建材等传统领域优势，建立国际产能境外经贸合作区，为省内企业转型升级、持续发展拓展空间。从统计数据看，哈萨克斯坦是甘肃主要的进口国家，2015年甘肃自哈萨克斯坦的进口额为128873万元，出口额为34776万元；2016年进口额为331688万元，出口额为58364万元，进口和出口额分别增长157.38%和67.83%。从甘肃与中亚地区国家的出口总值看，哈萨克斯坦、吉尔吉斯斯坦、塔吉克斯坦呈现明显上升趋势（见图4），表明甘肃与中亚地区国家外贸发展不断向好。

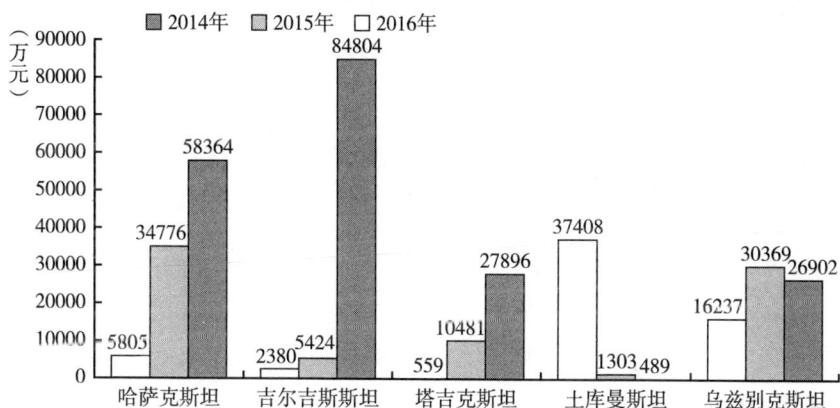

图4　甘肃对中亚地区国家的出口总值

资料来源：甘肃省商务厅。

西亚北非地区外贸下滑明显。西亚北非地区包括土耳其、伊朗、叙利亚、伊拉克、阿联酋、沙特阿拉伯、卡塔尔、巴林、科威特、黎巴嫩、阿曼、也门、约旦、以色列、巴勒斯坦、埃及等国家。该地区具有丰富的石油和天然气资源，油气出口是很多国家的主要外贸来源，近年来受国际油价持续低迷的影响，经济增长呈现明显下滑趋势，如土耳其2016年GDP增长率为-1.5%，也门为-9.8%，科威特为1.8%，沙特阿拉伯为1.7%等。从2016年人均国民总收入看，以色列、科威特、沙特阿拉伯、阿曼、阿联酋、卡塔尔、巴林等为高收入国家。近年来甘肃与西亚北非地区外贸下滑态势明显，2015年甘肃与西亚北非地区进出口总值为378911万元，同比减少13.77%；2016年进出口总值为218039万元，同比减少42.46%。从出口来看，2015年甘肃对西亚北非地区国家实现出口374199万元；2016年为202475万元，同比减少45.89%。

中东欧地区外贸呈现上升势头。"一带一路"沿线中东欧地区共有16个国家：波兰、捷克、斯洛伐克、匈牙利、斯洛文尼亚、克罗地亚、罗马尼亚、保加利亚、塞尔维亚、黑山、马其顿共和国、波黑、阿尔巴尼亚、爱沙尼亚、立陶宛和拉脱维亚。为便于分析，本文将乌克兰、白俄罗斯、摩尔多瓦、格鲁吉亚、阿塞拜疆、亚美尼亚和俄罗斯一并计入。中东欧国家多数属于高收入和中等偏上收入国家，农业、工业和服务业都较发达。总体而言，甘肃与中东欧国家进出口总值占甘肃进出口总额比重较小，其中俄罗斯是主要外贸国家。2015年甘肃与中东欧国家进出口总值为129793万元，同比增长21.11%；2016年为158774万元，同比增长22.33%。2015年甘肃与俄罗斯进出口总值为75524万元，同比增长27.01%；2016年进出口总值为92408万元，同比增长22.36%。

南亚和东南亚地区外贸整体下滑。南亚地区包括印度、巴基斯坦、阿富汗、孟加拉国、斯里兰卡、尼泊尔、不丹和马尔代夫，是世界上人口最多和最密集的地域，以农业、纺织业、旅游业等为主，除马尔代夫外其他国家均为中等偏下收入国家，但GDP增长较快，2016年经济规模较大的印度、巴基斯坦、孟加拉国GDP分别增长7.1%、5.7%、7.1%。2015年甘肃与南亚8国进出口总值为227130万元，同比增长58.82%；2016年进出口总值为154748万元，同比下降31.87%。其中印度是甘肃主要外贸国家，2016年进出口总值为79351万元，同比下降35.79%。东南亚地区包括越南、老挝、柬埔寨、泰国、缅甸、马来西亚、新加坡、印度尼西亚、文莱、菲律宾、东帝汶等11个国家，除东帝汶外，其他国家为东盟组织成员国。该地区制造业较为发达，印度尼西亚、菲律宾、越南、泰国等多数国家集中在服装加工、农产品加工等低端制造业上，新加坡、马来西亚处在电子制造加工价值链高端上。2015年甘肃与该地区进出口总值为 944438 万元，同比下降 9.48%；2016 年进出口总值为 614948 万元，同比下降 34.89%。

（三）外经合作不断深化

随着基础设施的逐步完善和"一带一路"建设的深入实施，甘肃对外开放步伐不断加快，外经合作不断深化，主要表现在高层访问日益频繁、会展推介不断拓展、合作渠道持续加宽等方面。

高层访问日益频繁。近年来甘肃省上领导先后率团访问"一带一路"沿线国家，促进双方在经贸、文化、教育、卫生、科技、旅游等各领域的务实合作。2017 年 8 月 30 日至 8 月 31 日甘肃省长率团访问蒙古国，推动马鬃山口岸复通，拓展合作领域；9 月 1 日至 5 日省长率团对白俄罗斯进行友好访问，促进双方在更宽领域、更高层次上开展务实交流合作；9 月 6～8 日省长率团访问吉尔吉斯斯坦，加强人文交流，促进民心相通。[①] 甘肃与丝绸之路沿线国家的高层访问必将深入推进甘肃参与"一带一路"建设进程。

会展推介不断拓展。会展是拓展外贸关系的重要平台。近年来甘肃大力推动市州和企业参展，成效显著。在第 121 届广交会上，甘肃 85 家参展企业累计成交额达 16772.9 万美元，比上届增长 6.3%。在第十四届中国—东盟博览会上，甘肃首次举办水果、蔬菜、中药材及国际产能合作推介会。甘南州借 2017 年"中国—阿拉伯国家博览会"在银川市举行"一带一路"招商引资推介会。甘肃省商务厅组织兰州、天水、白银、张掖等 7 个市州和兰州、金昌、天水、酒泉、张掖经济技术开发区以及 40 多家企业代表参加"2017 中国加工贸易产品博览会"。

合作渠道持续加宽。通过建立合作机制，拓展友城关系，甘肃经贸合作取得明显进展。目前甘肃在俄罗斯、白俄罗斯、伊朗、吉尔吉斯斯坦、印度尼西亚、哈萨克斯坦、土耳其、印度、马来西亚、泰国、新疆霍尔果斯等设立了 11 个商务代表处，与 53 个境外商协会建立合作机制，在哈萨克斯坦阿

---

① 资料来源于甘肃省人民政府外事侨务港澳事务办公室网站。

拉木图设立甘肃特色农产品集散中心。政策沟通不断深入，友好城市不断增多，目前甘肃已与五大洲37个国家建立58对国际友好城市，其中与"一带一路"沿线16个国家建立21对国际友好城市。

三 甘肃与沿线国家经贸合作的主要困难

近年来甘肃与丝绸之路沿线国家经贸合作取得显著成效，但同时也存在外贸发展基础不强、重点国别市场有待深耕、外经合作有待强化等方面的困难。

（一）外贸发展基础不强

甘肃作为经济欠发达的内陆省份，外贸发展基础较为薄弱。进出口额占全国比重小，2015年货物进出口总额795202万美元，占全国0.2%；出口581181万美元，占全国0.26%；进口214021万美元，占全国0.13%。2016年进出口总额453.2亿元，占全国0.19%；出口268.2亿元，占全国0.19%；进口185亿元，占全国0.18%。外贸主体结构不合理，金川公司、白银公司、酒钢集团等国有大型企业占外贸主导地位，由于以资源型产品进出口为主，外贸易受国际市场价格和需求的影响，这种状况也难以引导产业集聚协同发展形成出口优势。开发区对进出口的拉动尚不明显，甘肃各类开发区建设已成体系，但由于大部分开发区产业结构相对单一，低附加值的传统产业比重大，高新技术产业比重小，产业集中度较低，产品竞争力较弱，尚未形成进出口优势。由于受外贸规模的影响，甘肃占中国与丝绸之路沿线国家的进出口总额的比重也较小，以中亚地区为例，2015年中国与中亚五国进出口总额为3261726万美元，甘肃占1.05%。总体而言，甘肃极具外贸发展潜力，但受制于产业结构和高新技术，外贸发展实力尚未充分显现。

（二）重点国别市场有待深耕

甘肃在丝绸之路经济带上具有重要的区位优势，开拓新市场是促进甘肃外贸发展的重要路径。甘肃的传统贸易国家和地区主要包括中国香港、马来西亚、蒙古国、韩国、哈萨克斯坦、美国和澳大利亚，但进出口总额都未达到 100 亿元以上规模。从甘肃与丝绸之路沿线国家贸易看，东南亚地区以马来西亚、越南、印度尼西亚、新加坡、泰国等为主，南亚以印度、巴基斯坦、孟加拉国、尼泊尔为主，中亚以哈萨克斯坦、吉尔吉斯斯坦为主，西亚北非地区以伊朗、沙特阿拉伯、阿联酋为主，中东欧地区以匈牙利、俄罗斯为主，除南亚国家风险较高外，其他国家营商环境较好①，但外贸规模均不大，其中东南亚地区和中亚地区分别占甘肃与沿线国家外贸总额的 18.2% 和 15.81%。这种状况也侧面说明甘肃出口商品的竞争力不强，尚未形成出口产业优势。但更重要的是在当前外贸下滑的局面下，应深耕重点国别市场，深挖市场需求，以前瞻性眼光重点培育和发展甘肃优势产业，积极承接东部发达地区产业转移，加快物流大通道建设，走错位发展、借位发展、让位发展之路。

（三）外经合作有待强化

近年来甘肃外经合作不断深化，极大地促进了甘肃开放型经济发展。但同时也应看到，国际交流合作的规模较小，领域较窄，与甘肃开放发展的需要尚有较大差距。甘肃传统产业具有良好基础，中医药产业极具规模优势，文化旅游产业具有资源优势，将优势从潜力变成实力迫切需要甘肃在推动经贸、中医药、旅游、教育、文化等领域对外合作方面持续强化，以锲而不舍的精神促进甘肃开放型经济持续向好。

---

① 依据世界银行发布的《2017 年营商环境报告》对 190 个国家和地区的评价结果，马来西亚排第 23 位，营商环境得分 78.11；越南排第 82 位，得分 63.83；印度尼西亚排第 91 位，得分 61.52；新加坡排第 2 位，得分 85.05；泰国排第 46 位，得分 72.53；印度排第 130 位，得分 55.28；巴基斯坦排第 144 位，得分 51.77；孟加拉国排第 176 位，得分 40.84；尼泊尔排第 107 位，得分 58.88；哈萨克斯坦排第 35 位，得分 75.09；吉尔吉斯斯坦排第 75 位，得分 65.17；伊朗排第 120 位，得分 57.26；沙特阿拉伯排第 94 位，得分 61.11；阿联酋排第 26 位，得分 76.89；匈牙利排第 41 位，得分 73.07；俄罗斯排第 40 位，得分 73.19。

四 甘肃与沿线国家经贸合作发展趋势预测

国家"一带一路"建设推进将极大促进甘肃与丝绸之路沿线国家的经贸合作，甘肃与丝绸之路沿线国家对外贸易有望逐渐企稳，贸易园区布局将会逐步优化，外贸产业结构有望通过承接产业转移实现加快调整。

（一）对外贸易有望逐渐企稳

受全球经济持续低迷的影响，我国外贸呈现下滑趋势，2015年我国货物进出口总额为39530亿美元，比上年下降8.1%。2016年货物进出口总额243386亿元，比上年下降0.9%。甘肃外贸产业结构较为单一，易受国际价格波动影响，外贸明显下滑。2015年货物进出口总额795202万美元，比上年下降7.97%。2016年货物进出口总额453.2亿元，比上年下降8.3%。其中出口268.2亿元，下降25.7%；进口185亿元，增长39.3%。据国际货币基金组织（IMF）2017年7月预测，全球经济正在获得持续稳定增长动能，2017年和2018年增速预计分别为3.5%和3.6%；中国同期经济增长预期为6.7%和6.4%。同时甘肃对中亚地区的石油钻采设备、特色农产品、民族用品等出口呈现良好增长态势，与中东欧地区外贸不断上升。在此背景下甘肃对外贸易有望逐渐企稳。

（二）园区布局将会逐步优化

随着甘肃外贸基础设施的逐渐完善和外贸区位优势的日益彰显，甘肃结合产业结构和区域规划，内建外贸基地、外设境外园区，逐渐形成了齐头并进、协同发展的外贸格局。《甘肃省"十三五"开放型经济发展规划》提出，在中亚以哈萨克斯坦等中亚国家为重点，建立国际产能境外经贸合作区；在中东欧以白俄罗斯为重点，形成境外农业综合开发区。在省内培植鲜苹果、苹果汁、番茄酱等特色农产品出口基地；培育集成电路、轴承、石油钻采炼化设备、风光电新能源设备等科技兴贸创新出口基地；建设清真食品、民族用品基地；打造锂、镍氢储能材料，高纯金属、稀土材料等新材料基地。随着规划的深入实施，甘肃外贸园区布局将会逐步优化，极大地激发甘肃外贸发展潜能，促进甘肃经济和外贸持续向好发展。

（三）产业结构面临加快调整

长期以来甘肃外向型产业结构单一，进出口产品以资源型产品为主。进出口企业金川公司、白银公司、酒钢集团等三家国有大型企业占主导，国有大中型企业生产经营效益对甘肃对外贸易总额产生直接影响，迫切需要培育和引进一批有实力和竞争力的外贸企业。随着国际原油价格下跌和清洁能源的替代，中亚西亚地区资源型经济国家面临产业转型，对农产品及技术、高科技产品及技术会产生较大需求，甘肃有望通过积极承接东部经济发达省市产业转移，加快调整产业结构，形成面向中西亚地区国家的出口市场，促进外贸经济的增长。

B.9
甘肃外贸基地建设状况报告

摘 要： 甘肃省通过扶持六大重点优势产业、加快外贸企业科技创新、
完善外贸公共服务体系等举措，初步形成了装备制造业基地、
机电高新技术产品基地、特色农产品、食品和中药材产品基
地等多个外贸出口基地，确立了 28 个外贸转型升级示范基
地，其中两个被认定为国家级示范基地。但外贸基地建设相
对滞后，外贸基地品牌质量、档次、附加值较低等问题成为
甘肃省开放型经济发展和对外贸易的"短板"，本文针对存在
的问题提出了加快甘肃外贸基地建设的对策性建议。

关键词： 甘肃省 外贸基地 建设

十多年来，商务部在全国范围内开展了外贸基地建设工作，甘肃省商务
系统也随之加大投入和管理，通过一系列措施加快外贸基地建设，培育贸易
新业态新模式，优化区域开放布局，加大西部开放力度，进一步推进外贸转
型升级，取得了显著的成效。

一 甘肃省外贸基地建设发展历程

近年来，甘肃省委、省政府主动适应经济发展新常态，有效应对各种风

---

* 李蓉，硕士，甘肃省社会科学院马克思主义研究所助理研究员，主要研究方向为政治学理论、
当代中国政治发展、政党政治。

险和挑战，经济社会发展取得重大成就。全省抢抓国家"一路一带"战略机遇，以国外市场需求为导向，以增收、创收为目标，以出口产品基地建设为重点，全面普及出口产品生产技术规程，进一步加快外贸基地建设。

（一）甘肃外贸基地建设主要举措和成就

甘肃省认真贯彻落实党中央、国务院的决策部署，以五大发展理念为引领，以推进供给侧结构性改革为主线，主动适应经济发展新常态，促进对外贸易，全省经济社会保持平稳健康发展，外贸转型升级基地建设步伐加快。

1. 扶持重点优势产业，加快外贸基地建设

为了对甘肃省优势产业进行重点扶持，培育做大特色优势产业，建设全国重要的新能源基地、有色冶金新材料基地和特色农产品生产与加工基地，甘肃省商务厅在2012年就开展了甘肃省外贸转型升级示范基地（企业）认定工作，截至目前确定了28个基地为甘肃省外贸转型升级示范基地（企业）。兰州市非金属材料（碳素）外贸转型示范基地、酒泉市瓜类蔬菜制种外贸转型示范基地、甘南州丁酪素产业外贸转型示范基地、临夏州蚕豆种植外贸转型示范基地、和政县清真食品外贸转型示范基地、庆阳市苹果汁外贸转型示范基地、兰州市毛精纺呢绒外贸转型示范基地、兰州市佛慈制药外贸转型示范基地、兰州市七里河区百合产业外贸转型示范基地和兰州市绒毛产品外贸转型示范基地等榜上有名。

2014年，由酒泉市牵头，整合张掖、武威等市15家种子外贸龙头企业创建的甘肃河西地区种子外贸转型升级专业型示范基地，获得商务部认定批复，标志着甘肃省河西地区对外制种产业进入了新的发展阶段，对当地进一步优化国际市场、国内区域市场"两个布局"及外贸生产基地建设、贸易平台建设及国际营销网络建设等"三项建设"具有重要指导意义。基地建成推动了酒泉及河西地区对外制种向规模化建设、标准化种植、集约化经营、品牌化发展快速迈进。此外，为提高产业聚集度，加快转变外贸增长方式，甘肃省商务厅制定了《甘肃省机电产品外贸转型升级示范基地认定办法》，该办法在加快甘肃省机电产品外贸转型升级示范基地建设、提高产业

聚集度、加快转变外贸增长方式、培育区域性品牌及提升国际竞争力等方面取得了一定的成效。

2. 以科技创新助推外贸基地建设

甘肃省结合本省实际，加强引导企业进行科技创新，鼓励企业创立具有本省特色的自主品牌，培育独具区域特色的品牌。充分建立多元国际营销网络，支持具有实力的企业代理境外品牌，实施海外品牌并购战略。同时依托兰洽会、文博会、广交会等商贸平台和举办、参加国际会议的契机，加大出口产品特色品牌的宣传推广力度。同时突出特色优势产业发展，尤其在农业方面，积极调整和优化区域布局，引导特色优势产业向优势产区集中，推进现代农业示范区建设，在马铃薯、现代制种、中药材、经济林果、蔬菜和草食畜等特色产品方面，推动加工精深化、品牌化、集群化发展，打造全国特色农产品生产和加工基地。

"十二五"期间，甘肃省还不断加强对外经贸创新合作。鼓励企业将加工贸易与服务贸易深度融合，在研发设计、检测维修、物流配送、财务结算、分销仓储等服务方面拓展业务。积极与经济发达省份合作，在沿海经济较发达地区建立跨省加工贸易转移战略联盟体系，加大加工贸易技术的引进力度，创立产业合作园，培育和建设加工贸易梯度转移重点承接地和示范地。[①] 这些举措对进一步加快转变外贸发展方式，推进外贸转型示范基地和科技兴贸创新基地建设具有重要意义。

3. 完善外贸公共服务体系，推动外贸基地可持续发展

全省紧密依托现有特色产业集聚区、经济技术开发区、高新技术开发区、海关特殊监管区，突出甘肃省产业优势和区域特色，完善甘肃省公共服务体系，推动甘肃省外贸转型升级基地协调可持续发展。继续加大政策扶持，投入专项资金，推动外贸转型升级示范基地公共服务平台项目建设。鼓励支持部分有条件的企业逐步建立国际营销网络体系和境外服务保障体系，

---

① 《高交会成为甘肃省企业科技创新拓展产品市场的新高地》，《甘肃商务专刊》2016年第51期。

尤其加大力度，在资金和技术方面对相关企业给予扶持，推进甘肃省装备制造业在炼化设备、石化钻采、风电设备、测量仪器等基地建设方面的深度发展。

2016 年 2 月，根据《商务部关于开展外贸转型升级示范基地培育工作的函》和《甘肃省商务厅关于印发甘肃省外贸转型升级示范基地（企业）认定标准和办法的通知》要求，修订印发新的《甘肃省外贸转型升级基地培育实施意见》（以下简称《意见》），对甘肃省两家国家级示范基地及 28 家省级示范基地进行动态管理考核。外贸基地认定的产业范围侧重甘肃省农轻纺、中医药、生物医药、清真食品、新型材料和机械电子等特色优势产业。《意见》对基地内重要行业和在国内外市场占有优势地位的主导产品进行重点培育，立足提升当前产业优势和长期竞争力相结合，积极推动传统产业转型升级，加快形成支柱产业。同时，把握新兴产业发展动向，重点培育科技含量高、辐射带动能力强、具有长远竞争力的新兴产业。《意见》还对产业规模、企业数量、品牌和质量、研发和创新、营销网络和经营状况等制定了统一的培育标准。

（二）"十三五"规划实施以来外贸基地建设主要目标和进展

"十三五"规划实施以来，甘肃省全力实施"13685"战略，以提高开放型经济发展质量和效益为中心，积极开拓国际市场，打造丝绸之路经济带甘肃黄金段。2016 年 8 月，为了进一步促进甘肃省外贸创新发展，努力实现外贸回稳向好目标，甘肃省人民政府办公厅提出了关于促进外贸回稳向好的实施意见。

甘肃省以兰州、庆阳为重点，建设国家战略型石化产业基地；以金昌、白银、兰州为重点，建设国家有色金属新材料基地；以嘉峪关为重点，建设优质钢材生产及加工基地；打造以陇东地区、酒泉及嘉峪关为重点的煤炭清洁利用转化基地；将兰州、天水、酒泉等地建设成为重点的先进装备制造业基地；以省内特色农产品生产区域为重点，建设农产品加工基地等六大产业基地。与此同时，在六大产业的基础上，打造石化及合成材料、有色金属新材料、煤炭高效清洁利用、绿色生态农产品加工、冶金新材料、稀土功能材料和电池材料、装备制造等八大产业链。力争到 2020 年建成 5 个国家级外贸基地，各类基地年出口额占全省 50% 以上。

目前，商务部认定的国家级外贸转型升级专业型示范基地三批、共 179 个，甘肃省获得认定的项目只有两项，分别是入列在第二批的天水苹果生产基地和入列在第三批的河西地区种子生产基地，与"十三五"规划发展目标还有很大差距。

二 甘肃省外贸基地发展现状

近年来，甘肃省充分利用国家给予的对外经济贸易支持政策，利用甘肃省装备制造、机电高新、特色农产品和清真食品民族用品等优势产品的市场影响力，创新特色农产品、民族用品、集成电路、轴承、石油钻采炼化设备、风光电新能源设备等基地建设，着力打造出口产业集群，形成了出口产业集群化和具有本土特色的外贸基地发展格局。

（一）外贸产业基地建设状况

1. 装备制造业基地

甘肃省在装备制造业方面具有较大优势，甘肃省委、省政府十分重视推动装备制造业发展。甘肃省的装备制造企业已逐渐立足市场，虽然与国内同类企业相比，差距较大，但拥有较大的发展的空间。甘肃省委、省政府联合出台了《关于加快优势产业链培育发展的指导意见》，旨在保护和扶持甘肃省装备制造业产业基地建设。意见指出，要围绕全国千万千瓦级风电基地建设，以市场换装备，提高配套能力，促进风电技术进步和产业化发展，建设大型风机研发平台，实现大型风电技术装备成套化、集成化、规模化，建成全国重要的风电装备制造产业基地。作为国家新能源重点项目，总投资 25 亿元的珠海银隆兰州广通新能源汽车生产基地在兰州新区开工建设，项目一期即将建成投产。2015 年在兰州新区基地正式下线的首款电动车知豆 D1，早已穿梭在兰州市的大街小巷，成为公共交通领域的鲜活力量。

甘肃建投装备制造有限公司是全省装备制造业的一支劲旅，公司在起重机械、工程机械、隧道掘进机械、风电设备、专用汽车、生物治沙、电气自动化等领域一直走在行业前列。公司以科研创新促发展，公司自主研发的施工升降机已成功出口阿联酋。甘肃建投装备首次出口中东国家，并顺利获得了进军欧盟市场的通行证。甘肃建投装备制造的产品不断创新，涉及领域的产品不仅达到了国内外领先水平，还填补了多项国内空白（见表1）。目前，甘肃建投装备制造有限公司已在兰州国家高新区彭家坪、兰州新区、武威和加纳特玛建立4个工业产业园区。党的十八大以来，全省装备制造业抢抓向西开放、内陆沿线开发和丝绸之路经济带建设"三重叠加"的机遇，进一步抢占产业竞争的制高点。嘉峪关市与上海飞和集团及一汽凌源汽车制造有限公司组建的嘉峪关市一特汽车制造有限公司投资生产的多功能汽车整车成功下线，为嘉峪关市加快产业结构调整和酒钢传统产业转型升级，开启了新动能。

表1 近年来甘肃建投装备制造有限公司主要研发项目

涉及领域	产品名称	排名及市场影响力
起重机械	塔式起重机	全国排名第六
工程机械	GJR400旋挖钻	国内领先产品
隧道掘进机械	黄河一号	西北首台拥有自主知识产权的盾构机
风电设备	多功能智能化检修、检测平台和塔架外用升降机	国际领先水平
电气自动化	多功能立体固沙车	实用型及发明专利11项，国际领先水平
专用汽车	多用途特种作业车	填补国内空白

资料来源：甘肃省商务厅《甘肃商务专刊》。

2. 机电高新技术产品基地

外向型产业是开展对外经贸合作、提升对外开放水平的基础。为深入实施创新驱动战略，发挥科技创新在全面创新和产业转型升级中的支撑作用，2016年4月和9月，甘肃省分别下发了《兰白科技创新改革试验区发展规划（2015～2020年）》和《甘肃省"十三五"科技创新规划》。政府积极主动地为外贸出口企业提供服务，鼓励有条件的企业进行科技创新、扩大研发，提高产品市场竞争力，融入国家"一带一路"倡议，充分利用国内外平台创造效益。

2016年投产的长飞光纤光缆兰州公司是长飞光纤光缆股份公司投资创建的全资子公司。作为全球第一大光纤预制棒、光纤和光缆供应商及装备制造业的高科技优质企业，公司在全球行业内产品最全、满足国内需求最广、产业链最长。仅光缆项目，就取得国家专利139项。公司产业基地的产品已成为甘肃省外贸出口的龙头产品。具有类似规模的，还有中车兰州机车有限公司，它是我国西北地区唯一的机车检修、铁路起重机造修基地和通信铁塔等钢结构综合生产基地，是国内规模最大、品种最全的工矿机车制造基地，是国内最大的陆上风电塔架制造基地。基地产品已远销新加坡、赞比亚、澳大利亚、韩国、印度以及中国香港、中国台湾等16个国家和地区。仅2016年前六个月实现外贸进出口额1981万元，同比增长446%。

3. 特色农产品、食品与中药材产品基地

甘肃省以资源性产品和农产品等初级产品为主的进出口商品结构短期难以改变。因此，必须立足甘肃省农业大省的实际，发挥农产品出口带动农业发展、农民致富的作用，重视和培育一批具有甘肃省特色的农产品出口和加工基地，壮大一批具有出口加工能力的农产品龙头企业，发展一批内外贸融合、带动农产品出口的大型商品交易市场。农业部、商务部等4部门发布了《共同推进"一带一路"建设农业合作的愿景与行动》。抢抓政策机遇，研究支持农业企业在"一带一路"框架下，发展戈壁农业，把甘肃省打造成西北乃至中亚、西亚的"菜篮子"生产供应基地。鼓励省内中药材、马铃薯、林果、清真食品等优质特色农产品扩大出口，培育出口品牌；着力引进大型企业，提升对外开放度。

甘肃省河西地区的杂交玉米制种基地和蔬菜、瓜类、花卉对外制种基地成为全国之最。酒泉、张掖及武威三市拥有种子进出口贸易备案登记企业近两百家，蔬菜、瓜菜、花卉等对外制种及繁育种量达到1000多万公斤，种子出口量占全国的 75% 以上。河西地区不断加快推进国家玉米制种外贸基地建设项目，成为全国最大的玉米制种基地，基地面积超过 150 万亩，年产种 6 亿公斤以上，种子生产向优势区域集中，专业化规模化种子生产基地基本形成。基地良好的环境，吸引了国内外大批知名种业企业落户建立生产基地或加工中心，目前已建成各类大型种子加工中心 140 多个，种子烘干线 180 多条，种子加工能力达到了 7 亿公斤以上。制种优势产业集群初步形成，综合生产能力和抗风险能力进一步增强，促进了甘肃省与全国及国际种子市场的接轨。眼下甘肃省正在抓紧扩大农产品出口数量、增加出口品种，深入推进外贸出口基地建设，实现直接出口。不仅可以让更多的甘肃优质农产品走向东南亚市场，而且有利于转变农业发展模式，增加农民收益。①

国家质检总局日前公布 2017 年国家级出口食品农产品质量安全示范区名单，甘肃省 3 个示范区榜上有名，分别是武威市凉州区出口皇冠梨质量安全示范区、渭源县出口中药材质量安全示范区、礼县出口大黄质量安全示范区。至此，全省国家级出口食品农产品质量安全示范区增至 10 个，总数位列西北第二。创建出口食品农产品质量安全示范区能够有效提升甘肃省特色产品整体质量，树立品牌形象，壮大产业发展，促进特色产品扩大出口、增加效益。2017 年以来，甘肃检验检疫局将创建国家级出口食品农产品质量安全示范区作为促进特色产业发展、支持贫困地区精准扶贫的有力抓手，加大政策支持和技术指导力度，从标准化种植、疫情疫病检测控制、建立质量安全追溯体系等多方面开展全面指导，积极帮扶武威市凉州区、渭源县、礼县发展特色产业，提升特色食品农产品质量管理水平和产品竞争力，有力推动了全省国家级出口食品农产品质量安全示范区创建工作，有力提升了特色产业发展效益，带动了当地农民脱贫致富。

甘肃省注重发挥生态环境多样性，大力推进特色农产品基地建设。以中

---

① 《甘肃促进大宗农产品直接出口东南亚市场》，甘肃商务网，http://www.gsdofcom.gov.cn/channels/snyw/20155/14740028796.html。

药材特色产品为例，甘肃省是中草药种植大省，省委、省政府充分利用、合理布局，大力发展地域特色显明的中医药保健养生旅游基地，如平凉崆峒山道释文化养生、皇甫谧针灸保健养生、天水自然生态和温泉养生、陇南山水田园养生、定西道地中药材科考旅游等基地建设，并在旅游景区及周边规划建设了一批集中医康复医疗、养生保健、休闲旅游为一体的中医药养生保健旅游产业园、产业基地，形成了相对完整的中医药养生保健产业体系。据统计，目前甘肃已建成中医药养生保健产业园、产业基地共有22家。这些产业园、产业基地的建成营业，增强了其国内外知名度，拓宽了旅游发展的领域，增加了旅游收入。近年来，政府不断加大投入，积极发展、培育并促进跨境电子商务基地和集聚区发展。

（二）外贸转型升级示范基地建设概况

外贸转型升级基地是推进外贸转型升级的重要载体，为加强产业和贸易有机结合、进一步做好甘肃省转型升级基地培育工作，甘肃省商务厅于2016年2月下发了《关于做好甘肃省外贸转型升级基地有关工作的通知》，修订印发了新的《甘肃省外贸转型升级基地培育实施意见》，并按照新的意见要求，对现有28家省级外贸转型升级示范基地的产业链发展情况，包括上下游企业数量、相关产业生产规模等六个方面进行动态管理考核。这28个外贸转型升级示范基地（企业），产业集群化规模逐渐壮大，产业优势凸显，甘肃省首批省级外贸转型升级示范基地名单见表2。

甘肃省特色优势产品出口企业在"一带一路"倡议的支持下，大力开发拓展国际市场，依靠甘肃省在气候资源、地理位置、交通物流、农产品的质量产量品种等方面的优势，对外贸易呈上升趋势。目前，"全省初步形成了马铃薯、洋葱、中药材等众多区域性优势产业和产品，形成了4个农产品出口产业聚集带：西部的张掖、武威、酒泉以番茄酱、脱水蔬菜、制种葡萄为重点建设基地；南部以甘南、临夏、陇南为主，建设以中药材、牛羊肉为重点的出口基地；东部在天水、平凉、庆阳建设干果、苹果（汁）、活牛出口基地；中部以兰州、定西、白银为主，建设花卉、马铃薯深加工、食用菌出口基地"。① 甘肃制造业也正在依托传统的优势项目推进转型升级，特别是在航空装备、海洋工程装备、智能制造等重点领域扩大产业规模，促进产业结构向高端化迈进。

表2　甘肃省首批省级外贸转型升级示范基地名单

序号	外贸转型升级示范基地名称
1	兰州市非金属材料(碳素)外贸转型示范基地
2	兰州市(金川科技园)新材料外贸转型示范基地
3	兰州市亚盛国贸农产品外贸转型示范基地
4	兰州市杂粮杂豆产品外贸转型示范基地
5	兰州市毛精纺呢绒外贸转型示范基地
6	兰州市天然肠衣外贸转型示范基地
7	兰州市佛慈制药外贸转型示范基地
8	兰州市七里河区百合产业外贸转型示范基地
9	兰州市绒毛产品外贸转型示范基地
10	天水市苹果汁外贸转型示范基地
11	酒泉市种子生产外贸转型示范基地
12	酒泉市番茄标准化生产外贸转型基地
13	酒泉市脱水洋葱种植外贸转型基地
14	酒泉市瓜类蔬菜制种外贸转型基地
15	甘州区农产品外贸转型示范基地
16	酒泉市农产品外贸转型示范基地
17	民乐县银河农产品外贸转型示范基地
18	甘南州干酪素产业外贸转型示范基地
19	临夏州干酪素清真食品外贸转型示范基地
20	临夏州蚕豆种植外贸转型示范基地
21	和政县清真食品外贸转型示范基地
22	庆阳市苹果汁外贸转型示范基地
23	正宁县奥神洲苹果产业外贸转型示范基地
24	高台县番茄酱外贸转型示范基地

资料来源：甘肃省商务厅，《甘肃商务专刊》。

---

① 张希君、展晓玲：《"一带一路"背景下甘肃农产品向西出口问题及对策》，《发展》2017年第2期。

三 甘肃省外贸基地建设存在的问题

甘肃省认真落实国家"一带一路"重大战略布局，发挥通道优势，加大交流合作的力度，全力打造向西开放的"新高地"，推动全省对外开放不断深入。但是甘肃省对外贸易规模小，产业结构较单一，外贸结构亟待优化升级。外贸基地建设相对滞后，外贸基地品牌质量、档次、附加值较低等问题成为甘肃省开放型经济发展的"短板"。

（一）外贸基地数量少、规模小

自 2011 年以来，商务部连续开展了国家级外贸转型升级专业型示范基地的认定工作，其中第一批 59 个；第二批 58 个；第三批 62 个，共 179 个。甘肃省获得认定的项目只有两项，分别在第二批和第三批中，占全国国家级外贸转型升级专业型示范基地总数的 1.1%，占西部五省区国家级外贸转型升级专业型示范基地总数的 11.7%（见表 3）。截至 2016 年末，甘肃省认定省级外贸转型升级示范基地仅 28 个。另外，甘肃省外贸基地中小企业较多，缺乏龙头企业支撑。

表 3　国家级外贸转型升级专业型示范基地名单

第一批		第二批		第三批	
序号	基地名称	序号	基地名称	序号	基地名称
1	北京市经济技术开发区生物医药基地	1	天津市静海县五金制品基地	1	天津市北辰区中药和保健品基地
2	北京市朝阳区服装产业基地	2	河北省清河县羊绒基地	2	河北省故城县裘皮基地
3	天津市经济技术开发区中西药基地	3	河北省高阳县毛巾制品基地	3	河北省枣强县大营裘皮基地
4	天津市宝坻区乐器基地	4	河北省安平县五金制品基地	4	山西省忻州市五金制品基地
5	天津市武清区地毯基地	5	河北省安国市中药和保健品基地	5	内蒙古自治区巴彦淖尔市籽仁基地

第一批		第二批		第三批	
序号	基地名称	序号	基地名称	序号	基地名称
6	河北省唐山市卫生陶瓷基地	6	山西省太原市不锈钢基地	6	辽宁省东港市水产品基地
7	河北省辛集市皮革及制品基地	7	内蒙古自治区鄂尔多斯市羊绒及制品基地	7	大连市庄河水产品基地
8	山西省祁县玻璃器皿基地	8	辽宁省鞍山市精特钢产品基地	8	吉林省白城市杂豆基地
9	山西省太原经济技术开发区铝镁合金基地	9	大连市普兰店市男装基地	9	吉林省白山市长白山人参基地
10	内蒙古自治区通辽市肉牛基地	10	吉林省长春市经济技术开发区氨基酸基地	10	黑龙江省哈尔滨利民经济技术开发区西药基地
11	内蒙古自治区巴彦淖尔市番茄基地	11	黑龙江省牡丹江市木制品基地	11	黑龙江省牡丹江市蔬菜基地
12	辽宁省沈阳市辉山农业科技园区畜禽肉基地	12	江苏省邳州市大蒜基地	12	上海市新浦江轻工产品基地
13	大连市瓦房店市肉鸡基地	13	江苏省扬州市广陵区护理用品基地	13	江苏省海门市家用纺织品基地
14	吉林省敦化市木制品基地	14	江苏省常熟市休闲装基地	14	江苏省邳州市地坪地材基地
15	黑龙江省北大荒绿色食品基地	15	江苏省南通市通州区床上用品基地	15	江苏省常州市武进区医疗器械基地
16	上海市大虹桥服装服饰基地	16	浙江省桐乡市玻璃纤维基地	16	江苏省常熟市有机氟材料基地
17	江苏省吴江市面料基地	17	浙江省嵊州市领带制品基地	17	江苏省昆山市玩具基地
18	江苏省常州市武进区强化木地板基地	18	浙江省安吉县家具基地	18	浙江省杭州市余杭区家纺基地
19	江苏省江阴市服装基地	19	浙江省永康市餐厨用品基地	19	浙江省临海市户外休闲用品基地
20	浙江省温州市鞋类基地	20	宁波市鄞州区五金制品基地	20	浙江省绍兴市化纤面料基地
21	浙江省舟山市水海产品基地	21	宁波市象山县休闲装基地	21	浙江省海宁市经编纺织品基地
22	浙江省杭州市萧山区化纤纺织基地	22	宁波市奉化男装基地	22	浙江省温州市瓯海区眼镜基地

续表

第一批		第二批		第三批	
序号	基地名称	序号	基地名称	序号	基地名称
23	宁波市宁海县文具基地	23	宁波市北仑区文具基地	23	浙江省平湖市箱包基地
24	宁波市鄞州区服装基地	24	安徽省霍邱县柳编制品基地	24	宁波市鄞州区餐厨用品基地
25	安徽省亳州市中药基地	25	福建省福州市仓山区钟表基地	25	宁波市北仑区休闲装基地
26	福建省莆田市鞋类基地	26	福建省建瓯市竹制品基地	26	安徽省太和县发制品基地
27	福建省德化县陶瓷基地	27	福建省漳州市龙文区钟表基地	27	安徽省六安市羽绒基地
28	厦门市湖里区节能灯具基地	28	福建省南安市石材基地	28	福建省东山县水产品基地
29	厦门市翔安区食用菌基地	29	厦门市集美区水暖卫浴基地	29	福建省南安市水暖卫浴基地
30	江西省上饶市茶叶基地	30	厦门市思明区保健康复器具基地	30	福建省晋江市男装基地
31	山东省威海市水海产品基地	31	江西省鹰潭市眼镜基地	31	福建省晋江市鞋类基地
32	山东省菏泽市木草柳产品基地	32	山东省诸城市禽肉产品基地	32	福建省晋江市伞具基地
33	山东省滨州市家用纺织品和面料基地	33	山东省淄博高新技术产业开发区玻璃制品基地	33	厦门市湖里区有色金属材料基地
34	青岛市胶南市海藻制品基地	34	山东省文登市床上用品基地	34	江西省赣州市家具基地
35	青岛市即墨市服装基地	35	青岛市莱西市禽肉产品基地	35	江西省南昌市针织服装基地
36	河南省许昌市发制品基地	36	河南省濮阳市专用化工品基地	36	山东省金乡县大蒜基地
37	湖北省潜江市水海产品基地	37	湖北省黄石市服装基地	37	山东省高密市毛巾制品基地
38	湖北省随州市食用菌基地	38	湖南省邵阳市发制品基地	38	山东省鄄城县发制品基地
39	湖南省长沙市茶叶基地	39	广东省东莞市大朗镇毛衫基地	39	青岛市崂山区五金制品基地
40	湖南省醴陵市陶瓷基地	40	广东省汕头市澄海区玩具基地	40	河南省濮阳市羽绒服装及制品基地

第一批		第二批		第三批	
序号	基地名称	序号	基地名称	序号	基地名称
41	湖南省湘潭市生猪及猪肉制品基地	41	广东省广州市花都区狮岭箱包基地	41	湖北省黄石市黑色金属材料基地
42	广东省潮州市陶瓷基地	42	广东省阳江市餐厨用品基地	42	湖南省长沙市麻纺制品基地
43	广东省佛山市建筑陶瓷基地	43	深圳市罗湖区珠宝首饰基地	43	湖南省株洲市有色金属材料基地
44	广东省湛江市水海产品基地	44	广西壮族自治区北流市日用陶瓷基地	44	广东省广州市增城牛仔服装基地
45	深圳市南山区医疗器械基地	45	广西壮族自治区荔浦县衣架基地	45	广东省广州市番禺区珠宝首饰基地
46	深圳市光明新区钟表基地	46	海南省琼海市调味品基地	46	广东省中山市古镇灯饰基地
47	广西壮族自治区北海市水海产品基地	47	重庆市大渡口区玻璃纤维基地	47	广东省佛山市南海区金属型材基地
48	海南省海口市水海产品基地	48	四川省什邡市饲料添加剂基地	48	广东省开平市水口水暖卫浴基地
49	重庆市荣昌县苎麻基地	49	四川省成都市武侯区女鞋基地	49	深圳市龙华新区大浪女装基地
50	四川省攀枝花市钒钛产业基地	50	贵州省贵阳市非金属材料基地	50	广西壮族自治区梧州市松香基地
51	贵州省福泉市磷化工基地	51	云南省昆明市花卉产业基地	51	四川省南充市丝绸及制品基地
52	云南省红河州锡制品基地	52	西藏自治区日喀则市高原特色农产品基地	52	重庆市九龙坡区有色金属材料基地
53	云南省玉溪市蔬菜基地	53	陕西省渭南市有色金属钼产业基地	53	重庆市长寿区西药基地
54	陕西省渭南市苹果基地	54	甘肃省天水市苹果产业基地	54	贵州省遵义市白酒基地
55	宁夏回族自治区中宁县枸杞基地	55	宁夏回族自治区银川市羊绒制品基地	55	云南省昆明市蔬菜基地
56	青海省南川工业园区藏毯基地	56	青海省海西州柴达木绿色食品保健品基地	56	陕西省咸阳市棉纺面料基地
57	新疆维吾尔自治区昌吉市番茄基地	57	新疆维吾尔自治区巴音郭楞州林果产业基地	57	甘肃省河西地区种子基地

第一批		第二批		第三批	
序号	基地名称	序号	基地名称	序号	基地名称
58	新疆生产建设兵团农六师番茄基地	58	新疆生产建设兵团农五师果蔬基地	58	西藏自治区拉萨市家用纺织品基地
59	新疆生产建设兵团农八师纱线面料基地			59	青海省西宁市穆斯林民族服饰及用品基地
				60	宁夏回族自治区石嘴山市专业化工品基地
				61	新疆维吾尔自治区乌鲁木齐市功能聚合物及复合材料基地
				62	新疆生产建设兵团第九师蔬菜基地

资料来源：中华人民共和国商务部，http：//www.mofcom.gov.cn/。

（二）外贸基地品牌单一、附加值不高，产品缺乏竞争力

甘肃省外贸出口以劳动密集型产业为主，出口产品专业化程度偏低。虽然甘肃省认定的 28 个省级外贸转型升级示范基地范围侧重甘肃省农轻纺、中医药、生物医药、清真食品、新型材料和机械电子等特色优势产业，但农轻纺类、中医药类等初级加工产品所占份额较多，价格较低，科技含量不高，深度开发不够，很难形成外贸竞争优势。例如，2012 年甘肃省首批认证了 24 家省级外贸转型升级示范基地。在这些外贸基地中，农轻纺、中医药类占据了多数席位，高附加值的外贸基地数量有限，产品缺乏竞争力。

（三）外贸基地公共服务平台建设不完善

外贸基地公共服务平台在对外贸易中发挥着重要的作用。平台既可以向外贸企业传达政府的决策，又可以根据外贸企业的经营和落实情况，为政府决策提供辅助。与全国其他先进省比较，甘肃省的外贸基地公共服务平台建

设较为滞后，公共服务技术和手段不完善，缺乏配套保障。目前，甘肃省的外贸基地公共服务平台主要依靠省内高校和相关科研院所与基地内的骨干企业、龙头企业合作建立。平台为甘肃省外贸基地建设提供的服务不可替代，同时也存在一些突出问题。第一，服务内容较为单一。由于甘肃省外贸基地产业较为单一，相对应搭建的公共服务平台也主要集中在农轻纺类产品的生产和加工环节，对其他产业服务力度不够，内容不全面。第二，服务对象集中。甘肃省外贸基地公共服务平台，其服务的主要对象是拥有优势产品的大型企业、国有企业和龙头企业，基地内中小企业和民营企业参与服务较少。第三，服务受益面窄。基地服务平台在信息、技术、管理等方面政府扶持和引导力度不够，外贸企业生产、流通环节相关服务水平低，信息不能共享，导致了配套服务不到位，信息滞后，信息权威程度不高，没有发挥应有的作用。

（四）政府扶持力度不够，资金不足

外贸基地的创建、技术研发平台的建设，需要大量资金投入。由于甘肃省财政能力有限，外贸基地自主创新能力不强，外贸产品处于产业链中低端，新兴产业培育发展不足，外贸基地建设配套扶持资金少，从一定程度上影响了外贸基地建设的进度。此外，甘肃省的外贸基地尚未形成吸收政府、行业内企业以及社会资金投入的多元化筹措体系，很难多方面筹措资金。甘肃省外贸基地的建设工作主要是由各地方商务部门负责，由于没有相应的工作经费支持和人员配备，相关工作难以深入，作用发挥受限，在一定程度上也影响了外贸出口基地建设步伐。

四 加快甘肃省外贸基地建设的对策建议

（一）完善外贸基地产业链，促进产业转型升级

产业转型升级体现为企业竞争力的提升，产业间的转型则是在原来的产

业内，从比较传统的领域跨越到一个新领域。进一步完善壮大推进出口基地产业链建设，才能提升出口产品竞争力。围绕龙头企业的优势产品，促进产业链上下游延伸和配套。同时，积极推动基地内企业组织结构的调整，鼓励行业龙头企业提高专业化协作水平，拓展市场；鼓励和支持大企业与中小企业建立协作关系，在原材料供应、生产及销售等方面加强合作；构建完善的出口供应链；扶持量大面广的中小企业，鼓励上下游企业共同开展参与研发、生产；鼓励基地企业组建自律组织，打造区域品牌，加快推进外贸发展方式转变。

（二）强化科技创新，提升外贸基地企业竞争力

必须提升企业在产品制造环节的创新能力，让企业在品牌、技术、质量、服务等方面取得出口竞争的新核心优势，才能实现外贸出口水平的提升。企业的创新重点在于产品品牌创新，要想让企业自身在外贸竞争中具有实力，就得以开发具有地域特色的产品为抓手，打造属于自己的独立品牌，大力宣传扩大企业产品的知名度，并且要使企业在产品研发方面具有核心竞争力，增强营销能力，才能不断扩大产品的市场占有率。另外，企业创新既要体现在产品生产环节，也要体现在营销渠道和出口市场的选择环节。企业产业链的创新整合对于企业的持续发展至关重要，要积极加以引导。发现和培育新的增长点和突破口是加快产业链延伸和发展过程中的一项重要任务，配套企业可以由发展区域内的原材料、零配件生产企业发展而来。

（三）做大做强国家级产业基地，打造特色产品生产出口基地

继续打造国家级和省级外贸转型升级、科技兴贸创新基地和民族特需用品基地，充分利用国家给予的对外经济贸易支持政策，促进装备制造、机电高新、特色农牧农副产品和清真食品、民族用品等优势产品出口，以点带面，形成出口产业集群化。以鲜苹果、苹果汁、番茄酱等特色农产品出口基地为扶植重点，同时加快集成电路、轴承、石油钻采炼化设备、风光电新能源设备等科技兴贸创新出口基地方面的培育力度，力争使国家级出口基地在

2020 年达到 5 个，并且各类型出口基地的年出口额占到全省出口总值的一半以上。

（四）加大外贸基地公共服务平台建设，推动外贸转型发展

外贸公共服务平台是出口基地建设的核心载体。以政府牵头、加快外贸综合服务平台的建设。要充分发挥企业、行业协会、政府在公共服务平台建设方面的不同作用，推动公共服务平台多元化，全方位、多元化建设外贸基地公共服务平台。对于一些龙头骨干企业加大投入建设外贸公共服务平台的做法要大力支持。鼓励各行各业的协会组织利用自身优势，为基地内企业在国际营销、公共交易、公共展示、公共信息、公共培训等方面提供协调和服务。要大力支持企业参加广交会、东盟博览会、亚欧博览会等国内重点展会，以基地为核心，建立专业的线上线下商品交易市场，帮助企业扩大交易渠道；要对基地进行整体的推广和宣传。借鉴外省基地建设中好的经验和做法，扩大本省基地的影响，在重点展会上帮助基地企业搭建公共展示平台；邀请国内外知名专家学者对基地企业相关人员进行培训，为甘肃省基地建设提供智力方面的支持。

（五）加大政策、资金扶持，强化引导服务

进一步发挥各级政府的引导作用，汇总国家的方针政策、政策法规、基地动态、统计数据、服务平台、重点企业，方便基地企业进行信息查询。制定发展规划，出台扶持政策，制定相关工作方案和举措，定期对各出口基地的实施情况进行监督、检查和指导，并对基地发展情况进行年度考评，优化相应管理办法以推进外贸出口基地转型发展。在资金投入方面加大力度，统筹整合政府部门资源，将商务、发改、科技、质检、金融等形成资金合力。多层次、多渠道筹集资金，大力吸纳社会资本投入。加快建立包括外贸、海关、科技、产业管理、产品监督、知识产权、税务、工商等多部门参加的跨部门协调机制，协调推进外贸转型示范基地的建设。

招商引资篇

Investment Invitation Reports

B.10
甘肃招商引资状况分析报告

许尔君　袁凤香*

摘　要： 近年来，甘肃把招商引资作为经济工作的"生命线"，重点抓好项目的凝练、在建项目的进度、签约、落地、跟踪等关键环节，紧扣突出问题解决，关注国家宏观政策和产业发展导向，紧紧围绕重点项目的具体实施及推进情况，找准推进项目建设和招商引资的难点及制约因素，强化招商措施，创优服务环境，完善招商引资长效机制，不断提高招商引资工作的质量和效益，走出了一条符合省情实际、符合区域发展要求、行之有效的招商引资新路子。本文现结合本省实际，就甘肃招商引资发展状况做一些分析。

---

* 许尔君，甘肃省社会科学院研究员，主要从事中国当代政治、党建理论、马克思主义中国化、区域经济发展等研究；袁凤香，甘肃省社会科学院社会学所副研究员，主要从事文化与价值哲学研究。

关键词： 甘肃　招商引资　兰洽会

近年来，甘肃着眼发展大局，将招商引资工作作为各项工作的第一要事来抓，切实增强项目建设和招商引资的紧迫感和责任感，始终把招商引资作为经济工作的"生命线"，重点抓好项目的凝练、在建项目的进度、签约、落地、跟踪等关键环节，紧扣突出问题解决，关注国家宏观政策和产业发展导向，紧紧围绕重点项目的具体实施及推进情况，找准推进项目建设和招商引资的难点及制约因素，强化招商措施，创优服务环境，完善招商引资长效机制，不断提高招商引资工作的质量和效益，走出了一条符合省情实际、符合发展要求、行之有效的招商引资新路子。

一　甘肃招商引资总体概况

（一）做好科学规划，推动引资发展

一是结合省情实际，精心编制规划。为准确把握"十三五"时期招商引资面临的新局势和新变化，充分认识甘肃省招商引资面临的新形势和新机遇，牢牢抓住规划编制工作需解决的合理应对区域招商工作竞争压力、避免同质竞争彰显差异化优势、更好地发挥招商项目的引擎作用、精准对接目标投资者提高招投比例、统一招商工作方向推动产业转型升级、营造良好投资环境建立科学招商机制等方面的重点问题，立足当前、谋划长远；立足细化落实，做实专项规划，立足课题调研，做深前期研究，立足开展精准招商，大力引进世界500强，高度重视项目支撑，突出产业结构调整，合理确定规划指标，切实提高规划编制的针对性和科学性。2016年2月起，历时近一年时间，首次编制了甘肃招商引资五年规划。

二是拟定增长基数，拓展合作空间。2017年1月11日，印发《甘肃省"十三五"招商引资规划》，提出了"十三五"期间力争全省招商引资的到位资金能够年均增长 10% 以上。"十三五"期间甘肃省必须进一步优化招商引资结构，突出围绕培育壮大战略性新兴产业和改造提升传统优势产业来谋划招商项目，注重引进战略性新兴产业和现代服务业领域的龙头项目，着力建成一批技术水平极高、产业链条较长、转化能力很强、能够适应供给侧结构性调整和产业优化需求及符合国家环保要求和行业标准的重大项目，打造全省经济社会发展新的增长点。立足甘肃资源、能源和产业优势，主动融入"一带一路"建设，加强与中西亚等丝绸之路沿线国家的经贸合作，加大对发达国家的招商引资力度，不断拓展合作的新空间。

三是支持民族地区，促进产业招商。为使特有经济资源形成特色优势产业，《甘肃省"十三五"招商引资规划》强调谋划民族地区招商项目，推进草食畜牧业和牛羊肉、乳制品等特色农畜产品和药材产业发展。加强与中亚、中东欧及非洲等国家的经贸往来和文化交流，推动清真食品、民族用品"走出去"，重点加快清真牛羊肉加工、乳制品、调味品和休闲食品发展，以及砖雕制作、唐卡制作、民族服饰、手工地毯、保安腰刀、藏式家具等民族手工艺品产业化进程。借助中国临夏—马来西亚吉兰丹州—伊朗库姆市清真食品与民族用品展销会等展会平台，加强民族地区特色产业招商引资力度。大力实施产业链招商引资行动，发挥特色藏医药资源优势，结合创建国家中医药产业发展综合试验区，培育一批有自主创新能力和品牌效应的骨干企业。

四是紧抓项目招商，增强发展后劲。近年来，甘肃加快国际化进程，紧盯向西开放，积极适应经济新常态，不断增强招商引资压力感和紧迫感，立足甘肃资源、能源和产业优势，转变招商新思维，建立健全招商工作的机制，积极优化投资环境，不断创新招商工作方法，多管齐下、多路并进推进招商引资和项目建设工作，推动招商引资向纵深发展。特别是充分利用中央政策利好和紧抓"一带一路"实施带来的机遇，积极打造向西开放、中西部区域合作新平台，把招商引资抓项目作为推动经济持续健康发展的基本方法和根本出路，千方百计招大引强；坚持把效益放在第一位，提高项目签约率、资金到位率、开工投产率；建立供给侧结构性调整的体制机制和产业优化的需求，适应和引领经济发展的新常态，努力打造全省经济社会发展新的增长点和新的竞争优势，不断增强经济发展后劲，保持经济平稳健康发展。

（二）领导带头招商，主抓引资项目

一是主要领导走出去。为确保招商引资战略出实效、出成果，省市级领导率先垂范，有的放矢、精准发力，多次"走出去"开展以产业链为核心的招商活动。近年来，省市领导带队先后赴北京、上海、广州、河南、山西、南京、南昌以及韩国、马来西亚、新加坡、尼泊尔、哈萨克斯坦等地，开展招商引资工作。2017年4月7日，兰州市主要领导赴上海对接拜访彭碳科技有限公司、麦杰克金控有限公司。2017年4月18日，省政府在北京梅地亚中心主办"世界500强走进甘肃对接交流会"，省委主要领导出席会议并致辞。中国华润集团、杜邦集团、中国铝业集团、戴尔集团等30多家世界500强企业，100多家中国企业500强、中国民营企业500强等中外知名企业，15家外国驻华使馆和国（境）外机构，中国有色金属工业协会等20家部门和专业服务机构代表参加了会议。省里一些相关市州和行业主管部门联合，以长、珠三角经济发达地区和500强企业为远景目标，围绕延伸石油化工产业链条和有色金属产业链条等内容，登门拜访亨通集团、广药集团、白云电气、广晟集团、中金岭南等重点企业，达成了一批合作意向。

二是把客商请进来。近年来，甘肃省开展一系列"点对点"招商引资活动，通过把外地大型企业、商家以"请进来"的方式，主动解决原本销路问题，不少客商在现场就进行洽谈合作，针对各自心仪的甘肃特色产品下订单。开展"粤商陇上行"和"陇商回家乡"活动，组织多批次的广东知名企业来甘肃考察投资及在外发展陇商"给力"家乡发展。2016年，甘肃省接待了中外运长航集团、富士康集团、中信环境投资集团、北京铂鑫控股、深圳浩方科技、华润集团、天一集团、多氟多集团、广晟集团、中金岭南、白云电气、广百集团等国内外知名企业代表500多人次来甘肃考察洽谈。2017年2月21日，新加坡国际企业发展局携丰树物流集团来兰州进行项目考察。2017年4月12日，世界500强之一的国药集团融资租赁有限公

司与天水市政府签订了大健康产业发展战略合作意向书。2017年4月12日，山西民营企业资产置换协会企业家赴白银考察，就资产置换项目、食品加工项目和易物园建设项目进行对接洽谈。2017年4月16日，马来西亚6家企业入驻兰州新区综合保税区签约仪式在马来西亚首都吉隆坡举行，双方共签署8项合作项目。2017年4月18日，万科中西部区域投资发展中心负责人来兰州考察，对项目拟定了合作方案。

三是筛选项目引商。近年来，为抢抓国家支持甘肃发展的政策机遇和产业转移的市场机遇，甘肃省各地各有关部门紧紧围绕"3341"项目工程建设，在建立招商引资重点项目库和客商库的同时，围绕装备制造业、石油化工、矿产及能源、冶金及建材、农业产业化、旅游产业、医药类、现代服务等重点领域，编印了切合工业发展实际、市场预期效益好、投资吸引力强的重点项目册（中英文）及项目目录。汇总编辑重点招商项目236个，投资总额约2466亿元，并为各类招商引资活动撰写了最新的省情概览和六大投资者互动平台推介材料，突出了甘肃重点投资领域和特色优势。2017年起，全省招商引资项目实行清单化管理，各市州按照签约项目的落地条件，编制年度招商引资落地项目计划，建立协调推进机制，确保项目落地实施。省政府重大项目建设管理办公室从各市（州）和兰州新区确定并上报的招商引资落地项目中，筛选一批投资规模大、促进产业链补链、引领县域经济发展、特色优势产业、现代农业、现代服务业的项目纳入全省招商引资重点落地项目计划，视同省列重大项目由省上重点督促推进。

四是签约显其成效。近年来，甘肃签约的项目符合经济新常态的发展趋势和要求，定位准确、潜力巨大，建成后既能加快推进市县域经济发展，又能有效助推全省产业结构调整优化。有关部门数据显示，2016年甘肃省共执行了（包括新建项目、续建项目）省外、境外招商引资合作项目6629个，累计省外到位资金7939.83亿元。2017年1~7月，甘肃省共执行（包括新建项目、续建项目）省外、境外招商引资合作项目4494个，累计省外到位资金3664.51亿元（见表1）。

表1　甘肃签约项目数及到位资金情况

单位：个，亿元

项目	招商引资项目	累计到位资金
2016 年	6629	7939.83
2017 年 1～7 月	4494	3664.51

特别是以兰洽会为平台，各市州和有关部门签订了一大批招商引资合同项目。2017 年的第 23 届兰洽会，展览商品展销总成交额 11.48 亿元，其中：订货 8.82 亿元，现货销售 2.66 亿元（见表 2）。

表2　第23届兰洽会展览商品展销总成交额、订货及现货销售情况

单位：亿元

项目	展览商品展销总成交额	订货	现货销售
第 23 届兰洽会	11.48	8.82	2.66

（三）利用重大活动，精心组织招商

一是制定措施要求。为进一步扩大开放，招大引强，加快全省经济社会发展，甘肃省兰洽会重点围绕国家"一带一路"建设实施和向西开放战略推进，立足西部区域位置，产业结构调整优化，甘肃区位综合资源优势和战略性新兴产业发展全面提速，以"开放、开发、合作、发展"为宗旨，以"共建一带一路，推进互利共赢"为主题，努力将兰洽会打造成为促进和融入"一带一路"沿线国家经贸交流服务的重要平台、我国向西开放的重要窗口、丝绸之路经济带的重要支点、中西部区域彼此合作与"一带一路"建设及新型全球关系目标的重要载体，并把兰洽会总体定位为"引高、引强、引新、引导"，即引进项目需具备较高技术含量、强大新兴产业集群、创新科技主导产业、引领未来的发展，同时也是世界企业 500 强、中国企业 500 强、行业企业 500 强、民营企业 500 强。在项目征集上，突出兰州新区重大项目、突出工业重点项目、突出 500 强企业投资项目。在项目签约上，

每届兰洽会的签约项目须确保在年底前项目开工率达60%。

二是力争合同签约。项目始终是经济发展的重要载体和主要抓手，近年来，甘肃省以实施"13685"总体规划和"3341"项目工程为抓手，坚持把招商引资作为中心工作不动摇，优化招商力量，转变招商方式，用活招商资源，着力提升项目引进的质量和效益，力争项目合同签约。就近三届兰洽会而言，2015年举办的第21届兰洽会签约招商引资总额6973.18亿元；2016年举办的第22届兰洽会签约招商引资7607.59亿元；2017年举办的第23届兰洽会签约招商引资3129亿元（见表3）。

表3　2015～2017年兰洽会招商引资一览

单位：亿元

项目	第21届兰洽会	第22届兰洽会	第23届兰洽会
招商引资	6973.18	7607.59	3129

2017年1～7月，全省共实施省外、境外招商引资项目4494个，累计到位资金3364.51亿元（见表4）。除了大型综合招商活动外，各市县还利用各自的资源、产业和区位优势，全方位、大力度、宽领域地开展招商引资工作，努力促成项目签约落地。

表4　2017年1～7月甘肃省招商引资资金到位情况一览

序号	市州	项目数（个）	到位资金（亿元）	2016年同期到位资金（亿元）	同比增长率（%）
1	兰　州	840	1126.94	1250.74	-9.90
2	酒　泉	774	468.25	672.82	-30.0
3	庆　阳	203	346.21	451.24	-23.3
4	天　水	324	304.48	333.86	-8.8
5	武　威	421	269.06	443.85	-39.38
6	平　凉	422	235.11	351.49	-33.11
7	定　西	268	227.56	236.02	-3.6
8	张　掖	286	223.69	299.91	-25.4
9	白　银	306	139.79	248.55	-43.76
10	陇　南	278	117.53	188.65	-37.7

社长致辞

蓦然回首，皮书的专业化历程已经走过了二十年。20年来从一个出版社的学术产品名称到媒体热词再到智库成果研创及传播平台，皮书以专业化为主线，进行了系列化、市场化、品牌化、数字化、国际化、平台化的运作，实现了跨越式的发展。特别是在党的十八大以后，以习近平总书记为核心的党中央高度重视新型智库建设，皮书也迎来了长足的发展，总品种达到600余种，经过专业评审机制、淘汰机制遴选，目前，每年稳定出版近400个品种。"皮书"已经成为中国新型智库建设的抓手，成为国际国内社会各界快速、便捷地了解真实中国的最佳窗口。

20年孜孜以求，"皮书"始终将自己的研究视野与经济社会发展中的前沿热点问题紧密相连。600个研究领域，3万多位分布于800余个研究机构的专家学者参与了研创写作。皮书数据库中共收录了15万篇专业报告，50余万张数据图表，合计30亿字，每年报告下载量近80万次。皮书为中国学术与社会发展实践的结合提供了一个激荡智力、传播思想的入口，皮书作者们用学术的话语、客观翔实的数据谱写出了中国故事壮丽的篇章。

20年跬步千里，"皮书"始终将自己的发展与时代赋予的使命与责任紧紧相连。每年百余场新闻发布会，10万余次中外媒体报道，中、英、俄、日、韩等12个语种共同出版。皮书所具有的凝聚力正在形成一种无形的力量，吸引着社会各界关注中国的发展，参与中国的发展，它是我们向世界传递中国声音、总结中国经验、争取中国国际话语权最主要的平台。

皮书这一系列成就的取得，得益于中国改革开放的伟大时代，离不开来自中国社会科学院、新闻出版广电总局、全国哲学社会科学规划办公室等主管部门的大力支持和帮助，也离不开皮书研创者和出版者的共同努力。他们与皮书的故事创造了皮书的历史，他们对皮书的拳拳之心将继续谱写皮书的未来！

现在，"皮书"品牌已经进入了快速成长的青壮年时期。全方位进行规范化管理，树立中国的学术出版标准；不断提升皮书的内容质量和影响力，搭建起中国智库产品和智库建设的交流服务平台和国际传播平台；发布各类皮书指数，并使之成为中国指数，让中国智库的声音响彻世界舞台，为人类的发展做出中国的贡献——这是皮书未来发展的图景。作为"皮书"这个概念的提出者，"皮书"从一般图书到系列图书和品牌图书，最终成为智库研究和社会科学应用对策研究的知识服务和成果推广平台这整个过程的操盘者，我相信，这也是每一位皮书人执著追求的目标。

"当代中国正经历着我国历史上最为广泛而深刻的社会变革，也正在进行着人类历史上最为宏大而独特的实践创新。这种前无古人的伟大实践，必将给理论创造、学术繁荣提供强大动力和广阔空间。"

在这个需要思想而且一定能够产生思想的时代，皮书的研创出版一定能创造出新的更大的辉煌！

社会科学文献出版社社长

中国社会学会秘书长

2017年11月

社会科学文献出版社简介

社会科学文献出版社（以下简称"社科文献出版社"）成立于1985年，是直属于中国社会科学院的人文社会科学学术出版机构。成立至今，社科文献出版社始终依托中国社会科学院和国内外人文社会科学界丰厚的学术出版和专家学者资源，坚持"创社科经典，出传世文献"的出版理念、"权威、前沿、原创"的产品定位以及学术成果和智库成果出版的专业化、数字化、国际化、市场化的经营道路。

社科文献出版社是中国新闻出版业转型与文化体制改革的先行者。积极探索文化体制改革的先进方向和现代企业经营决策机制，社科文献出版社先后荣获"全国文化体制改革工作先进单位"、中国出版政府奖·先进出版单位奖，中国社会科学院先进集体、全国科普工作先进集体等荣誉称号。多人次荣获"第十届韬奋出版奖""全国新闻出版行业领军人才""数字出版先进人物""北京市新闻出版广电行业领军人才"等称号。

社科文献出版社是中国人文社会科学学术出版的大社名社，也是以皮书为代表的智库成果出版的专业强社。年出版图书2000余种，其中皮书400余种，出版新书字数5.5亿字，承印与发行中国社科院院属期刊72种，先后创立了皮书系列、列国志、中国史话、社科文献学术译库、社科文献学术文库、甲骨文书系等一大批既有学术影响又有市场价值的品牌，确立了在社会学、近代史、苏东问题研究等专业学科及领域出版的领先地位。图书多次荣获中国出版政府奖、"三个一百"原创图书出版工程、"五个'一'工程奖"、"大众喜爱的50种图书"等奖项，在中央国家机关"强素质·做表率"读书活动中，入选图书品种数位居各大出版社之首。

社科文献出版社是中国学术出版规范与标准的倡议者与制定者，代表全国50多家出版社发起实施学术著作出版规范的倡议，承担学术著作规范国家标准的起草工作，率先编撰完成《皮书手册》对皮书品牌进行规范化管理，并在此基础上推出中国版芝加哥手册 ——《社科文献出版社学术出版手册》。

社科文献出版社是中国数字出版的引领者，拥有皮书数据库、列国志数据库、"一带一路"数据库、减贫数据库、集刊数据库等4大产品线11个数据库产品，机构用户达1300余家，海外用户百余家，荣获"数字出版转型示范单位""新闻出版标准化先进单位""专业数字内容资源知识服务模式试点企业标准化示范单位"等称号。

社科文献出版社是中国学术出版走出去的践行者。社科文献出版社海外图书出版与学术合作业务遍及全球40余个国家和地区，并于2016年成立俄罗斯分社，累计输出图书500余种，涉及近20个语种，累计获得国家社科基金中华学术外译项目资助76种、"丝路书香工程"项目资助60种、中国图书对外推广计划项目资助71种以及经典中国国际出版工程资助28种，被五部委联合认定为"2015-2016年度国家文化出口重点企业"。

如今，社科文献出版社完全靠自身积累拥有固定资产3.6亿元，年收入3亿元，设置了七大出版分社、六大专业部门，成立了皮书研究院和博士后科研工作站，培养了一支近400人的高素质与高效率的编辑、出版、营销和国际推广队伍，为未来成为学术出版的大社、名社、强社，成为文化体制改革与文化企业转型发展的排头兵奠定了坚实的基础。

宏观经济类

经济蓝皮书

2018 年中国经济形势分析与预测

李平 / 主编　2017 年 12 月出版　定价：89.00 元

◆　本书为总理基金项目，由著名经济学家李扬领衔，联合中国社会科学院等数十家科研机构、国家部委和高等院校的专家共同撰写，系统分析了 2017 年的中国经济形势并预测 2018 年中国经济运行情况。

城市蓝皮书

中国城市发展报告 No.11

潘家华　单菁菁 / 主编　2018 年 9 月出版　估价：99.00 元

◆　本书是由中国社会科学院城市发展与环境研究中心编著的，多角度、全方位地立体展示了中国城市的发展状况，并对中国城市的未来发展提出了许多建议。该书有强烈的时代感，对中国城市发展实践有重要的参考价值。

人口与劳动绿皮书

中国人口与劳动问题报告 No.19

张车伟 / 主编　2018 年 10 月出版　估价：99.00 元

◆　本书为中国社会科学院人口与劳动经济研究所主编的年度报告，对当前中国人口与劳动形势做了比较全面和系统的深入讨论，为研究中国人口与劳动问题提供了一个专业性的视角。

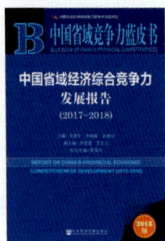

中国省域竞争力蓝皮书

中国省域经济综合竞争力发展报告（2017～2018）

李建平　李闽榕　高燕京/主编　2018年5月出版　估价：198.00元

◆　本书融多学科的理论为一体，深入追踪研究了省域经济发展与中国国家竞争力的内在关系，为提升中国省域经济综合竞争力提供有价值的决策依据。

金融蓝皮书

中国金融发展报告（2018）

王国刚/主编　2018年2月出版　估价：99.00元

◆　本书由中国社会科学院金融研究所组织编写，概括和分析了2017年中国金融发展和运行中的各方面情况，研讨和评论了2017年发生的主要金融事件，有利于读者了解掌握2017年中国的金融状况，把握2018年中国金融的走势。

区域经济类

京津冀蓝皮书

京津冀发展报告（2018）

祝合良　叶堂林　张贵祥/等著　2018年6月出版　估价：99.00元

◆　本书遵循问题导向与目标导向相结合、统计数据分析与大数据分析相结合、纵向分析和长期监测与结构分析和综合监测相结合等原则，对京津冀协同发展新形势与新进展进行测度与评价。

社 会 政 法 类

社会蓝皮书

2018年中国社会形势分析与预测

李培林　陈光金　张翼／主编　2017年12月出版　定价：89.00元

◆　本书由中国社会科学院社会学研究所组织研究机构专家、高校学者和政府研究人员撰写，聚焦当下社会热点，对2017年中国社会发展的各个方面内容进行了权威解读，同时对2018年社会形势发展趋势进行了预测。

法治蓝皮书

中国法治发展报告No.16（2018）

李林　田禾／主编　2018年3月出版　估价：118.00元

◆　本年度法治蓝皮书回顾总结了2017年度中国法治发展取得的成就和存在的不足，对中国政府、司法、检务透明度进行了跟踪调研，并对2018年中国法治发展形势进行了预测和展望。

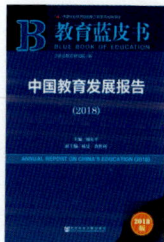

教育蓝皮书

中国教育发展报告（2018）

杨东平／主编　2018年4月出版　估价：99.00元

◆　本书重点关注了2017年教育领域的热点，资料翔实，分析有据，既有专题研究，又有实践案例，从多角度对2017年教育改革和实践进行了分析和研究。

社会体制蓝皮书

中国社会体制改革报告 No.6（2018）

龚维斌 / 主编　2018 年 3 月出版　估价：99.00 元

◆　本书由国家行政学院社会治理研究中心和北京师范大学中国社会管理研究院共同组织编写，主要对 2017 年社会体制改革情况进行回顾和总结，对 2018 年的改革走向进行分析，提出相关政策建议。

社会心态蓝皮书

中国社会心态研究报告（2018）

王俊秀　杨宜音 / 主编　2018 年 12 月出版　估价：99.00 元

◆　本书是中国社会科学院社会学研究所社会心理研究中心"社会心态蓝皮书课题组"的年度研究成果，运用社会心理学、社会学、经济学、传播学等多种学科的方法进行了调查和研究，对于目前中国社会心态状况有较广泛和深入的揭示。

华侨华人蓝皮书

华侨华人研究报告（2018）

贾益民 / 主编　2018 年 1 月出版　估价：139.00 元

◆　本书关注华侨华人生产与生活的方方面面。华侨华人是中国建设 21 世纪海上丝绸之路的重要中介者、推动者和参与者。本书旨在全面调研华侨华人，提供最新涉侨动态、理论研究成果和政策建议。

民族发展蓝皮书

中国民族发展报告（2018）

王延中 / 主编　2018 年 10 月出版　估价：188.00 元

◆　本书从民族学人类学视角，研究近年来少数民族和民族地区的发展情况，展示民族地区经济、政治、文化、社会和生态文明"五位一体"建设取得的辉煌成就和面临的困难挑战，为深刻理解中央民族工作会议精神、加快民族地区全面建成小康社会进程提供了实证材料。

产业经济类

房地产蓝皮书
中国房地产发展报告 No.15（2018）

李春华　王业强 / 主编　2018 年 5 月出版　估价：99.00 元

◆　2018 年《房地产蓝皮书》持续追踪中国房地产市场最新动态，深度剖析市场热点，展望 2018 年发展趋势，积极谋划应对策略。对 2017 年房地产市场的发展态势进行全面、综合的分析。

新能源汽车蓝皮书
中国新能源汽车产业发展报告（2018）

中国汽车技术研究中心　日产（中国）投资有限公司
东风汽车有限公司 / 编著　2018 年 8 月出版　估价：99.00 元

◆　本书对中国 2017 年新能源汽车产业发展进行了全面系统的分析，并介绍了国外的发展经验。有助于相关机构、行业和社会公众等了解中国新能源汽车产业发展的最新动态，为政府部门出台新能源汽车产业相关政策法规、企业制定相关战略规划，提供必要的借鉴和参考。

行业及其他类

旅游绿皮书
2017 ~ 2018 年中国旅游发展分析与预测

中国社会科学院旅游研究中心 / 编　2018 年 2 月出版　估价：99.00 元

◆　本书从政策、产业、市场、社会等多个角度勾画出 2017 年中国旅游发展全貌，剖析了其中的热点和核心问题，并就未来发展作出预测。

民营医院蓝皮书

中国民营医院发展报告（2018）

薛晓林 / 主编　2018 年 1 月出版　估价：99.00 元

◆　本书在梳理国家对社会办医的各种利好政策的前提下，对我国民营医疗发展现状、我国民营医院竞争力进行了分析，并结合我国医疗体制改革对民营医院的发展趋势、发展策略、战略规划等方面进行了预估。

会展蓝皮书

中外会展业动态评估研究报告（2018）

张敏 / 主编　　2018 年 12 月出版　估价：99.00 元

◆　本书回顾了2017年的会展业发展动态，结合"供给侧改革"、"互联网＋"、"绿色经济"的新形势分析了我国展会的行业现状，并介绍了国外的发展经验，有助于行业和社会了解最新的展会业动态。

中国上市公司蓝皮书

中国上市公司发展报告（2018）

张平　王宏淼 / 主编　　2018 年 9 月出版　　估价：99.00 元

◆　本书由中国社会科学院上市公司研究中心组织编写的，着力于全面、真实、客观反映当前中国上市公司财务状况和价值评估的综合性年度报告。本书详尽分析了 2017 年中国上市公司情况，特别是现实中暴露出的制度性、基础性问题，并对资本市场改革进行了探讨。

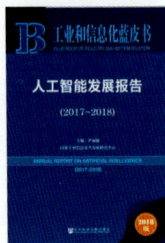

工业和信息化蓝皮书

人工智能发展报告（2017 ~ 2018）

尹丽波 / 主编　　2018 年 6 月出版　　估价：99.00 元

◆　本书国家工业信息安全发展研究中心在对 2017 年全球人工智能技术和产业进行全面跟踪研究基础上形成的研究报告。该报告内容翔实、视角独特，具有较强的产业发展前瞻性和预测性，可为相关主管部门、行业协会、企业等全面了解人工智能发展形势以及进行科学决策提供参考。

国际问题与全球治理类

世界经济黄皮书

2018年世界经济形势分析与预测

张宇燕／主编　2018年1月出版　估价：99.00元

◆　本书由中国社会科学院世界经济与政治研究所的研究团队撰写，分总论、国别与地区、专题、热点、世界经济统计与预测等五个部分，对2018年世界经济形势进行了分析。

国际城市蓝皮书

国际城市发展报告（2018）

屠启宇／主编　2018年2月出版　估价：99.00元

◆　本书作者以上海社会科学院从事国际城市研究的学者团队为核心，汇集同济大学、华东师范大学、复旦大学、上海交通大学、南京大学、浙江大学相关城市研究专业学者。立足动态跟踪介绍国际城市发展时间中，最新出现的重大战略、重大理念、重大项目、重大报告和最佳案例。

非洲黄皮书

非洲发展报告No.20（2017～2018）

张宏明／主编　2018年7月出版　估价：99.00元

◆　本书是由中国社会科学院西亚非洲研究所组织编撰的非洲形势年度报告，比较全面、系统地分析了2017年非洲政治形势和热点问题，探讨了非洲经济形势和市场走向，剖析了大国对非洲关系的新动向；此外，还介绍了国内非洲研究的新成果。

国别类

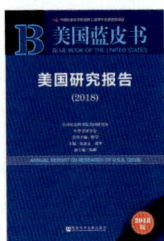

美国蓝皮书

美国研究报告（2018）

郑秉文 黄平 / 主编　2018 年 5 月出版　估价：99.00 元

◆　本书是由中国社会科学院美国研究所主持完成的研究成果，它回顾了美国 2017 年的经济、政治形势与外交战略，对美国内政外交发生的重大事件及重要政策进行了较为全面的回顾和梳理。

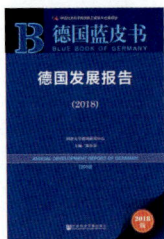

德国蓝皮书

德国发展报告（2018）

郑春荣 / 主编　2018 年 6 月出版　估价：99.00 元

◆　本报告由同济大学德国研究所组织编撰，由该领域的专家学者对德国的政治、经济、社会文化、外交等方面的形势发展情况，进行全面的阐述与分析。

俄罗斯黄皮书

俄罗斯发展报告（2018）

李永全 / 编著　2018 年 6 月出版　估价：99.00 元

◆　本书系统介绍了 2017 年俄罗斯经济政治情况，并对 2016 年该地区发生的焦点、热点问题进行了分析与回顾；在此基础上，对该地区 2018 年的发展前景进行了预测。

文化传媒类

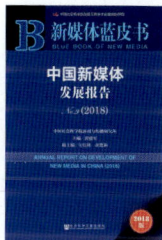

新媒体蓝皮书

中国新媒体发展报告 No.9（2018）

唐绪军／主编　2018 年 6 月出版　估价：99.00 元

◆　本书是由中国社会科学院新闻与传播研究所组织编写的关于新媒体发展的最新年度报告，旨在全面分析中国新媒体的发展现状，解读新媒体的发展趋势，探析新媒体的深刻影响。

移动互联网蓝皮书

中国移动互联网发展报告（2018）

余清楚／主编　　2018 年 6 月出版　估价：99.00 元

◆　本书着眼于对 2017 年度中国移动互联网的发展情况做深入解析，对未来发展趋势进行预测，力求从不同视角、不同层面全面剖析中国移动互联网发展的现状、年度突破及热点趋势等。

文化蓝皮书

中国文化消费需求景气评价报告（2018）

王亚南／主编　2018 年 2 月出版　估价：99.00 元

◆　本书首创全国文化发展量化检测评价体系，也是至今全国唯一的文化民生量化检测评价体系，对于检验全国及各地 " 以人民为中心 " 的文化发展具有首创意义。

地方发展类

北京蓝皮书

北京经济发展报告（2017～2018）

杨松/主编　2018年6月出版　估价：99.00元

◆ 本书对2017年北京市经济发展的整体形势进行了系统性的分析与回顾，并对2018年经济形势走势进行了预测与研判，聚焦北京市经济社会发展中的全局性、战略性和关键领域的重点问题，运用定量和定性分析相结合的方法，对北京市经济社会发展的现状、问题、成因进行了深入分析，提出了可操作性的对策建议。

温州蓝皮书

2018年温州经济社会形势分析与预测

蒋儒标　王春光　金浩/主编　2018年4月出版　估价：99.00元

◆ 本书是中共温州市委党校和中国社会科学院社会学研究所合作推出的第十一本温州蓝皮书，由来自党校、政府部门、科研机构、高校的专家、学者共同撰写的2017年温州区域发展形势的最新研究成果。

黑龙江蓝皮书

黑龙江社会发展报告（2018）

王爱丽/主编　2018年6月出版　估价：99.00元

◆ 本书以千份随机抽样问卷调查和专题研究为依据，运用社会学理论框架和分析方法，从专家和学者的独特视角，对2017年黑龙江省关系民生的问题进行广泛的调研与分析，并对2017年黑龙江省诸多社会热点和焦点问题进行了有益的探索。这些研究不仅可以为政府部门更加全面深入了解省情、科学制定决策提供智力支持，同时也可以为广大读者认识、了解、关注黑龙江社会发展提供理性思考。

宏观经济类

城市蓝皮书
中国城市发展报告（No.11）
著(编)者：潘家华 单菁菁
2018年9月出版 / 估价：99.00元
PSN B-2007-091-1/1

城乡一体化蓝皮书
中国城乡一体化发展报告（2018）
著(编)者：付崇兰
2018年9月出版 / 估价：99.00元
PSN B-2011-226-1/2

城镇化蓝皮书
中国新型城镇化健康发展报告（2018）
著(编)者：张占斌
2018年8月出版 / 估价：99.00元
PSN B-2014-396-1/1

创新蓝皮书
创新型国家建设报告（2018~2019）
著(编)者：詹正茂
2018年12月出版 / 估价：99.00元
PSN B-2009-140-1/1

低碳发展蓝皮书
中国低碳发展报告（2018）
著(编)者：张希良 齐晔
2018年6月出版 / 估价：99.00元
PSN B-2011-223-1/1

低碳经济蓝皮书
中国低碳经济发展报告（2018）
著(编)者：薛进军 赵忠秀
2018年11月出版 / 估价：99.00元
PSN B-2011-194-1/1

发展和改革蓝皮书
中国经济发展和体制改革报告No.9
著(编)者：邹东涛 王再文
2018年1月出版 / 估价：99.00元
PSN B-2008-122-1/1

国家创新蓝皮书
中国创新发展报告（2017）
著(编)者：陈劲　2018年3月出版 / 估价：99.00元
PSN B-2014-370-1/1

金融蓝皮书
中国金融发展报告（2018）
著(编)者：王国刚
2018年2月出版 / 估价：99.00元
PSN B-2004-031-1/7

经济蓝皮书
2018年中国经济形势分析与预测
著(编)者：李平　2017年12月出版 / 定价：89.00元
PSN B-1996-001-1/1

经济蓝皮书春季号
2018年中国经济前景分析
著(编)者：李扬　2018年5月出版 / 估价：99.00元
PSN B-1999-008-1/1

经济蓝皮书夏季号
中国经济增长报告（2017~2018）
著(编)者：李扬　2018年9月出版 / 估价：99.00元
PSN B-2010-176-1/1

经济信息绿皮书
中国与世界经济发展报告（2018）
著(编)者：杜平
2017年12月出版 / 估价：99.00元
PSN C-2003-023-1/1

农村绿皮书
中国农村经济形势分析与预测（2017~2018）
著(编)者：魏后凯 黄秉信
2018年4月出版 / 估价：99.00元
PSN G-1998-003-1/1

人口与劳动绿皮书
中国人口与劳动问题报告No.19
著(编)者：张车伟　2018年11月出版 / 估价：99.00元
PSN G-2000-012-1/1

新型城镇化蓝皮书
新型城镇化发展报告（2017）
著(编)者：李伟 宋敏 沈体雁
2018年3月出版 / 估价：99.00元
PSN B-2005-038-1/1

中国省域竞争力蓝皮书
中国省域经济综合竞争力发展报告（2016~2017）
著(编)者：李建平 李闽榕 高燕京
2018年2月出版 / 估价：198.00元
PSN B-2007-088-1/1

中小城市绿皮书
中国中小城市发展报告（2018）
著(编)者：中国城市经济学会中小城市经济发展委员会
中国城镇化促进会中小城市发展委员会
《中国中小城市发展报告》编纂委员会
中小城市发展战略研究院
2018年11月出版 / 估价：128.00元
PSN G-2010-161-1/1

区域经济类

东北蓝皮书
中国东北地区发展报告（2018）
著（编）者：姜晓秋　2018年11月出版 / 估价：99.00元
PSN B-2006-067-1/1

金融蓝皮书
中国金融中心发展报告（2017~2018）
著（编）者：王力 黄育华　2018年11月出版 / 估价：99.00元
PSN B-2011-186-6/7

京津冀蓝皮书
京津冀发展报告（2018）
著（编）者：祝合良 叶堂林 张贵祥
2018年6月出版 / 估价：99.00元
PSN B-2012-262-1/1

西北蓝皮书
中国西北发展报告（2018）
著（编）者：任宗哲 白宽犁 王建康
2018年4月出版 / 估价：99.00元
PSN B-2012-261-1/1

西部蓝皮书
中国西部发展报告（2018）
著（编）者：璋勇 任保平　2018年8月出版 / 估价：99.00元
PSN B-2005-039-1/1

长江经济带产业蓝皮书
长江经济带产业发展报告（2018）
著（编）者：吴传清　2018年11月出版 / 估价：128.00元
PSN B-2017-666-1/1

长江经济带蓝皮书
长江经济带发展报告（2017~2018）
著（编）者：王振　2018年11月出版 / 估价：99.00元
PSN B-2016-575-1/1

长江中游城市群蓝皮书
长江中游城市群新型城镇化与产业协同发展报告（2018）
著（编）者：杨刚强　2018年11月出版 / 估价：99.00元
PSN B-2016-578-1/1

长三角蓝皮书
2017年创新融合发展的长三角
著（编）者：刘飞跃　2018年3月出版 / 估价：99.00元
PSN B-2005-038-1/1

长株潭城市群蓝皮书
长株潭城市群发展报告（2017）
著（编）者：张萍 朱有志　2018年1月出版 / 估价：99.00元
PSN B-2008-109-1/1

中部竞争力蓝皮书
中国中部经济社会竞争力报告（2018）
著（编）者：教育部人文社会科学重点研究基地南昌大学中国
中部经济社会发展研究中心
2018年12月出版 / 估价：99.00元
PSN B-2012-276-1/1

中部蓝皮书
中国中部地区发展报告（2018）
著（编）者：宋亚平　2018年12月出版 / 估价：99.00元
PSN B-2007-089-1/1

区域蓝皮书
中国区域经济发展报告（2017~2018）
著（编）者：赵弘　2018年5月出版 / 估价：99.00元
PSN B-2004-034-1/1

中三角蓝皮书
长江中游城市群发展报告（2018）
著（编）者：秦尊文　2018年9月出版 / 估价：99.00元
PSN B-2014-417-1/1

中原蓝皮书
中原经济区发展报告（2018）
著（编）者：李英杰　2018年6月出版 / 估价：99.00元
PSN B-2011-192-1/1

珠三角流通蓝皮书
珠三角商圈发展研究报告（2018）
著（编）者：王先庆 林至颖　2018年7月出版 / 估价：99.00元
PSN B-2012-292-1/1

社会政法类

北京蓝皮书
中国社区发展报告（2017~2018）
著（编）者：于燕燕　2018年9月出版 / 估价：99.00元
PSN B-2007-083-5/8

殡葬绿皮书
中国殡葬事业发展报告（2017~2018）
著（编）者：李伯森　2018年4月出版 / 估价：158.00元
PSN G-2010-180-1/1

城市管理蓝皮书
中国城市管理报告（2017-2018）
著（编）者：刘林 刘承水　2018年5月出版 / 估价：158.00元
PSN B-2013-336-1/1

城市生活质量蓝皮书
中国城市生活质量报告（2017）
著（编）者：张连城 张平 杨春学 郎丽华
2018年2月出版 / 估价：99.00元
PSN B-2013-326-1/1

城市政府能力蓝皮书
中国城市政府公共服务能力评估报告（2018）
著(编)者：何艳玲　2018年4月出版 / 估价：99.00元
PSN B-2013-338-1/1

创业蓝皮书
中国创业发展研究报告（2017~2018）
著(编)者：黄群慧 赵卫星 钟宏武
2018年11月出版 / 估价：99.00元
PSN B-2016-577-1/1

慈善蓝皮书
中国慈善发展报告（2018）
著(编)者：杨团　2018年6月出版 / 估价：99.00元
PSN B-2009-142-1/1

党建蓝皮书
党的建设研究报告No.2（2018）
著(编)者：崔建民 陈东平　2018年1月出版 / 估价：99.00元
PSN B-2016-523-1/1

地方法治蓝皮书
中国地方法治发展报告No.3（2018）
著(编)者：李林 田禾　2018年3月出版 / 估价：118.00元
PSN B-2015-442-1/1

电子政务蓝皮书
中国电子政务发展报告（2018）
著(编)者：李季　2018年8月出版 / 估价：99.00元
PSN B-2003-022-1/1

法治蓝皮书
中国法治发展报告No.16（2018）
著(编)者：吕艳滨　2018年3月出版 / 估价：118.00元
PSN B-2004-027-1/3

法治蓝皮书
中国法院信息化发展报告No.2（2018）
著(编)者：李林 田禾　2018年2月出版 / 估价：108.00元
PSN B-2017-604-3/3

法治政府蓝皮书
中国法治政府发展报告（2018）
著(编)者：中国政法大学法治政府研究院
2018年4月出版 / 估价：99.00元
PSN B-2015-502-1/2

法治政府蓝皮书
中国法治政府评估报告（2018）
著(编)者：中国政法大学法治政府研究院
2018年9月出版 / 估价：168.00元
PSN B-2016-576-2/2

反腐倡廉蓝皮书
中国反腐倡廉建设报告No.8
著(编)者：张英伟　2018年12月出版 / 估价：99.00元
PSN B-2012-259-1/1

扶贫蓝皮书
中国扶贫开发报告（2018）
著(编)者：李培林 魏后凯　2018年12月出版 / 估价：128.00元
PSN B-2016-599-1/1

妇女发展蓝皮书
中国妇女发展报告No.6
著(编)者：王金玲　2018年9月出版 / 估价：158.00元
PSN B-2006-069-1/1

妇女教育蓝皮书
中国妇女教育发展报告No.3
著(编)者：张李玺　2018年10月出版 / 估价：99.00元
PSN B-2008-121-1/1

妇女绿皮书
2018年：中国性别平等与妇女发展报告
著(编)者：谭琳　2018年12月出版 / 估价：99.00元
PSN G-2006-073-1/1

公共安全蓝皮书
中国城市公共安全发展报告（2017~2018）
著(编)者：黄育华 杨文明 赵建辉
2018年6月出版 / 估价：99.00元
PSN B-2017-628-1/1

公共服务蓝皮书
中国城市基本公共服务力评价（2018）
著(编)者：钟君 刘志昌 吴正杲
2018年12月出版 / 估价：99.00元
PSN B-2011-214-1/1

公民科学素质蓝皮书
中国公民科学素质报告（2017~2018）
著(编)者：李群 陈雄 马宗文
2018年1月出版 / 估价：99.00元
PSN B-2014-379-1/1

公益蓝皮书
中国公益慈善发展报告（2016）
著(编)者：朱健刚 胡小军　2018年2月出版 / 估价：99.00元
PSN B-2012-283-1/1

国际人才蓝皮书
中国国际移民报告（2018）
著(编)者：王辉耀　2018年2月出版 / 估价：99.00元
PSN B-2012-304-3/4

国际人才蓝皮书
中国留学发展报告（2018）No.7
著(编)者：王辉耀 苗绿　2018年12月出版 / 估价：99.00元
PSN B-2012-244-2/4

海洋社会蓝皮书
中国海洋社会发展报告（2017）
著(编)者：崔凤 宋宁而　2018年3月出版 / 估价：99.00元
PSN B-2015-478-1/1

行政改革蓝皮书
中国行政体制改革报告No.7（2018）
著(编)者：魏礼群　2018年6月出版 / 估价：99.00元
PSN B-2011-231-1/1

华侨华人蓝皮书
华侨华人研究报告（2017）
著(编)者：贾益民　2018年1月出版 / 估价：139.00元
PSN B-2011-204-1/1

15

环境竞争力绿皮书
中国省域环境竞争力发展报告（2018）
著（编）者：李建平 李闽榕 王金南
2018年11月出版 / 估价：198.00元
PSN G-2010-165-1/1

环境绿皮书
中国环境发展报告（2017～2018）
著（编）者：李波　2018年4月出版 / 估价：99.00元
PSN G-2006-048-1/1

家庭蓝皮书
中国"创建幸福家庭活动"评估报告（2018）
著（编）者：国务院发展研究中心"创建幸福家庭活动评估"课题组
2018年12月出版 / 估价：99.00元
PSN B-2015-508-1/1

健康城市蓝皮书
中国健康城市建设研究报告（2018）
著（编）者：王鸿春 盛继洪　2018年12月出版 / 估价：99.00元
PSN B-2016-564-2/2

健康中国蓝皮书
社区首诊与健康中国分析报告（2018）
著（编）者：高和荣 杨叔禹 姜杰
2018年4月出版 / 估价：99.00元
PSN B-2017-611-1/1

教师蓝皮书
中国中小学教师发展报告（2017）
著（编）者：曾晓东 鱼霞　2018年6月出版 / 估价：99.00元
PSN B-2012-289-1/1

教育扶贫蓝皮书
中国教育扶贫报告（2018）
著（编）者：司树杰 王文静 李兴洲
2018年12月出版 / 估价：99.00元
PSN B-2016-590-1/1

教育蓝皮书
中国教育发展报告（2018）
著（编）者：杨东平　2018年4月出版 / 估价：99.00元
PSN B-2006-047-1/1

金融法治建设蓝皮书
中国金融法治建设年度报告（2015～2016）
著（编）者：朱小黄　2018年6月出版 / 估价：99.00元
PSN B-2017-633-1/1

京津冀教育蓝皮书
京津冀教育发展研究报告（2017～2018）
著（编）者：方中雄　2018年4月出版 / 估价：99.00元
PSN B-2017-608-1/1

就业蓝皮书
2018年中国本科生就业报告
著（编）者：麦可思研究院　2018年6月出版 / 估价：99.00元
PSN B-2009-146-1/2

就业蓝皮书
2018年中国高职高专生就业报告
著（编）者：麦可思研究院　2018年6月出版 / 估价：99.00元
PSN B-2015-472-2/2

科学教育蓝皮书
中国科学教育发展报告（2018）
著（编）者：王康友　2018年10月出版 / 估价：99.00元
PSN B-2015-487-1/1

劳动保障蓝皮书
中国劳动保障发展报告（2018）
著（编）者：刘燕斌　2018年9月出版 / 估价：158.00元
PSN B-2014-415-1/1

老龄蓝皮书
中国老年宜居环境发展报告（2017）
著（编）者：党俊武 周燕珉　2018年1月出版 / 估价：99.00元
PSN B-2013-320-1/1

连片特困区蓝皮书
中国连片特困区发展报告（2017～2018）
著（编）者：游俊 冷志明 丁建军
2018年4月出版 / 估价：99.00元
PSN B-2013-321-1/1

流动儿童蓝皮书
中国流动儿童教育发展报告（2017）
著（编）者：杨东平　2018年1月出版 / 估价：99.00元
PSN B-2017-600-1/1

民调蓝皮书
中国民生调查报告（2018）
著（编）者：谢耘耕　2018年12月出版 / 估价：99.00元
PSN B-2014-398-1/1

民族发展蓝皮书
中国民族发展报告（2018）
著（编）者：王延中　2018年10月出版 / 估价：188.00元
PSN B-2006-070-1/1

女性生活蓝皮书
中国女性生活状况报告No.12（2018）
著（编）者：韩湘景　2018年7月出版 / 估价：99.00元
PSN B-2006-071-1/1

汽车社会蓝皮书
中国汽车社会发展报告（2017～2018）
著（编）者：王俊秀　2018年1月出版 / 估价：99.00元
PSN B-2011-224-1/1

青年蓝皮书
中国青年发展报告（2018）No.3
著（编）者：廉思　2018年4月出版 / 估价：99.00元
PSN B-2013-333-1/1

青少年蓝皮书
中国未成年人互联网运用报告（2017～2018）
著（编）者：李为民 李文革 沈杰
2018年11月出版 / 估价：99.00元
PSN B-2010-156-1/1

人权蓝皮书
中国人权事业发展报告No.8（2018）
著（编）者：李君如　　2018年9月出版 / 估价：99.00元
PSN B-2011-215-1/1

社会保障绿皮书
中国社会保障发展报告No.9（2018）
著（编）者：王延中　　2018年1月出版 / 估价：99.00元
PSN G-2001-014-1/1

社会风险评估蓝皮书
风险评估与危机预警报告（2017~2018）
著（编）者：唐钧　　2018年8月出版 / 估价：99.00元
PSN B-2012-293-1/1

社会工作蓝皮书
中国社会工作发展报告（2016~2017）
著（编）者：民政部社会工作研究中心
2018年8月出版 / 估价：99.00元
PSN B-2009-141-1/1

社会管理蓝皮书
中国社会管理创新报告No.6
著（编）者：连玉明　　2018年11月出版 / 估价：99.00元
PSN B-2012-300-1/1

社会蓝皮书
2018年中国社会形势分析与预测
著（编）者：李培林 陈光金 张翼
2017年12月出版 / 定价：80.00元
PSN B-1998-002-1/1

社会体制蓝皮书
中国社会体制改革报告No.6（2018）
著（编）者：龚维斌　　2018年3月出版 / 估价：99.00元
PSN B-2013-330-1/1

社会心态蓝皮书
中国社会心态研究报告（2018）
著（编）者：王俊秀　　2018年12月出版 / 估价：99.00元
PSN B-2011-199-1/1

社会组织蓝皮书
中国社会组织报告（2017-2018）
著（编）者：黄晓勇　　2018年1月出版 / 估价：99.00元
PSN B-2008-118-1/2

社会组织蓝皮书
中国社会组织评估发展报告（2018）
著（编）者：徐家良　　2018年12月出版 / 估价：99.00元
PSN B-2013-366-2/2

生态城市绿皮书
中国生态城市建设发展报告（2018）
著（编）者：刘举科 孙伟平 胡文臻
2018年9月出版 / 估价：158.00元
PSN G-2012-269-1/1

生态文明绿皮书
中国省域生态文明建设评价报告（ECI 2018）
著（编）者：严耕　　2018年12月出版 / 估价：99.00元
PSN G-2010-170-1/1

退休生活蓝皮书
中国城市居民退休生活质量指数报告（2017）
著（编）者：杨一帆　　2018年5月出版 / 估价：99.00元
PSN B-2017-618-1/1

危机管理蓝皮书
中国危机管理报告（2018）
著（编）者：文学国 范正青
2018年8月出版 / 估价：99.00元
PSN B-2010-171-1/1

学会蓝皮书
2018年中国学会发展报告
著（编）者：麦可思研究院
2018年12月出版 / 估价：99.00元
PSN B-2016-597-1/1

医改蓝皮书
中国医药卫生体制改革报告（2017~2018）
著（编）者：文学国 房志武
2018年11月出版 / 估价：99.00元
PSN B-2014-432-1/1

应急管理蓝皮书
中国应急管理报告（2018）
著（编）者：宋英华　　2018年9月出版 / 估价：99.00元
PSN B-2016-562-1/1

政府绩效评估蓝皮书
中国地方政府绩效评估报告No.2
著（编）者：贠杰　　2018年12月出版 / 估价：99.00元
PSN B-2017-672-1/1

政治参与蓝皮书
中国政治参与报告（2018）
著（编）者：房宁　　2018年8月出版 / 估价：128.00元
PSN B-2011-200-1/1

政治文化蓝皮书
中国政治文化报告（2018）
著（编）者：邢元敏 魏大鹏 龚克
2018年8月出版 / 估价：128.00元
PSN B-2017-615-1/1

中国传统村落蓝皮书
中国传统村落保护现状报告（2018）
著（编）者：胡彬彬 李向军 王晓波
2018年12月出版 / 估价：99.00元
PSN B-2017-663-1/1

中国农村妇女发展蓝皮书
农村流动女性城市生活发展报告（2018）
著（编）者：谢丽华　　2018年12月出版 / 估价：99.00元
PSN B-2014-434-1/1

宗教蓝皮书
中国宗教报告（2017）
著（编）者：邱永辉　　2018年8月出版 / 估价：99.00元
PSN B-2008-117-1/1

产业经济类

保健蓝皮书
中国保健服务产业发展报告 No.2
著(编)者：中国保健协会　中共中央党校
2018年7月出版 / 估价：198.00元
PSN B-2012-272-3/3

保健蓝皮书
中国保健食品产业发展报告 No.2
著(编)者：中国保健协会
　　　　　中国社会科学院食品药品产业发展与监管研究中心
2018年8月出版 / 估价：198.00元
PSN B-2012-271-2/3

保健蓝皮书
中国保健用品产业发展报告 No.2
著(编)者：中国保健协会
　　　　　国务院国有资产监督管理委员会研究中心
2018年3月出版 / 估价：198.00元
PSN B-2012-270-1/3

保险蓝皮书
中国保险业竞争力报告（2018）
著(编)者：保监会　2018年12月出版 / 估价：99.00元
PSN B-2013-311-1/1

冰雪蓝皮书
中国冰上运动产业发展报告（2018）
著(编)者：孙承华 杨占武 刘戈 张鸿俊
2018年9月出版 / 估价：99.00元
PSN B-2017-648-3/3

冰雪蓝皮书
中国滑雪产业发展报告（2018）
著(编)者：孙承华 伍斌 魏庆华 张鸿俊
2018年9月出版 / 估价：99.00元
PSN B-2016-559-1/3

餐饮产业蓝皮书
中国餐饮产业发展报告（2018）
著(编)者：邢颖
2018年6月出版 / 估价：99.00元
PSN B-2009-151-1/1

茶业蓝皮书
中国茶产业发展报告（2018）
著(编)者：杨江帆 李闽榕
2018年10月出版 / 估价：99.00元
PSN B-2010-164-1/1

产业安全蓝皮书
中国文化产业安全报告（2018）
著(编)者：北京印刷学院文化产业安全研究院
2018年12月出版 / 估价：99.00元
PSN B-2014-378-12/14

产业安全蓝皮书
中国新媒体产业安全报告（2016~2017）
著(编)者：肖丽　2018年6月出版 / 估价：99.00元
PSN B-2015-500-14/14

产业安全蓝皮书
中国出版传媒产业安全报告（2017~2018）
著(编)者：北京印刷学院文化产业安全研究院
2018年3月出版 / 估价：99.00元
PSN B-2014-384-13/14

产业蓝皮书
中国产业竞争力报告（2018）No.8
著(编)者：张其仔　2018年12月出版 / 估价：168.00元
PSN B-2010-175-1/1

动力电池蓝皮书
中国新能源汽车动力电池产业发展报告（2018）
著(编)者：中国汽车技术研究中心
2018年8月出版 / 估价：99.00元
PSN B-2017-639-1/1

杜仲产业绿皮书
中国杜仲橡胶资源与产业发展报告（2017~2018）
著(编)者：杜红岩 胡文臻 俞锐
2018年1月出版 / 估价：99.00元
PSN G-2013-350-1/1

房地产蓝皮书
中国房地产发展报告No.15（2018）
著(编)者：李春华 王业强
2018年5月出版 / 估价：99.00元
PSN B-2004-028-1/1

服务外包蓝皮书
中国服务外包产业发展报告（2017~2018）
著(编)者：王晓红 刘德军
2018年6月出版 / 估价：99.00元
PSN B-2013-331-2/2

服务外包蓝皮书
中国服务外包竞争力报告（2017~2018）
著(编)者：刘春生 王力 黄育华
2018年12月出版 / 估价：99.00元
PSN B-2011-216-1/2

工业和信息化蓝皮书
世界信息技术产业发展报告（2017~2018）
著(编)者：尹丽波　2018年6月出版 / 估价：99.00元
PSN B-2015-449-2/6

工业和信息化蓝皮书
战略性新兴产业发展报告（2017~2018）
著(编)者：尹丽波　2018年6月出版 / 估价：99.00元
PSN B-2015-450-3/6

客车蓝皮书
中国客车产业发展报告（2017～2018）
著(编)者：姚蔚　2018年10月出版／估价：99.00元
PSN B-2013-361-1/1

流通蓝皮书
中国商业发展报告（2018～2019）
著(编)者：王雪峰 林诗慧
2018年7月出版／估价：99.00元
PSN B-2009-152-1/2

能源蓝皮书
中国能源发展报告（2018）
著(编)者：崔民选 王军生 陈义和
2018年12月出版／估价：99.00元
PSN B-2006-049-1/1

农产品流通蓝皮书
中国农产品流通产业发展报告（2017）
著(编)者：贾敬敦 张东科 张玉玺 张鹏毅 周伟
2018年1月出版／估价：99.00元
PSN B-2012-288-1/1

汽车工业蓝皮书
中国汽车工业发展年度报告（2018）
著(编)者：中国汽车工业协会
　　　　中国汽车技术研究中心
　　　　丰田汽车公司
2018年5月出版／估价：168.00元
PSN B-2015-463-1/2

汽车工业蓝皮书
中国汽车零部件产业发展报告（2017～2018）
著(编)者：中国汽车工业协会
　　　　中国汽车工程研究院深圳市沃特玛电池有限公司
2018年9月出版／估价：99.00元
PSN B-2016-515-2/2

汽车蓝皮书
中国汽车产业发展报告（2018）
著(编)者：中国汽车工程学会
　　　　大众汽车集团（中国）
2018年11月出版／估价：99.00元
PSN B-2008-124-1/1

世界茶业蓝皮书
世界茶业发展报告（2018）
著(编)者：李闽榕 冯廷佺
2018年5月出版／估价：168.00元
PSN B-2017-619-1/1

世界能源蓝皮书
世界能源发展报告（2018）
著(编)者：黄晓勇　2018年6月出版／估价：168.00元
PSN B-2013-349-1/1

体育蓝皮书
国家体育产业基地发展报告（2016～2017）
著(编)者：李颖川　2018年4月出版／估价：168.00元
PSN B-2017-609-5/5

体育蓝皮书
中国体育产业发展报告（2018）
著(编)者：阮伟 钟秉枢
2018年12月出版／估价：99.00元
PSN B-2010-179-1/5

文化金融蓝皮书
中国文化金融发展报告（2018）
著(编)者：杨涛 金巍
2018年5月出版／估价：99.00元
PSN B-2017-610-1/1

新能源汽车蓝皮书
中国新能源汽车产业发展报告（2018）
著(编)者：中国汽车技术研究中心
　　　　日产（中国）投资有限公司
　　　　东风汽车有限公司
2018年8月出版／估价：99.00元
PSN B-2013-347-1/1

薏仁米产业蓝皮书
中国薏仁米产业发展报告No.2（2018）
著(编)者：李发耀 石明 秦礼康
2018年8月出版／估价：99.00元
PSN B-2017-645-1/1

邮轮绿皮书
中国邮轮产业发展报告（2018）
著(编)者：汪泓　2018年10月出版／估价：99.00元
PSN G-2014-419-1/1

智能养老蓝皮书
中国智能养老产业发展报告（2018）
著(编)者：朱勇　2018年10月出版／估价：99.00元
PSN B-2015-488-1/1

中国节能汽车蓝皮书
中国节能汽车发展报告（2017～2018）
著(编)者：中国汽车工程研究院股份有限公司
2018年9月出版／估价：99.00元
PSN B-2016-565-1/1

中国陶瓷产业蓝皮书
中国陶瓷产业发展报告（2018）
著(编)者：左和平 黄速建
2018年10月出版／估价：99.00元
PSN B-2016-573-1/1

装备制造业蓝皮书
中国装备制造业发展报告（2018）
著(编)者：徐东华　2018年12月出版／估价：118.00元
PSN B-2015-505-1/1

行业及其他类

"三农"互联网金融蓝皮书
中国"三农"互联网金融发展报告（2018）
著（编）者：李勇坚 王弢
2018年8月出版 / 估价：99.00元
PSN B-2016-560-1/1

SUV蓝皮书
中国SUV市场发展报告（2017～2018）
著（编）者：靳军 2018年9月出版 / 估价：99.00元
PSN B-2016-571-1/1

冰雪蓝皮书
中国冬季奥运会发展报告（2018）
著（编）者：孙承华 伍斌 魏庆华 张鸿俊
2018年9月出版 / 估价：99.00元
PSN B-2017-647-2/3

彩票蓝皮书
中国彩票发展报告（2018）
著（编）者：益彩基金 2018年4月出版 / 估价：99.00元
PSN B-2015-462-1/1

测绘地理信息蓝皮书
测绘地理信息供给侧结构性改革研究报告（2018）
著（编）者：库热西·买合苏提
2018年12月出版 / 估价：168.00元
PSN B-2009-145-1/1

产权市场蓝皮书
中国产权市场发展报告（2017）
著（编）者：曹和平 2018年5月出版 / 估价：99.00元
PSN B-2009-147-1/1

城投蓝皮书
中国城投行业发展报告（2018）
著（编）者：华景斌
2018年11月出版 / 估价：300.00元
PSN B-2016-514-1/1

大数据蓝皮书
中国大数据发展报告（No.2）
著（编）者：连玉明 2018年5月出版 / 估价：99.00元
PSN B-2017-620-1/1

大数据应用蓝皮书
中国大数据应用发展报告No.2（2018）
著（编）者：陈军君 2018年8月出版 / 估价：99.00元
PSN B-2017-644-1/1

对外投资与风险蓝皮书
中国对外直接投资与国家风险报告（2018）
著（编）者：中债资信评估有限责任公司
　　　　　　中国社会科学院世界经济与政治研究所
2018年8月出版 / 估价：189.00元
PSN B-2017-606-1/1

工业和信息化蓝皮书
人工智能发展报告（2017～2018）
著（编）者：尹丽波 2018年6月出版 / 估价：99.00元
PSN B-2015-448-1/6

工业和信息化蓝皮书
世界智慧城市发展报告（2017～2018）
著（编）者：尹丽波 2018年6月出版 / 估价：99.00元
PSN B-2017-624-6/6

工业和信息化蓝皮书
世界网络安全发展报告（2017～2018）
著（编）者：尹丽波 2018年6月出版 / 估价：99.00元
PSN B-2015-452-5/6

工业和信息化蓝皮书
世界信息化发展报告（2017～2018）
著（编）者：尹丽波 2018年6月出版 / 估价：99.00元
PSN B-2015-451-4/6

工业设计蓝皮书
中国工业设计发展报告（2018）
著（编）者：王晓红 于炜 张立群 2018年9月出版 / 估价：168.00元
PSN B-2014-420-1/1

公共关系蓝皮书
中国公共关系发展报告（2018）
著（编）者：柳斌杰 2018年11月出版 / 估价：99.00元
PSN B-2016-579-1/1

管理蓝皮书
中国管理发展报告（2018）
著（编）者：张晓东 2018年10月出版 / 估价：99.00元
PSN B-2014-416-1/1

海关发展蓝皮书
中国海关发展前沿报告（2018）
著（编）者：干春晖 2018年6月出版 / 估价：99.00元
PSN B-2017-616-1/1

互联网医疗蓝皮书
中国互联网健康医疗发展报告（2018）
著（编）者：芮晓武 2018年6月出版 / 估价：99.00元
PSN B-2016-567-1/1

黄金市场蓝皮书
中国商业银行黄金业务发展报告（2017～2018）
著（编）者：平安银行 2018年3月出版 / 估价：99.00元
PSN B-2016-524-1/1

会展蓝皮书
中外会展业动态评估研究报告（2018）
著（编）者：张敏 任中峰 聂鑫焱 牛盼强
2018年12月出版 / 估价：99.00元
PSN B-2013-327-1/1

基金会蓝皮书
中国基金会发展报告（2017～2018）
著（编）者：中国基金会发展报告课题组
2018年4月出版 / 估价：99.00元
PSN B-2013-368-1/1

基金会绿皮书
中国基金会发展独立研究报告（2018）
著（编）者：基金会中心网 中央民族大学基金会研究中心
2018年6月出版 / 估价：99.00元
PSN G-2011-213-1/1

基金会透明度蓝皮书
中国基金会透明度发展研究报告（2018）
著（编）者：基金会中心网
　　　　　清华大学廉政与治理研究中心
2018年9月出版 / 估价：99.00元
PSN B-2013-339-1/1

建筑装饰蓝皮书
中国建筑装饰行业发展报告（2018）
著（编）者：葛道顺 刘晓一
2018年10月出版 / 估价：198.00元
PSN B-2016-553-1/1

金融监管蓝皮书
中国金融监管报告（2018）
著（编）者：胡滨 2018年5月出版 / 估价：99.00元
PSN B-2012-281-1/1

金融蓝皮书
中国互联网金融行业分析与评估（2018～2019）
著（编）者：黄国平 伍旭川 2018年12月出版 / 估价：99.00元
PSN B-2016-585-7/7

金融科技蓝皮书
中国金融科技发展报告（2018）
著（编）者：李扬 孙国峰 2018年10月出版 / 估价：99.00元
PSN B-2014-374-1/1

金融信息服务蓝皮书
中国金融信息服务发展报告（2018）
著（编）者：李平 2018年5月出版 / 估价：99.00元
PSN B-2017-621-1/1

京津冀金融蓝皮书
京津冀金融发展报告（2018）
著（编）者：王爱俭 王璟怡 2018年10月出版 / 估价：99.00元
PSN B-2016-527-1/1

科普蓝皮书
国家科普能力发展报告（2018）
著（编）者：王康友 2018年5月出版 / 估价：138.00元
PSN B-2017-632-4/4

科普蓝皮书
中国基层科普发展报告（2017～2018）
著（编）者：赵立新 陈玲 2018年9月出版 / 估价：99.00元
PSN B-2016-568-3/4

科普蓝皮书
中国科普基础设施发展报告（2017～2018）
著（编）者：任福君 2018年6月出版 / 估价：99.00元
PSN B-2010-174-1/3

科普蓝皮书
中国科普人才发展报告（2017～2018）
著（编）者：郑念 任嵘嵘 2018年7月出版 / 估价：99.00元
PSN B-2016-512-2/4

科普能力蓝皮书
中国科普能力评价报告（2018～2019）
著（编）者：李富强 李群 2018年8月出版 / 估价：99.00元
PSN B-2016-555-1/1

临空经济蓝皮书
中国临空经济发展报告（2018）
著（编）者：连玉明 2018年9月出版 / 估价：99.00元
PSN B-2014-421-1/1

旅游安全蓝皮书
中国旅游安全报告（2018）
著（编）者：郑向敏 谢朝武 2018年5月出版 / 估价：158.00元
PSN B-2012-280-1/1

旅游绿皮书
2017～2018年中国旅游发展分析与预测
著（编）者：宋瑞 2018年2月出版 / 估价：99.00元
PSN G-2002-018-1/1

煤炭蓝皮书
中国煤炭工业发展报告（2018）
著（编）者：岳福斌 2018年12月出版 / 估价：99.00元
PSN B-2008-123-1/1

民营企业社会责任蓝皮书
中国民营企业社会责任报告（2018）
著（编）者：中华全国工商业联合会
2018年12月出版 / 估价：99.00元
PSN B-2015-510-1/1

民营医院蓝皮书
中国民营医院发展报告（2017）
著（编）者：薛晓林 2018年1月出版 / 估价：99.00元
PSN B-2012-299-1/1

闽商蓝皮书
闽商发展报告（2018）
著（编）者：李闽榕 王日根 林琛
2018年12月出版 / 估价：99.00元
PSN B-2012-298-1/1

农业应对气候变化蓝皮书
中国农业气象灾害及其灾损评估报告（No.3）
著（编）者：矫梅燕 2018年1月出版 / 估价：118.00元
PSN B-2014-413-1/1

品牌蓝皮书
中国品牌战略发展报告（2018）
著（编）者：汪同三 2018年10月出版 / 估价：99.00元
PSN B-2016-580-1/1

企业扶贫蓝皮书
中国企业扶贫研究报告（2018）
著（编）者：钟宏武 2018年12月出版 / 估价：99.00元
PSN B-2016-593-1/1

企业公益蓝皮书
中国企业公益研究报告（2018）
著（编）者：钟宏武 汪杰 黄晓娟
2018年12月出版 / 估价：99.00元
PSN B-2015-501-1/1

企业国际化蓝皮书
中国企业全球化报告（2018）
著（编）者：王辉耀 苗绿 2018年11月出版 / 估价：99.00元
PSN B-2014-427-1/1

企业蓝皮书
中国企业绿色发展报告No.2（2018）
著(编)者：李红玉 朱光辉
2018年8月出版 / 估价：99.00元
PSN B-2015-481-2/2

企业社会责任蓝皮书
中资企业海外社会责任研究报告（2017~2018）
著(编)者：钟宏武 叶柳红 张蒽
2018年1月出版 / 估价：99.00元
PSN B-2017-603-2/2

企业社会责任蓝皮书
中国企业社会责任研究报告（2018）
著(编)者：黄群慧 钟宏武 张蒽 汪杰
2018年11月出版 / 估价：99.00元
PSN B-2009-149-1/2

汽车安全蓝皮书
中国汽车安全发展报告（2018）
著(编)者：中国汽车技术研究中心
2018年8月出版 / 估价：99.00元
PSN B-2014-385-1/1

汽车电子商务蓝皮书
中国汽车电子商务发展报告（2018）
著(编)者：中华全国工商业联合会汽车经销商商会
　　　　　北方工业大学
　　　　　北京易观智库网络科技有限公司
2018年10月出版 / 估价：158.00元
PSN B-2015-485-1/1

汽车知识产权蓝皮书
中国汽车产业知识产权发展报告（2018）
著(编)者：中国汽车工程研究院股份有限公司
　　　　　中国汽车工程学会
　　　　　重庆长安汽车股份有限公司
2018年12月出版 / 估价：99.00元
PSN B-2016-594-1/1

青少年体育蓝皮书
中国青少年体育发展报告（2017）
著(编)者：刘扶民 杨桦　2018年1月出版 / 估价：99.00元
PSN B-2015-482-1/1

区块链蓝皮书
中国区块链发展报告（2018）
著(编)者：李伟　2018年9月出版 / 估价：99.00元
PSN B-2017-649-1/1

群众体育蓝皮书
中国群众体育发展报告（2017）
著(编)者：刘国永 戴健　2018年5月出版 / 估价：99.00元
PSN B-2014-411-1/3

群众体育蓝皮书
中国社会体育指导员发展报告（2018）
著(编)者：刘国永 王欢　2018年4月出版 / 估价：99.00元
PSN B-2016-520-3/3

人力资源蓝皮书
中国人力资源发展报告（2018）
著(编)者：余兴安　2018年11月出版 / 估价：99.00元
PSN B-2012-287-1/1

融资租赁蓝皮书
中国融资租赁业发展报告（2017~2018）
著(编)者：李光荣 王力　2018年8月出版 / 估价：99.00元
PSN B-2015-443-1/1

商会蓝皮书
中国商会发展报告No.5（2017）
著(编)者：王钦敏　2018年7月出版 / 估价：99.00元
PSN B-2008-125-1/1

商务中心区蓝皮书
中国商务中心区发展报告No.4（2017~2018）
著(编)者：李国红 单菁菁　2018年9月出版 / 估价：99.00元
PSN B-2015-444-1/1

设计产业蓝皮书
中国创新设计发展报告（2018）
著(编)者：王晓红 张立群 于炜
2018年11月出版 / 估价：99.00元
PSN B-2016-581-2/2

社会责任管理蓝皮书
中国上市公司社会责任能力成熟度报告No.4（2018）
著(编)者：肖红军 王晓光 李伟阳
2018年12月出版 / 估价：99.00元
PSN B-2015-507-2/2

社会责任管理蓝皮书
中国企业公众透明度报告No.4（2017~2018）
著(编)者：黄速建 熊梦 王晓光 肖红军
2018年4月出版 / 估价：99.00元
PSN B-2015-440-1/2

食品药品蓝皮书
食品药品安全与监管政策研究报告（2016~2017）
著(编)者：唐民皓　2018年6月出版 / 估价：99.00元
PSN B-2009-129-1/1

输血服务蓝皮书
中国输血行业发展报告（2018）
著(编)者：孙俊　2018年12月出版 / 估价：99.00元
PSN B-2016-582-1/1

水利风景区蓝皮书
中国水利风景区发展报告（2018）
著(编)者：董建文 兰思仁
2018年10月出版 / 估价：99.00元
PSN B-2015-480-1/1

私募市场蓝皮书
中国私募股权市场发展报告（2017~2018）
著(编)者：曹和平　2018年12月出版 / 估价：99.00元
PSN B-2010-162-1/1

碳排放权交易蓝皮书
中国碳排放权交易报告（2018）
著(编)者：孙永平　2018年11月出版 / 估价：99.00元
PSN B-2017-652-1/1

碳市场蓝皮书
中国碳市场报告（2018）
著(编)者：定金彪　2018年11月出版 / 估价：99.00元
PSN B-2014-430-1/1

体育蓝皮书
中国公共体育服务发展报告（2018）
著（编）者：戴健　2018年12月出版 / 估价：99.00元
PSN B-2013-367-2/5

土地市场蓝皮书
中国农村土地市场发展报告（2017～2018）
著（编）者：李光荣　2018年3月出版 / 估价：99.00元
PSN B-2016-526-1/1

土地整治蓝皮书
中国土地整治发展研究报告（No.5）
著（编）者：国土资源部土地整治中心
2018年7月出版 / 估价：99.00元
PSN B-2014-401-1/1

土地政策蓝皮书
中国土地政策研究报告（2018）
著（编）者：高延利 李宪文　2017年12月出版 / 估价：99.00元
PSN B-2015-506-1/1

网络空间安全蓝皮书
中国网络空间安全发展报告（2018）
著（编）者：惠志斌 覃庆玲
2018年11月出版 / 估价：99.00元
PSN B-2015-466-1/1

文化志愿服务蓝皮书
中国文化志愿服务发展报告（2018）
著（编）者：张永新 良警宇　2018年11月出版 / 估价：128.00元
PSN B-2016-596-1/1

西部金融蓝皮书
中国西部金融发展报告（2017～2018）
著（编）者：李忠民　2018年8月出版 / 估价：99.00元
PSN B-2010-160-1/1

协会商会蓝皮书
中国行业协会商会发展报告（2017）
著（编）者：景朝阳 李勇　2018年4月出版 / 估价：99.00元
PSN B-2015-461-1/1

新三板蓝皮书
中国新三板市场发展报告（2018）
著（编）者：王力　2018年8月出版 / 估价：99.00元
PSN B-2016-533-1/1

信托市场蓝皮书
中国信托业市场报告（2017～2018）
著（编）者：用益金融信托研究院
2018年1月出版 / 估价：198.00元
PSN B-2014-371-1/1

信息化蓝皮书
中国信息化形势分析与预测（2017～2018）
著（编）者：周宏仁　2018年8月出版 / 估价：99.00元
PSN B-2010-168-1/1

信用蓝皮书
中国信用发展报告（2017～2018）
著（编）者：章政 田侃　2018年4月出版 / 估价：99.00元
PSN B-2013-328-1/1

休闲绿皮书
2017～2018年中国休闲发展报告
著（编）者：宋瑞　2018年7月出版 / 估价：99.00元
PSN G-2010-158-1/1

休闲体育蓝皮书
中国休闲体育发展报告（2017～2018）
著（编）者：李相如 钟秉枢
2018年10月出版 / 估价：99.00元
PSN B-2016-516-1/1

养老金融蓝皮书
中国养老金融发展报告（2018）
著（编）者：董克用 姚余栋
2018年9月出版 / 估价：99.00元
PSN B-2016-583-1/1

遥感监测绿皮书
中国可持续发展遥感监测报告（2017）
著（编）者：顾行发 汪克强 潘教峰 李闽榕 徐东华 王琦安
2018年6月出版 / 估价：298.00元
PSN B-2017-629-1/1

药品流通蓝皮书
中国药品流通行业发展报告（2018）
著（编）者：佘鲁林 温再兴
2018年7月出版 / 估价：198.00元
PSN B-2014-429-1/1

医疗器械蓝皮书
中国医疗器械行业发展报告（2018）
著（编）者：王宝亭 耿鸿武
2018年10月出版 / 估价：99.00元
PSN B-2017-661-1/1

医院蓝皮书
中国医院竞争力报告（2018）
著（编）者：庄一强 曾益新　2018年3月出版 / 估价：118.00元
PSN B-2016-528-1/1

瑜伽蓝皮书
中国瑜伽业发展报告（2017~2018）
著（编）者：张永建 徐华锋 朱泰余
2018年6月出版 / 估价：198.00元
PSN B-2017-625-1/1

债券市场蓝皮书
中国债券市场发展报告（2017～2018）
著（编）者：杨农　2018年10月出版 / 估价：99.00元
PSN B-2016-572-1/1

志愿服务蓝皮书
中国志愿服务发展报告（2018）
著（编）者：中国志愿服务联合会
2018年11月出版 / 估价：99.00元
PSN B-2017-664-1/1

中国上市公司蓝皮书
中国上市公司发展报告（2018）
著（编）者：张鹏 张平 黄胤英
2018年9月出版 / 估价：99.00元
PSN B-2014-414-1/1

中国新三板蓝皮书
中国新三板创新与发展报告（2018）
著(编)者：刘平安 闻召林
2018年8月出版 / 估价：158.00元
PSN B-2017-638-1/1

中医文化蓝皮书
北京中医药文化传播发展报告（2018）
著(编)者：毛嘉陵 2018年5月出版 / 估价：99.00元
PSN B-2015-468-1/2

中医文化蓝皮书
中国中医药文化传播发展报告（2018）
著(编)者：毛嘉陵 2018年7月出版 / 估价：99.00元
PSN B-2016-584-2/2

中医药蓝皮书
北京中医药知识产权发展报告No.2
著(编)者：汪洪 屠志涛 2018年4月出版 / 估价：168.00元
PSN B-2017-602-1/1

资本市场蓝皮书
中国场外交易市场发展报告（2016～2017）
著(编)者：高峦 2018年3月出版 / 估价：99.00元
PSN B-2009-153-1/1

资产管理蓝皮书
中国资产管理行业发展报告（2018）
著(编)者：郑智 2018年7月出版 / 估价：99.00元
PSN B-2014-407-2/2

资产证券化蓝皮书
中国资产证券化发展报告（2018）
著(编)者：纪志宏 2018年11月出版 / 估价：99.00元
PSN B-2017-660-1/1

自贸区蓝皮书
中国自贸区发展报告（2018）
著(编)者：王力 黄育华 2018年6月出版 / 估价：99.00元
PSN B-2016-558-1/1

国际问题与全球治理类

"一带一路"跨境通道蓝皮书
"一带一路"跨境通道建设研究报告（2018）
著(编)者：郭业洲 2018年8月出版 / 估价：99.00元
PSN B-2016-557-1/1

"一带一路"蓝皮书
"一带一路"建设发展报告（2018）
著(编)者：王晓泉 2018年6月出版 / 估价：99.00元
PSN B-2016-552-1/1

"一带一路"投资安全蓝皮书
中国"一带一路"投资与安全研究报告（2017～2018）
著(编)者：邹统钎 梁昊光 2018年4月出版 / 估价：99.00元
PSN B-2017-612-1/1

"一带一路"文化交流蓝皮书
中阿文化交流发展报告（2017）
著(编)者：王辉 2018年9月出版 / 估价：99.00元
PSN B-2017-655-1/1

G20国家创新竞争力黄皮书
二十国集团（G20）国家创新竞争力发展报告（2017～2018）
著(编)者：李建平 李闽榕 赵新力 周天勇
2018年7月出版 / 估价：168.00元
PSN Y-2011-229-1/1

阿拉伯黄皮书
阿拉伯发展报告（2016～2017）
著(编)者：罗林 2018年3月出版 / 估价：99.00元
PSN Y-2014-381-1/1

北部湾蓝皮书
泛北部湾合作发展报告（2017～2018）
著(编)者：吕余生 2018年12月出版 / 估价：99.00元
PSN B-2008-114-1/1

北极蓝皮书
北极地区发展报告（2017）
著(编)者：刘惠荣 2018年7月出版 / 估价：99.00元
PSN B-2017-634-1/1

大洋洲蓝皮书
大洋洲发展报告（2017～2018）
著(编)者：喻常森 2018年10月出版 / 估价：99.00元
PSN B-2013-341-1/1

东北亚区域合作蓝皮书
2017年"一带一路"倡议与东北亚区域合作
著(编)者：刘亚政 金美花
2018年5月出版 / 估价：99.00元
PSN B-2017-631-1/1

东盟黄皮书
东盟发展报告（2017）
著(编)者：杨晓强 庄国土
2018年3月出版 / 估价：99.00元
PSN Y-2012-303-1/1

东南亚蓝皮书
东南亚地区发展报告（2017～2018）
著(编)者：王勤 2018年12月出版 / 估价：99.00元
PSN B-2012-240-1/1

非洲黄皮书
非洲发展报告No.20（2017～2018）
著(编)者：张宏明 2018年7月出版 / 估价：99.00元
PSN Y-2012-239-1/1

非传统安全蓝皮书
中国非传统安全研究报告（2017～2018）
著(编)者：潇枫 罗中枢 2018年8月出版 / 估价：99.00元
PSN B-2012-273-1/1

国际安全蓝皮书
中国国际安全研究报告（2018）
著(编)者：刘慧　2018年7月出版 / 估价：99.00元
PSN B-2016-521-1/1

国际城市蓝皮书
国际城市发展报告（2018）
著(编)者：屠启宇　2018年2月出版 / 估价：99.00元
PSN B-2012-260-1/1

国际形势黄皮书
全球政治与安全报告（2018）
著(编)者：张宇燕　2018年1月出版 / 估价：99.00元
PSN Y-2001-016-1/1

公共外交蓝皮书
中国公共外交发展报告（2018）
著(编)者：赵启正 雷蔚真　2018年4月出版 / 估价：99.00元
PSN B-2015-457-1/1

金砖国家黄皮书
金砖国家综合创新竞争力发展报告（2018）
著(编)者：赵新力 李闽榕 黄茂兴
2018年8月出版 / 估价：128.00元
PSN Y-2017-643-1/1

拉美黄皮书
拉丁美洲和加勒比发展报告（2017～2018）
著(编)者：袁东振　2018年6月出版 / 估价：99.00元
PSN Y-1999-007-1/1

澜湄合作蓝皮书
澜沧江-湄公河合作发展报告（2018）
著(编)者：刘稚　2018年9月出版 / 估价：99.00元
PSN B-2011-196-1/1

欧洲蓝皮书
欧洲发展报告（2017～2018）
著(编)者：黄平 周弘 程卫东
2018年6月出版 / 估价：99.00元
PSN B-1999-009-1/1

葡语国家蓝皮书
葡语国家发展报告（2016～2017）
著(编)者：王成安 张敏 刘金兰
2018年4月出版 / 估价：99.00元
PSN B-2015-503-1/2

葡语国家蓝皮书
中国与葡语国家关系发展报告·巴西（2016）
著(编)者：张曙光　2018年8月出版 / 估价：99.00元
PSN B-2016-563-2/2

气候变化绿皮书
应对气候变化报告（2018）
著(编)者：王伟光 郑国光　2018年11月出版 / 估价：99.00元
PSN G-2009-144-1/1

全球环境竞争力绿皮书
全球环境竞争力报告（2018）
著(编)者：李建平 李闽榕 王金南
2018年12月出版 / 估价：198.00元
PSN G-2013-363-1/1

全球信息社会蓝皮书
全球信息社会发展报告（2018）
著(编)者：丁波涛 唐涛　2018年10月出版 / 估价：99.00元
PSN B-2017-665-1/1

日本经济蓝皮书
日本经济与中日经贸关系研究报告（2018）
著(编)者：张季风　2018年6月出版 / 估价：99.00元
PSN B-2008-102-1/1

上海合作组织黄皮书
上海合作组织发展报告（2018）
著(编)者：李进峰　2018年6月出版 / 估价：99.00元
PSN Y-2009-130-1/1

世界创新竞争力黄皮书
世界创新竞争力发展报告（2017）
著(编)者：李建平 李闽榕 赵新力
2018年1月出版 / 估价：168.00元
PSN Y-2013-318-1/1

世界经济黄皮书
2018年世界经济形势分析与预测
著(编)者：张宇燕　2018年1月出版 / 估价：99.00元
PSN Y-1999-006-1/1

丝绸之路蓝皮书
丝绸之路经济带发展报告（2018）
著(编)者：任宗哲 白宽犁 谷孟宾
2018年1月出版 / 估价：99.00元
PSN B-2014-410-1/1

新兴经济体蓝皮书
金砖国家发展报告（2018）
著(编)者：林跃勤 周文　2018年8月出版 / 估价：99.00元
PSN B-2011-195-1/1

亚太蓝皮书
亚太地区发展报告（2018）
著(编)者：李向阳　2018年5月出版 / 估价：99.00元
PSN B-2001-015-1/1

印度洋地区蓝皮书
印度洋地区发展报告（2018）
著(编)者：汪戎　2018年6月出版 / 估价：99.00元
PSN B-2013-334-1/1

渝新欧蓝皮书
渝新欧沿线国家发展报告（2018）
著(编)者：杨柏 黄森　2018年6月出版 / 估价：99.00元
PSN B-2017-626-1/1

中阿蓝皮书
中国-阿拉伯国家经贸发展报告（2018）
著(编)者：张廉 段庆林 王林聪 杨巧红
2018年12月出版 / 估价：99.00元
PSN B-2016-598-1/1

中东黄皮书
中东发展报告No.20（2017～2018）
著(编)者：杨光　2018年10月出版 / 估价：99.00元
PSN Y-1998-004-1/1

中亚黄皮书
中亚国家发展报告（2018）
著(编)者：孙力　2018年6月出版 / 估价：99.00元
PSN Y-2012-238-1/1

国别类

澳大利亚蓝皮书
澳大利亚发展报告（2017-2018）
著(编)者：孙有中 韩锋　2018年12月出版 / 估价：99.00元
PSN B-2016-587-1/1

巴西黄皮书
巴西发展报告（2017）
著(编)者：刘国枝　2018年5月出版 / 估价：99.00元
PSN Y-2017-614-1/1

德国蓝皮书
德国发展报告（2018）
著(编)者：郑春荣　2018年6月出版 / 估价：99.00元
PSN B-2012-278-1/1

俄罗斯黄皮书
俄罗斯发展报告（2018）
著(编)者：李永全　2018年6月出版 / 估价：99.00元
PSN Y-2006-061-1/1

韩国蓝皮书
韩国发展报告（2017）
著(编)者：牛林杰 刘宝全　2018年5月出版 / 估价：99.00元
PSN B-2010-155-1/1

加拿大蓝皮书
加拿大发展报告（2018）
著(编)者：唐小松　2018年9月出版 / 估价：99.00元
PSN B-2014-389-1/1

美国蓝皮书
美国研究报告（2018）
著(编)者：郑秉文 黄平　2018年5月出版 / 估价：99.00元
PSN B-2011-210-1/1

缅甸蓝皮书
缅甸国情报告（2017）
著(编)者：孔鹏 杨祥章　2018年1月出版 / 估价：99.00元
PSN B-2013-343-1/1

日本蓝皮书
日本研究报告（2018）
著(编)者：杨伯江　2018年6月出版 / 估价：99.00元
PSN B-2002-020-1/1

土耳其蓝皮书
土耳其发展报告（2018）
著(编)者：郭长刚 刘义　2018年9月出版 / 估价：99.00元
PSN B-2014-412-1/1

伊朗蓝皮书
伊朗发展报告（2017~2018）
著(编)者：冀开运　2018年10月 / 估价：99.00元
PSN B-2016-574-1/1

以色列蓝皮书
以色列发展报告（2018）
著(编)者：张倩红　2018年8月出版 / 估价：99.00元
PSN B-2015-483-1/1

印度蓝皮书
印度国情报告（2017）
著(编)者：吕昭义　2018年4月出版 / 估价：99.00元
PSN B-2012-241-1/1

英国蓝皮书
英国发展报告（2017~2018）
著(编)者：王展鹏　2018年12月出版 / 估价：99.00元
PSN B-2015-486-1/1

越南蓝皮书
越南国情报告（2018）
著(编)者：谢林城　2018年1月出版 / 估价：99.00元
PSN B-2006-056-1/1

泰国蓝皮书
泰国研究报告（2018）
著(编)者：庄国土 张禹东 刘文正
2018年10月出版 / 估价：99.00元
PSN B-2016-556-1/1

文化传媒类

"三农"舆情蓝皮书
中国"三农"网络舆情报告（2017~2018）
著(编)者：农业部信息中心
2018年6月出版 / 估价：99.00元
PSN B-2017-640-1/1

传媒竞争力蓝皮书
中国传媒国际竞争力研究报告（2018）
著(编)者：李本乾 刘强 王大可
2018年8月出版 / 估价：99.00元
PSN B-2013-356-1/1

传媒蓝皮书
中国传媒产业发展报告（2018）
著(编)者：崔保国　2018年5月出版 / 估价：99.00元
PSN B-2005-035-1/1

传媒投资蓝皮书
中国传媒投资发展报告（2018）
著(编)者：张向东 谭云明
2018年6月出版 / 估价：148.00元
PSN B-2015-474-1/1

非物质文化遗产蓝皮书
中国非物质文化遗产发展报告（2018）
著(编)者：陈平　2018年5月出版 / 估价：128.00元
PSN B-2015-469-1/2

非物质文化遗产蓝皮书
中国非物质文化遗产保护发展报告（2018）
著(编)者：宋俊华　2018年10月出版 / 估价：128.00元
PSN B-2016-586-2/2

广电蓝皮书
中国广播电影电视发展报告（2018）
著(编)者：国家新闻出版广电总局发展研究中心
2018年7月出版 / 估价：99.00元
PSN B-2006-072-1/1

广告主蓝皮书
中国广告主营销传播趋势报告No.9
著(编)者：黄升民 杜国清 邵华冬 等
2018年10月出版 / 估价：158.00元
PSN B-2005-041-1/1

国际传播蓝皮书
中国国际传播发展报告（2018）
著(编)者：胡正荣 李继东 姬德强
2018年12月出版 / 估价：99.00元
PSN B-2014-408-1/1

国家形象蓝皮书
中国国家形象传播报告（2017）
著(编)者：张昆　2018年3月出版 / 估价：128.00元
PSN B-2017-605-1/1

互联网治理蓝皮书
中国网络社会治理研究报告（2018）
著(编)者：罗昕 支庭荣
2018年9月出版 / 估价：118.00元
PSN B-2017-653-1/1

纪录片蓝皮书
中国纪录片发展报告（2018）
著(编)者：何苏六　2018年10月出版 / 估价：99.00元
PSN B-2011-222-1/1

科学传播蓝皮书
中国科学传播报告（2016~2017）
著(编)者：詹正茂　2018年6月出版 / 估价：99.00元
PSN B-2008-120-1/1

两岸创意经济蓝皮书
两岸创意经济研究报告（2018）
著(编)者：罗昌智 董泽平
2018年10月出版 / 估价：99.00元
PSN B-2014-437-1/1

媒介与女性蓝皮书
中国媒介与女性发展报告（2017～2018）
著(编)者：刘利群　2018年5月出版 / 估价：99.00元
PSN B-2013-345-1/1

媒体融合蓝皮书
中国媒体融合发展报告（2017）
著(编)者：梅宁华 支庭荣　2018年1月出版 / 估价：99.00元
PSN B-2015-479-1/1

全球传媒蓝皮书
全球传媒发展报告（2017～2018）
著(编)者：胡正荣 李继东　2018年6月出版 / 估价：99.00元
PSN B-2012-237-1/1

少数民族非遗蓝皮书
中国少数民族非物质文化遗产发展报告（2018）
著(编)者：肖远平（彝）柴立（满）
2018年10月出版 / 估价：118.00元
PSN B-2015-467-1/1

视听新媒体蓝皮书
中国视听新媒体发展报告（2018）
著(编)者：国家新闻出版广电总局发展研究中心
2018年7月出版 / 估价：118.00元
PSN B-2011-184-1/1

数字娱乐产业蓝皮书
中国动画产业发展报告（2018）
著(编)者：孙立军 孙平 牛兴侦
2018年10月出版 / 估价：99.00元
PSN B-2011-198-1/2

数字娱乐产业蓝皮书
中国游戏产业发展报告（2018）
著(编)者：孙立军 刘跃军
2018年10月出版 / 估价：99.00元
PSN B-2017-662-2/2

文化创新蓝皮书
中国文化创新报告（2017·No.8）
著(编)者：傅才武　2018年4月出版 / 估价：99.00元
PSN B-2009-143-1/1

文化建设蓝皮书
中国文化发展报告（2018）
著(编)者：江畅 孙伟平 戴茂堂
2018年5月出版 / 估价：99.00元
PSN B-2014-392-1/1

文化科技蓝皮书
文化科技创新发展报告（2018）
著(编)者：于平 李凤亮　2018年10月出版 / 估价：99.00元
PSN B-2013-342-1/1

文化蓝皮书
中国公共文化服务发展报告（2017~2018）
著(编)者：刘新成 张永新 张旭
2018年12月出版 / 估价：99.00元
PSN B-2007-093-2/10

文化蓝皮书
中国少数民族文化发展报告（2017～2018）
著(编)者：武翠英 张晓明 任乌晶
2018年9月出版 / 估价：99.00元
PSN B-2013-369-9/10

文化蓝皮书
中国文化产业供需协调检测报告（2018）
著(编)者：王亚南　2018年2月出版 / 估价：99.00元
PSN B-2013-323-8/10

文化蓝皮书
中国文化消费需求景气评价报告（2018）
著(编)者：王亚南　2018年2月出版 / 估价：99.00元
PSN B-2011-236-4/10

文化蓝皮书
中国公共文化投入增长测评报告（2018）
著(编)者：王亚南　2018年2月出版 / 估价：99.00元
PSN B-2014-435-10/10

文化品牌蓝皮书
中国文化品牌发展报告（2018）
著(编)者：欧阳友权　2018年5月出版 / 估价：99.00元
PSN B-2012-277-1/1

文化遗产蓝皮书
中国文化遗产事业发展报告（2017～2018）
著(编)者：苏杨 张颖岚 卓杰 白海峰 陈晨 陈叙图
2018年8月出版
PSN B-2008-119-1/1

文学蓝皮书
中国文情报告（2017～2018）
著(编)者：白烨　2018年5月出版 / 估价：99.00元
PSN B-2011-221-1/1

新媒体蓝皮书
中国新媒体发展报告No.9（2018）
著(编)者：唐绪军　2018年7月出版 / 估价：99.00元
PSN B-2010-169-1/1

新媒体社会责任蓝皮书
中国新媒体社会责任研究报告（2018）
著(编)者：钟瑛　2018年12月出版 / 估价：99.00元
PSN B-2014-423-1/1

移动互联网蓝皮书
中国移动互联网发展报告（2018）
著(编)者：余清楚　2018年6月出版 / 估价：99.00元
PSN B-2012-282-1/1

影视蓝皮书
中国影视产业发展报告（2018）
著(编)者：司若 陈鹏 陈锐　2018年4月出版 / 估价：99.00元
PSN B-2016-529-1/1

舆情蓝皮书
中国社会舆情与危机管理报告（2018）
著(编)者：谢耘耕　2018年9月出版 / 估价：138.00元
PSN B-2011-235-1/1

地方发展类-经济

澳门蓝皮书
澳门经济社会发展报告（2017～2018）
著(编)者：吴志良 郝雨凡　2018年7月出版 / 估价：99.00元
PSN B-2009-138-1/1

澳门绿皮书
澳门旅游休闲发展报告（2017～2018）
著(编)者：郝雨凡 林广志　2018年5月出版 / 估价：99.00元
PSN G-2017-617-1/1

北京蓝皮书
北京经济发展报告（2017～2018）
著(编)者：杨松　2018年6月出版 / 估价：99.00元
PSN B-2006-054-2/8

北京旅游绿皮书
北京旅游发展报告（2018）
著(编)者：北京旅游学会
2018年7月出版 / 估价：99.00元
PSN G-2012-301-1/1

北京体育蓝皮书
北京体育产业发展报告（2017～2018）
著(编)者：钟秉枢 陈杰 杨铁黎
2018年9月出版 / 估价：99.00元
PSN B-2015-475-1/1

滨海金融蓝皮书
滨海新区金融发展报告（2017）
著(编)者：王爱俭 李向前　2018年4月出版 / 估价：99.00元
PSN B-2014-424-1/1

城乡一体化蓝皮书
北京城乡一体化发展报告（2017～2018）
著(编)者：吴宝新 张宝秀 黄序
2018年5月出版 / 估价：99.00元
PSN B-2012-258-2/2

非公有制企业社会责任蓝皮书
北京非公有制企业社会责任报告（2018）
著(编)者：宋贵伦 冯培　2018年6月出版 / 估价：99.00元
PSN B-2017-613-1/1

福建旅游蓝皮书
福建省旅游产业发展现状研究（2017~2018）
著(编)者：陈敏华 黄远水
2018年12月出版 / 估价：128.00元
PSN B-2016-591-1/1

福建自贸区蓝皮书
中国(福建)自由贸易试验区发展报告(2017~2018)
著(编)者：黄茂兴　2018年4月出版 / 估价：118.00元
PSN B-2016-531-1/1

甘肃蓝皮书
甘肃经济发展分析与预测（2018）
著(编)者：安文华 罗哲　2018年1月出版 / 估价：99.00元
PSN B-2013-312-1/6

甘肃蓝皮书
甘肃商贸流通发展报告（2018）
著(编)者：张应华 王福生 王晓芳
2018年1月出版 / 估价：99.00元
PSN B-2016-522-6/6

甘肃蓝皮书
甘肃县域和农村发展报告（2018）
著(编)者：朱智文 包东红 王建兵
2018年1月出版 / 估价：99.00元
PSN B-2013-316-5/6

甘肃农业科技绿皮书
甘肃农业科技发展研究报告（2018）
著(编)者：魏胜文 乔德华 张东伟
2018年12月出版 / 估价：198.00元
PSN B-2016-592-1/1

巩义蓝皮书
巩义经济社会发展报告（2018）
著(编)者：丁同民 朱军　　2018年4月出版 / 估价：99.00元
PSN B-2016-532-1/1

广东外经贸蓝皮书
广东对外经济贸易发展研究报告（2017~2018）
著(编)者：陈万灵　　2018年6月出版 / 估价：99.00元
PSN B-2012-286-1/1

广西北部湾经济区蓝皮书
广西北部湾经济区开放开发报告（2017~2018）
著(编)者：广西壮族自治区北部湾经济区和东盟开放合作办公室
　　　　　广西社会科学院
　　　　　广西北部湾发展研究院
2018年2月出版 / 估价：99.00元
PSN B-2010-181-1/1

广州蓝皮书
广州城市国际化发展报告（2018）
著(编)者：张跃国　　2018年8月出版 / 估价：99.00元
PSN B-2012-246-11/14

中国广州城市建设与管理发展报告（2018）
著(编)者：张其学 陈小钢 王宏伟　　2018年8月出版 / 估价：99.00元
PSN B-2007-087-4/14

广州蓝皮书
广州创新型城市发展报告（2018）
著(编)者：尹涛　　2018年6月出版 / 估价：99.00元
PSN B-2012-247-12/14

广州蓝皮书
广州经济发展报告（2018）
著(编)者：张跃国 尹涛　　2018年7月出版 / 估价：99.00元
PSN B-2005-040-1/14

广州蓝皮书
2018年中国广州经济形势分析与预测
著(编)者：魏明海 谢博能 李华
2018年6月出版 / 估价：99.00元
PSN B-2011-185-9/14

广州蓝皮书
中国广州科技创新发展报告（2018）
著(编)者：于欣伟 陈爽 邓佑满　　2018年8月出版 / 估价：99.00元
PSN B-2006-065-2/14

广州蓝皮书
广州农村发展报告（2018）
著(编)者：朱名宏　　2018年7月出版 / 估价：99.00元
PSN B-2010-167-8/14

广州蓝皮书
广州汽车产业发展报告（2018）
著(编)者：杨再高 冯兴亚　　2018年7月出版 / 估价：99.00元
PSN B-2006-066-3/14

广州蓝皮书
广州商业业发展报告（2018）
著(编)者：张跃国 陈杰 荀振英
2018年7月出版 / 估价：99.00元
PSN B-2012-245-10/14

贵阳蓝皮书
贵阳城市创新发展报告No.3（白云篇）
著(编)者：连玉明　　2018年5月出版 / 估价：99.00元
PSN B-2015-491-3/10

贵阳蓝皮书
贵阳城市创新发展报告No.3（观山湖篇）
著(编)者：连玉明　　2018年5月出版 / 估价：99.00元
PSN B-2015-497-9/10

贵阳蓝皮书
贵阳城市创新发展报告No.3（花溪篇）
著(编)者：连玉明　　2018年5月出版 / 估价：99.00元
PSN B-2015-490-2/10

贵阳蓝皮书
贵阳城市创新发展报告No.3（开阳篇）
著(编)者：连玉明　　2018年5月出版 / 估价：99.00元
PSN B-2015-492-4/10

贵阳蓝皮书
贵阳城市创新发展报告No.3（南明篇）
著(编)者：连玉明　　2018年5月出版 / 估价：99.00元
PSN B-2015-496-8/10

贵阳蓝皮书
贵阳城市创新发展报告No.3（清镇篇）
著(编)者：连玉明　　2018年5月出版 / 估价：99.00元
PSN B-2015-489-1/10

贵阳蓝皮书
贵阳城市创新发展报告No.3（乌当篇）
著(编)者：连玉明　　2018年5月出版 / 估价：99.00元
PSN B-2015-495-7/10

贵阳蓝皮书
贵阳城市创新发展报告No.3（息烽篇）
著(编)者：连玉明　　2018年5月出版 / 估价：99.00元
PSN B-2015-493-5/10

贵阳蓝皮书
贵阳城市创新发展报告No.3（修文篇）
著(编)者：连玉明　　2018年5月出版 / 估价：99.00元
PSN B-2015-494-6/10

贵阳蓝皮书
贵阳城市创新发展报告No.3（云岩篇）
著(编)者：连玉明　　2018年5月出版 / 估价：99.00元
PSN B-2015-498-10/10

贵州房地产蓝皮书
贵州房地产发展报告No.5（2018）
著(编)者：武廷方　　2018年7月出版 / 估价：99.00元
PSN B-2014-426-1/1

贵州蓝皮书
贵州册亨经济社会发展报告（2018）
著(编)者：黄德林　2018年3月出版 / 估价：99.00元
PSN B-2016-525-8/9

贵州蓝皮书
贵州地理标志产业发展报告（2018）
著(编)者：李发耀 黄其松　2018年8月出版 / 估价：99.00元
PSN B-2017-646-10/10

贵州蓝皮书
贵安新区发展报告（2017~2018）
著(编)者：马长青 吴大华　2018年6月出版 / 估价：99.00元
PSN B-2015-459-4/10

贵州蓝皮书
贵州国家级开放创新平台发展报告（2017~2018）
著(编)者：申晓庆 吴大华 季泓
2018年11月出版 / 估价：99.00元
PSN B-2016-518-7/10

贵州蓝皮书
贵州国有企业社会责任发展报告（2017~2018）
著(编)者：郭丽　2018年12月出版 / 估价：99.00元
PSN B-2015-511-6/10

贵州蓝皮书
贵州民航业发展报告（2017）
著(编)者：申振东 吴大华　2018年1月出版 / 估价：99.00元
PSN B-2015-471-5/10

贵州蓝皮书
贵州民营经济发展报告（2017）
著(编)者：杨静 吴大华　2018年3月出版 / 估价：99.00元
PSN B-2016-530-9/9

杭州都市圈蓝皮书
杭州都市圈发展报告（2018）
著(编)者：沈翔 戚建国　2018年5月出版 / 估价：128.00元
PSN B-2012-302-1/1

河北经济蓝皮书
河北省经济发展报告（2018）
著(编)者：马树强 金浩 张贵　2018年4月出版 / 估价：99.00元
PSN B-2014-380-1/1

河北蓝皮书
河北经济社会发展报告（2018）
著(编)者：康振海　2018年1月出版 / 估价：99.00元
PSN B-2014-372-1/3

河北蓝皮书
京津冀协同发展报告（2018）
著(编)者：陈璐　2018年1月出版 / 估价：99.00元
PSN B-2017-601-2/3

河南经济蓝皮书
2018年河南经济形势分析与预测
著(编)者：王世炎　2018年3月出版 / 估价：99.00元
PSN B-2007-086-1/1

河南蓝皮书
河南城市发展报告（2018）
著(编)者：张占仓 王建国　2018年5月出版 / 估价：99.00元
PSN B-2009-131-3/9

河南蓝皮书
河南工业发展报告（2018）
著(编)者：张占仓　2018年5月出版 / 估价：99.00元
PSN B-2013-317-5/9

河南蓝皮书
河南金融发展报告（2018）
著(编)者：喻新安 谷建全
2018年6月出版 / 估价：99.00元
PSN B-2014-390-7/9

河南蓝皮书
河南经济发展报告（2018）
著(编)者：张占仓 完世伟
2018年4月出版 / 估价：99.00元
PSN B-2010-157-4/9

河南蓝皮书
河南能源发展报告（2018）
著(编)者：国网河南省电力公司经济技术研究院
　　　　河南省社会科学院
2018年3月出版 / 估价：99.00元
PSN B-2017-607-9/9

河南商务蓝皮书
河南商务发展报告（2018）
著(编)者：焦锦淼 穆荣国　2018年5月出版 / 估价：99.00元
PSN B-2014-399-1/1

河南双创蓝皮书
河南创新创业发展报告（2018）
著(编)者：喻新安 杨雪梅　2018年8月出版 / 估价：99.00元
PSN B-2017-641-1/1

黑龙江蓝皮书
黑龙江经济发展报告（2018）
著(编)者：朱宇　2018年1月出版 / 估价：99.00元
PSN B-2011-190-2/2

湖南城市蓝皮书
区域城市群整合
著(编)者：童中贤 韩未名　2018年12月出版 / 估价：99.00元
PSN B-2006-064-1/1

湖南蓝皮书
湖南城乡一体化发展报告（2018）
著(编)者：陈文胜 王文强 陆福兴
2018年8月出版 / 估价：99.00元
PSN B-2015-477-8/8

湖南蓝皮书
2018年湖南电子政务发展报告
著(编)者：梁志峰　2018年5月出版 / 估价：128.00元
PSN B-2014-394-6/8

湖南蓝皮书
2018年湖南经济发展报告
著(编)者：卞鹰　2018年5月出版 / 估价：128.00元
PSN B-2011-207-2/8

湖南蓝皮书
2016年湖南经济展望
著(编)者：梁志峰　2018年5月出版 / 估价：128.00元
PSN B-2011-206-1/8

湖南蓝皮书
2018年湖南县域经济社会发展报告
著(编)者: 梁志峰 2018年5月出版 / 估价: 128.00元
PSN B-2014-395-7/8

湖南县域绿皮书
湖南县域发展报告（No.5）
著(编)者: 袁准 周小毛 黎仁寅
2018年3月出版 / 估价: 99.00元
PSN G-2012-274-1/1

沪港蓝皮书
沪港发展报告（2018）
著(编)者: 尤安山 2018年9月出版 / 估价: 99.00元
PSN B-2013-362-1/1

吉林蓝皮书
2018年吉林经济社会形势分析与预测
著(编)者: 邵汉明 2017年12月出版 / 估价: 99.00元
PSN B-2013-319-1/1

吉林省城市竞争力蓝皮书
吉林省城市竞争力报告（2018~2019）
著(编)者: 崔岳春 张磊 2018年12月出版 / 估价: 99.00元
PSN B-2016-513-1/1

济源蓝皮书
济源经济社会发展报告（2018）
著(编)者: 喻新安 2018年4月出版 / 估价: 99.00元
PSN B-2014-387-1/1

汀苏蓝皮书
2018年江苏经济发展分析与展望
著(编)者: 王庆五 吴先满 2018年7月出版 / 估价: 128.00元
PSN B-2017-635-1/3

江西蓝皮书
江西经济社会发展报告（2018）
著(编)者: 陈石俊 龚建文 2018年10月出版 / 估价: 128.00元
PSN B-2015-484-1/2

江西蓝皮书
江西设区市发展报告（2018）
著(编)者: 姜玮 梁勇 2018年10月出版 / 估价: 99.00元
PSN B-2016-517-2/2

经济特区蓝皮书
中国经济特区发展报告（2017）
著(编)者: 陶一桃 2018年1月出版 / 估价: 99.00元
PSN B-2009-139-1/1

辽宁蓝皮书
2018年辽宁经济社会形势分析与预测
著(编)者: 梁启东 魏红江 2018年6月出版 / 估价: 99.00元
PSN B-2006-053-1/1

民族经济蓝皮书
中国民族地区经济发展报告（2018）
著(编)者: 李曦辉 2018年7月出版 / 估价: 99.00元
PSN B-2017-630-1/1

南宁蓝皮书
南宁经济发展报告（2018）
著(编)者: 胡建华 2018年9月出版 / 估价: 99.00元
PSN B-2016-569-2/3

浦东新区蓝皮书
上海浦东经济发展报告（2018）
著(编)者: 沈开艳 周奇 2018年2月出版 / 估价: 99.00元
PSN B-2011-225-1/1

青海蓝皮书
2018年青海经济社会形势分析与预测
著(编)者: 陈玮 2017年12月出版 / 估价: 99.00元
PSN B-2012-275-1/2

山东蓝皮书
山东经济形势分析与预测（2018）
著(编)者: 李广杰 2018年7月出版 / 估价: 99.00元
PSN B-2014-404-1/5

山东蓝皮书
山东省普惠金融发展报告（2018）
著(编)者: 齐鲁财富网
2018年9月出版 / 估价: 99.00元
PSN B2017-676-5/5

山西蓝皮书
山西资源型经济转型发展报告（2018）
著(编)者: 李志强 2018年7月出版 / 估价: 99.00元
PSN B-2011-197-1/1

陕西蓝皮书
陕西经济发展报告（2018）
著(编)者: 任宗哲 白宽犁 裴成荣
2018年1月出版 / 估价: 99.00元
PSN B-2009-135-1/6

陕西蓝皮书
陕西精准脱贫研究报告（2018）
著(编)者: 任宗哲 白宽犁 王建康
2018年6月出版 / 估价: 99.00元
PSN B-2017-623-6/6

上海蓝皮书
上海经济发展报告（2018）
著(编)者: 沈开艳
2018年2月出版 / 估价: 99.00元
PSN B-2006-057-1/7

上海蓝皮书
上海资源环境发展报告（2018）
著(编)者: 周冯琦 汤庆合
2018年2月出版 / 估价: 99.00元
PSN B-2006-060-4/7

上饶蓝皮书
上饶发展报告（2016~2017）
著(编)者: 廖其志 2018年3月出版 / 估价: 128.00元
PSN B-2014-377-1/1

深圳蓝皮书
深圳经济发展报告（2018）
著(编)者: 张骁儒 2018年6月出版 / 估价: 99.00元
PSN B-2008-112-3/7

四川蓝皮书
四川城镇化发展报告（2018）
著(编)者: 侯水平 陈炜
2018年4月出版 / 估价: 99.00元
PSN B-2015-456-7/7

四川蓝皮书
2018年四川经济形势分析与预测
著(编)者：杨钢　2018年1月出版 / 估价：99.00元
PSN B-2007-098-2/7

四川蓝皮书
四川企业社会责任研究报告（2017～2018）
著(编)者：侯水平　盛毅　2018年5月出版 / 估价：99.00元
PSN B-2014-386-4/7

四川蓝皮书
四川生态建设报告（2018）
著(编)者：李晟之　2018年5月出版 / 估价：99.00元
PSN B-2015-455-6/7

体育蓝皮书
上海体育产业发展报告（2017~2018）
著(编)者：张林　黄海燕　2018年10月出版 / 估价：99.00元
PSN B-2015-454-4/5

体育蓝皮书
长三角地区体育产业发展报告（2017～2018）
著(编)者：张林　2018年4月出版 / 估价：99.00元
PSN B-2015-453-3/5

天津金融蓝皮书
天津金融发展报告（2018）
著(编)者：王爱俭　孔德昌　2018年3月出版 / 估价：99.00元
PSN B-2014-418-1/1

图们江区域合作蓝皮书
图们江区域合作发展报告（2018）
著(编)者：李铁　2018年6月出版 / 估价：99.00元
PSN B-2015-464-1/1

温州蓝皮书
2018年温州经济社会形势分析与预测
著(编)者：蒋儒标　王春光　金浩
2018年4月出版 / 估价：99.00元
PSN B-2008-105-1/1

西咸新区蓝皮书
西咸新区发展报告（2018）
著(编)者：李扬　王军
2018年6月出版 / 估价：99.00元
PSN B-2016-534-1/1

修武蓝皮书
修武经济社会发展报告（2018）
著(编)者：张占仓　袁凯声
2018年10月出版 / 估价：99.00元
PSN B-2017-651-1/1

偃师蓝皮书
偃师经济社会发展报告（2018）
著(编)者：张占仓　袁凯声　何武周
2018年7月出版 / 估价：99.00元
PSN B-2017-627-1/1

扬州蓝皮书
扬州经济社会发展报告（2018）
著(编)者：陈扬
2018年12月出版 / 估价：108.00元
PSN B-2011-191-1/1

长垣蓝皮书
长垣经济社会发展报告（2018）
著(编)者：张占仓　袁凯声　秦保建
2018年10月出版 / 估价：99.00元
PSN B-2017-654-1/1

遵义蓝皮书
遵义发展报告（2018）
著(编)者：邓彦　曾征　龚永育
2018年9月出版 / 估价：99.00元
PSN B-2014-433-1/1

地方发展类–社会

安徽蓝皮书
安徽社会发展报告（2018）
著(编)者：程桦　2018年4月出版 / 估价：99.00元
PSN B-2013-325-1/1

安徽社会建设蓝皮书
安徽社会建设分析报告（2017～2018）
著(编)者：黄家海　蔡宪
2018年11月出版 / 估价：99.00元
PSN B-2013-322-1/1

北京蓝皮书
北京公共服务发展报告（2017～2018）
著(编)者：施昌奎　2018年3月出版 / 估价：99.00元
PSN B-2008-103-7/8

北京蓝皮书
北京社会发展报告（2017～2018）
著(编)者：李伟东
2018年7月出版 / 估价：99.00元
PSN B-2006-055-3/8

北京蓝皮书
北京社会治理发展报告（2017～2018）
著(编)者：殷星辰　2018年7月出版 / 估价：99.00元
PSN B-2014-391-8/8

北京律师蓝皮书
北京律师发展报告No.3（2018）
著(编)者：王隽　2018年12月出版 / 估价：99.00元
PSN B-2011-217-1/1

北京人才蓝皮书
北京人才发展报告（2018）
著(编)者：敏华　2018年12月出版 / 估价：128.00元
PSN B-2011-201-1/1

北京社会心态蓝皮书
北京社会心态分析报告（2017～2018）
北京市社会心理服务促进中心
2018年10月出版 / 估价：99.00元
PSN B-2014-422-1/1

北京社会组织管理蓝皮书
北京社会组织发展与管理（2018）
著(编)者：黄江松
2018年4月出版 / 估价：99.00元
PSN B-2015-446-1/1

北京养老产业蓝皮书
北京居家养老发展报告（2018）
著(编)者：陆杰华　周明明
2018年8月出版 / 估价：99.00元
PSN B-2015-465-1/1

法治蓝皮书
四川依法治省年度报告No.4（2018）
著(编)者：李林　杨天宗　田禾
2018年3月出版 / 估价：118.00元
PSN B-2015-447-2/3

福建妇女发展蓝皮书
福建省妇女发展报告（2018）
著(编)者：刘群英　2018年11月出版 / 估价：99.00元
PSN B 2011-220-1/1

甘肃蓝皮书
甘肃社会发展分析与预测（2018）
著(编)者：安文华　包晓霞　谢增虎
2018年1月出版 / 估价：99.00元
PSN B-2013-313-2/6

广东蓝皮书
广东全面深化改革研究报告（2018）
著(编)者：周林生　涂成林
2018年12月出版 / 估价：99.00元
PSN B-2015-504-3/3

广东蓝皮书
广东社会工作发展报告（2018）
著(编)者：罗观翠　2018年6月出版 / 估价：99.00元
PSN B-2014-402-2/3

广州蓝皮书
广州青年发展报告（2018）
著(编)者：徐柳　张强
2018年8月出版 / 估价：99.00元
PSN B-2013-352-13/14

广州蓝皮书
广州社会保障发展报告（2018）
著(编)者：张跃国　2018年8月出版 / 估价：99.00元
PSN B-2014-425-14/14

广州蓝皮书
2018年中国广州社会形势分析与预测
著(编)者：张强　郭志勇　何镜清
2018年6月出版 / 估价：99.00元
PSN B-2008-110-5/14

贵州蓝皮书
贵州法治发展报告（2018）
著(编)者：吴大华　2018年5月出版 / 估价：99.00元
PSN B-2012-254-2/10

贵州蓝皮书
贵州人才发展报告（2017）
著(编)者：于杰　吴大华
2018年9月出版 / 估价：99.00元
PSN B-2014-382-3/10

贵州蓝皮书
贵州社会发展报告（2018）
著(编)者：王兴骥　2018年4月出版 / 估价：99.00元
PSN B-2010-166-1/10

杭州蓝皮书
杭州妇女发展报告（2018）
著(编)者：魏颖　2018年10月出版 / 估价：99.00元
PSN B-2014-403-1/1

河北蓝皮书
河北法治发展报告（2018）
著(编)者：康振海　2018年6月出版 / 估价：99.00元
PSN B-2014-622-3/3

河北食品药品安全蓝皮书
河北食品药品安全研究报告（2018）
著(编)者：丁锦霞　2018年10月出版 / 估价：99.00元
PSN B-2015-473-1/1

河南蓝皮书
河南法治发展报告（2018）
著(编)者：张林海　2018年7月出版 / 估价：99.00元
PSN B-2014-376-6/9

河南蓝皮书
2018年河南社会形势分析与预测
著(编)者：牛苏林　2018年5月出版 / 估价：99.00元
PSN B-2005-043-1/9

河南民办教育蓝皮书
河南民办教育发展报告（2018）
著(编)者：胡大白　2018年9月出版 / 估价：99.00元
PSN B-2017-642-1/1

黑龙江蓝皮书
黑龙江社会发展报告（2018）
著(编)者：谢宝禄　2018年1月出版 / 估价：99.00元
PSN B-2011-189-1/2

湖南蓝皮书
2018年湖南两型社会与生态文明建设报告
著(编)者：卞鹰　2018年5月出版 / 估价：128.00元
PSN B-2011-208-3/8

湖南蓝皮书
2018年湖南社会发展报告
著(编)者：卞鹰　2018年5月出版 / 估价：128.00元
PSN B-2014-393-5/8

健康城市蓝皮书
北京健康城市建设研究报告（2018）
著(编)者：王鸿春　盛继洪　2018年9月出版 / 估价：99.00元
PSN B-2015-460-1/2

江苏法治蓝皮书
江苏法治发展报告No.6（2017）
著(编)者：蔡道通 龚廷泰　2018年8月出版 / 估价：99.00元
PSN B-2012-290-1/1

江苏蓝皮书
2018年江苏社会发展分析与展望
著(编)者：王庆五 刘旺洪　2018年8月出版 / 估价：128.00元
PSN B-2017-636-2/3

南宁蓝皮书
南宁法治发展报告（2018）
著(编)者：杨维超　2018年12月出版 / 估价：99.00元
PSN B-2015-509-1/3

南宁蓝皮书
南宁社会发展报告（2018）
著(编)者：胡建华　2018年10月出版 / 估价：99.00元
PSN B-2016-570-3/3

内蒙古蓝皮书
内蒙古反腐倡廉建设报告 No.2
著(编)者：张志华　2018年6月出版 / 估价：99.00元
PSN B-2013-365-1/1

青海蓝皮书
2018年青海人才发展报告
著(编)者：王宇燕　2018年9月出版 / 估价：99.00元
PSN B-2017-650-2/2

青海生态文明建设蓝皮书
青海生态文明建设报告（2018）
著(编)者：张西明 高华　2018年12月出版 / 估价：99.00元
PSN B-2016-595-1/1

人口与健康蓝皮书
深圳人口与健康发展报告（2018）
著(编)者：陆杰华 傅崇辉　2018年11月出版 / 估价：99.00元
PSN B-2011-228-1/1

山东蓝皮书
山东社会形势分析与预测（2018）
著(编)者：李善峰　2018年6月出版 / 估价：99.00元
PSN B-2014-405-2/5

陕西蓝皮书
陕西社会发展报告（2018）
著(编)者：任宗哲 白宽犁 牛昉　2018年1月出版 / 估价：99.00元
PSN B-2009-136-2/6

上海蓝皮书
上海法治发展报告（2018）
著(编)者：叶必丰　2018年9月出版 / 估价：99.00元
PSN B-2012-296-6/7

上海蓝皮书
上海社会发展报告（2018）
著(编)者：杨雄 周海旺　2018年2月出版 / 估价：99.00元
PSN B-2006-058-2/7

社会建设蓝皮书
2018年北京社会建设分析报告
著(编)者：宋贵伦 冯虹　2018年9月出版 / 估价：99.00元
PSN B-2010-173-1/1

深圳蓝皮书
深圳法治发展报告（2018）
著(编)者：张骁儒　2018年6月出版 / 估价：99.00元
PSN B-2015-470-6/7

深圳蓝皮书
深圳劳动关系发展报告（2018）
著(编)者：汤庭芬　2018年8月出版 / 估价：99.00元
PSN B-2007-097-2/7

深圳蓝皮书
深圳社会治理与发展报告（2018）
著(编)者：张骁儒　2018年6月出版 / 估价：99.00元
PSN B-2008-113-4/7

生态安全绿皮书
甘肃国家生态安全屏障建设发展报告（2018）
著(编)者：刘举科 喜文华
2018年10月出版 / 估价：99.00元
PSN G-2017-659-1/1

顺义社会建设蓝皮书
北京市顺义区社会建设发展报告（2018）
著(编)者：王学武　2018年9月出版 / 估价：99.00元
PSN B-2017-658-1/1

四川蓝皮书
四川法治发展报告（2018）
著(编)者：郑泰安　2018年1月出版 / 估价：99.00元
PSN B-2015-441-5/7

四川蓝皮书
四川社会发展报告（2018）
著(编)者：李羚　2018年6月出版 / 估价：99.00元
PSN B-2008-127-3/7

云南社会治理蓝皮书
云南社会治理年度报告（2017）
著(编)者：晏雄 韩全芳
2018年5月出版 / 估价：99.00元
PSN B-2017-667-1/1

地方发展类-文化

北京传媒蓝皮书
北京新闻出版广电发展报告（2017~2018）
著(编)者：王志　2018年11月出版 / 估价：99.00元
PSN B-2016-588-1/1

北京蓝皮书
北京文化发展报告（2017~2018）
著(编)者：李建盛　2018年5月出版 / 估价：99.00元
PSN B-2007-082-4/8

创意城市蓝皮书
北京文化创意产业发展报告（2018）
著(编)者：郭万超 张京成　2018年12月出版 / 估价：99.00元
PSN B-2012-263-1/7

创意城市蓝皮书
天津文化创意产业发展报告（2017~2018）
著(编)者：谢思全　2018年6月出版 / 估价：99.00元
PSN B-2016-536-7/7

创意城市蓝皮书
武汉文化创意产业发展报告（2018）
著(编)者：黄永林 陈汉桥　2018年12月出版 / 估价：99.00元
PSN B-2013-354-4/7

创意上海蓝皮书
上海文化创意产业发展报告（2017~2018）
著(编)者：王慧敏 王兴全　2018年8月出版 / 估价：99.00元
PSN B-2016-561-1/1

非物质文化遗产蓝皮书
广州市非物质文化遗产保护发展报告（2018）
著(编)者：宋俊华　2018年12月出版 / 估价：99.00元
PSN B-2016-589-1/1

甘肃蓝皮书
甘肃文化发展分析与预测（2018）
著(编)者：王俊莲 周小华　2018年1月出版 / 估价：00.00元
P3N B-2013-314-3/6

甘肃蓝皮书
甘肃舆情分析与预测（2018）
著(编)者：陈双梅 张谦元　2018年1月出版 / 估价：99.00元
PSN B-2013-315-4/6

广州蓝皮书
中国广州文化发展报告（2018）
著(编)者：屈哨兵 陆志强　2018年6月出版 / 估价：99.00元
PSN B-2009-134-7/14

广州蓝皮书
广州文化创意产业发展报告（2018）
著(编)者：徐咏虹　2018年7月出版 / 估价：99.00元
PSN B-2008-111-6/14

海淀蓝皮书
海淀区文化和科技融合发展报告（2018）
著(编)者：陈名杰 孟景伟　2018年5月出版 / 估价：99.00元
PSN B-2013-329-1/1

河南蓝皮书
河南文化发展报告（2018）
著(编)者：卫绍生　2018年7月出版 / 估价：99.00元
PSN B-2008-106-2/9

湖北文化产业蓝皮书
湖北省文化产业发展报告（2018）
著(编)者：黄晓华　2018年9月出版 / 估价：99.00元
PSN B-2017-656-1/1

湖北文化蓝皮书
湖北文化发展报告（2017~2018）
著(编)者：湖北大学高等人文研究院
　　　　　中华文化发展湖北省协同创新中心
2018年10月出版 / 估价：99.00元
PSN B-2016-566-1/1

江苏蓝皮书
2018年江苏文化发展分析与展望
著(编)者：王庆五 樊和平　2018年9月出版 / 估价：128.00元
PSN B-2017-637-3/3

江西文化蓝皮书
江西非物质文化遗产发展报告（2018）
著(编)者：张圣才 傅安平　2018年12月出版 / 估价：128.00元
PSN B-2015-499-1/1

洛阳蓝皮书
洛阳文化发展报告（2018）
著(编)者：刘福兴 陈启明　2018年7月出版 / 估价：99.00元
PSN B-2015-476-1/1

南京蓝皮书
南京文化发展报告（2018）
著(编)者：中共南京市委宣传部
2018年12月出版 / 估价：99.00元
PSN B-2014-439-1/1

宁波文化蓝皮书
宁波"一人一艺"全民艺术普及发展报告（2017）
著(编)者：张爱琴　2018年11月出版 / 估价：128.00元
PSN B-2017-668-1/1

山东蓝皮书
山东文化发展报告（2018）
著(编)者：涂可国　2018年5月出版 / 估价：99.00元
PSN B-2014-406-3/5

陕西蓝皮书
陕西文化发展报告（2018）
著(编)者：任宗哲 白宽犁 王长寿
2018年1月出版 / 估价：99.00元
PSN B-2009-137-3/6

上海蓝皮书
上海传媒发展报告（2018）
著(编)者：强荧 焦雨虹　2018年2月出版 / 估价：99.00元
PSN B-2012-295-5/7

上海蓝皮书
上海文学发展报告（2018）
著(编)者：陈圣来　2018年6月出版 / 估价：99.00元
PSN B-2012-297-7/7

上海蓝皮书
上海文化发展报告（2018）
著(编)者：荣跃明　2018年2月出版 / 估价：99.00元
PSN B-2006-059-3/7

深圳蓝皮书
深圳文化发展报告（2018）
著(编)者：张骁儒　2018年7月出版 / 估价：99.00元
PSN B-2016-554-7/7

四川蓝皮书
四川文化产业发展报告（2018）
著(编)者：向宝云 张立伟　2018年4月出版 / 估价：99.00元
PSN B-2006-074-1/7

郑州蓝皮书
2018年郑州文化发展报告
著(编)者：王哲　2018年9月出版 / 估价：99.00元
PSN B-2008-107-1/1

❖ 皮书起源 ❖

"皮书"起源于十七、十八世纪的英国，主要指官方或社会组织正式发表的重要文件或报告，多以"白皮书"命名。在中国，"皮书"这一概念被社会广泛接受，并被成功运作、发展成为一种全新的出版形态，则源于中国社会科学院社会科学文献出版社。

❖ 皮书定义 ❖

皮书是对中国与世界发展状况和热点问题进行年度监测，以专业的角度、专家的视野和实证研究方法，针对某一领域或区域现状与发展态势展开分析和预测，具备原创性、实证性、专业性、连续性、前沿性、时效性等特点的公开出版物，由一系列权威研究报告组成。

❖ 皮书作者 ❖

皮书系列的作者以中国社会科学院、著名高校、地方社会科学院的研究人员为主，多为国内一流研究机构的权威专家学者，他们的看法和观点代表了学界对中国与世界的现实和未来最高水平的解读与分析。

❖ 皮书荣誉 ❖

皮书系列已成为社会科学文献出版社的著名图书品牌和中国社会科学院的知名学术品牌。2016年，皮书系列正式列入"十三五"国家重点出版规划项目；2013~2018年，重点皮书列入中国社会科学院承担的国家哲学社会科学创新工程项目；2018年，59种院外皮书使用"中国社会科学院创新工程学术出版项目"标识。

中国皮书网

（网址：www.pishu.cn）

发布皮书研创资讯，传播皮书精彩内容
引领皮书出版潮流，打造皮书服务平台

栏目设置

关于皮书：何谓皮书、皮书分类、皮书大事记、皮书荣誉、
皮书出版第一人、皮书编辑部

最新资讯：通知公告、新闻动态、媒体聚焦、网站专题、视频直播、下载专区

皮书研创：皮书规范、皮书选题、皮书出版、皮书研究、研创团队

皮书评奖评价：指标体系、皮书评价、皮书评奖

互动专区：皮书说、社科数托邦、皮书微博、留言板

所获荣誉

2008 年、2011 年，中国皮书网均在全
国新闻出版业网站荣誉评选中获得"最具商
业价值网站"称号；

2012 年，获得"出版业网站百强"称号。

网库合一

2014 年，中国皮书网与皮书数据库端
口合一，实现资源共享。

权威报告·一手数据·特色资源

皮书数据库
ANNUAL REPORT(YEARBOOK)
DATABASE

当代中国经济与社会发展高端智库平台

所获荣誉

- 2016年，入选"'十三五'国家重点电子出版物出版规划骨干工程"
- 2015年，荣获"搜索中国正能量 点赞2015""创新中国科技创新奖"
- 2013年，荣获"中国出版政府奖·网络出版物奖"提名奖
- 连续多年荣获中国数字出版博览会"数字出版·优秀品牌"奖

成为会员

通过网址www.pishu.com.cn或使用手机扫描二维码进入皮书数据库网站，进行手机号码验证或邮箱验证即可成为皮书数据库会员（建议通过手机号码快速验证注册）。

会员福利

- 使用手机号码首次注册的会员，账号自动充值100元体验金，可直接购买和查看数据库内容（仅限使用手机号码快速注册）。
- 已注册用户购书后可免费获赠100元皮书数据库充值卡。刮开充值卡涂层获取充值密码，登录并进入"会员中心"—"在线充值"—"充值卡充值"，充值成功后即可购买和查看数据库内容。

数据库服务热线：400-008-6695   图书销售热线：010-59367070/7028
数据库服务QQ：2475522410   图书服务QQ：1265056568
数据库服务邮箱：database@ssap.cn   图书服务邮箱：duzhe@ssap.cn

序号	市州	项目数(个)	到位资金(亿元)	2016年同期到位资金(亿元)	同比增长率(%)
11	金 昌	212	90.45	157.20	-42.5
12	嘉峪关	73	75.17	76.20	-1.4
13	临 夏	38	32.40	62.00	-47.74
14	甘 南	49	7.88	8.00	-1.5
合计		4494	3664.51	4780.53	-23.3

三是推进项目落地。项目落地是招商引资工作的重中之重，招商签约合同履约率、资金到位率、项目开工率、企业投产率是招商引资成果的主要体现之一。近年来，甘肃省政府各级、各部门深入贯彻落实省委、省政府工作部署，瞄准转方式调结构，努力把好规划、功能、结构、环保和投资强度等"五关"，突出"产业链招商"和"链条式集聚"，加快引进和培育符合产业发展导向、科学技术含量高、产品有较大增值、产业关联度高、带动力强的大项目，通过组织大型综合招商、点对点招商、上门招商、以商招商等形式积极推动项目签约落地，实现引进一个好项目、带来一批新配套，发展一个重点产业，带动一方经济发展。为了推进项目落地，甘肃省出台了《关于推进与央企合作项目落地的意见》，省政府专门组建了项目落地办公室，每年向社会公布重点招商引资落地项目名单，狠抓项目落地。第22届兰洽会签约项目1435个，开工率75.8%，到位资金2523亿元，到位率33.2%。第23届兰洽会签约项目920个，目前已开工项目477个，开工率52%，到位资金299.54亿元，到位率9.6%（见表5）。

表5 第19~23届兰洽会签约项目一览

项目	签约项目(个)	开工率(%)	到位资金(亿元)	到位率(%)
第19届兰洽会	127	92.7	854.24	73.77
第20届兰洽会	121	85.21	705.02	52.22
第21届兰洽会	122	84.72	499.84	36.00
第22届兰洽会	1435	75.8	2523	33.2
第23届兰洽会	920	52	299.54	9.6

第 23 届兰洽会 14 个市州签约项目进展情况见表 6。

表 6　第 23 届兰洽会签约项目进展情况（截至 2017 年 7 月底）

地区	签约情况		到位情况		开工情况		建成情况	
	签约项目（个）	签约金额（亿元）	到位额（亿元）	到位率（%）	开工项目（个）	开工率（%）	建成项目（个）	建成率（%）
合　计	920	3129.33	299.54	9.57	477	51.85	8	0.87
平　凉	115	280.50	27.68	9.87	50	43.48	0	0.00
张　掖	71	101.74	26.62	26.16	58	81.69	4	5.63
陇　南	96	237.41	17.59	7.41	42	43.75	0	0.00
嘉峪关	19	110.85	12.57	11.34	12	63.16	0	0.00
白　银	94	216.36	9.14	4.23	64	68.09	0	0.00
兰　州	103	754.46	88.11	11.68	46	44.66	0	0.00
天　水	97	320.50	53.01	16.54	76	78.35	1	1.03
定　西	97	294.35	6.42	2.18	24	24.74	0	0.00
武　威	52	145.84	7.21	4.94	27	51.92	0	0.00
庆　阳	53	262.75	25.83	9.83	29	54.72	1	1.89
金　昌	49	133.75	5.34	3.99	20	40.82	0	0.00
酒　泉	48	206.30	4.50	2.18	11	22.92	0	0.00
甘　南	6	4.68	0.28	5.94	3	50.00	0	0.00
临　夏	20	59.85	15.23	25.45	15	75.00	2	10.00

四是抓好督促检查。为全力做好招商引资和项目落地工作，提高签约项目开工率、资金到位率和建成投产率，全面摸清项目建设具体进展情况，省政府有关部门每季度定期召开一次调度会，专门听取项目建设单位和各市州政府关于项目落地的进展情况汇报，分析经济发展形势暨项目落地工作情况，协调解决所遇到的困难和问题，并逐个项目地提出下季度工作进度要求。同时，按照项目落地的进展情况，实行由好到差顺序排列，书面通知其加强整改，并在全省范围内进行通报，坚定不移地推进"3341"项目建设工程。省政府每半年组织督查组，对项目建设单位和各市州项目落地情况进行一次专项督查。组织全省项目观摩活动，并在项目

观摩活动中发现省上及各市州在抓项目、促投资、谋发展中的好做法、好经验和新亮点，力促全省项目建设工作迈上新台阶。各级有关部门为了推动项目的落地，将其列入考评部门领导班子的工作实绩，并作为调整选拔使用干部的重要依据。

（四）创新管理机制，推进项目建设

一是建立融资机制。项目是支撑发展、引领转型的重要载体，而招商引资又是促进项目建设不断滚动前行的重要保障。为加大招商引资力度，2016年7月甘肃省政府办公厅下发了《关于促进外贸回稳向好的实施意见》，要求加大招商引资力度，充分利用投洽会、高交会等对外开放平台，通过组织跨国公司、粤商陇上行等系列招商活动，加快引进一批有规模的外向型企业，壮大产业基础，提升产业层级，提升甘肃省进出口规模和质量。2016年11月，甘肃省委、省政府下发了《关于深化投融资体制改革的实施意见》，要求建立省级部门境外投资工作和服务企业联合工作协调机制，在项目融资保险、深化外汇管理、强化风险防控等方面为企业境外投资提供便利。并从强化企业投资主体地位、完善政府投资体制、创新融资机制、转变政府职能、推进相关领域改革等方面完善新型投融资体制机制，加快推进供给侧结构性改革，充分发挥有效投资对稳定增长、调整结构、补齐短板、惠济民生的关键作用。有关部门数据显示，2016年，甘肃省利用外资11588万美元。2017年1~7月，甘肃省利用外资3679万美元。截至目前，甘肃省累计外资额186.86亿美元（见表7）。

表7　甘肃省利用外资情况

项目	2016年(万美元)	2017年1~7月(万美元)	累计外资额(亿美元)
利用外资	11588	3679	186.86

二是抓好项目联审。为确保每一个签约的项目如期开工，甘肃省一些市县制定了重大投资项目审批"绿色通道"制度，实施招商引资项目的集

中签约评审、落地情况跟踪、建设进度通报、难点问题督办、工作责任追究等制度，以切实提高项目的履约率、资金到位率、开工率及建成投产率。充分发挥招商引资项目落地办公室的职能，实行领导挂点、部门主抓、县市区推进的项目落地工作机制，每季度定期召开一次项目落地督办会议，及时解决项目建设中存在的问题。为做好重点项目建设推进及联审联批工作，项目单位增强项目审批办结的紧迫感和责任感，明确时间节点，严格按照要求做好项目办结工作；相关职能部门积极配合项目手续的审批办理，积极主动协调问题并搞好服务，确保各重点项目尽快开工建设。同时，实行企业投资项目管理负面清单制度，对负面清单、《企业投资项目核准目录》外的一些项目，统一实行备案制，由企业自主决策、自担风险、自负盈亏。

三是创新服务方式。为做好招商引资的服务工作，甘肃省逐步推行了投资项目审批首问负责制，要求审批协调机构或投资主管部门作为首家受理单位采取"一站式"受理、"全流程"服务，从始至终负责到底。充分运用"互联网＋"与大数据应用等技术，加快建设投资项目在线审批监管平台与应用工作，联通各级政府部门，完善覆盖到全省所有企业投资项目的服务体系，实现一口受理、限时办结、规范透明、网上办理。加快建立投资项目的统一代码制度，统一汇集建设、审批、监管等项目信息，推动信息公开，实现信息共享。各有关部门制定发布投资审批工作规则、项目办事指南，公开受理情况、办理过程、审批结果，发布政策信息、投资信息等，为企业投资提供决策参考和服务帮助。统计主管部门按国家统计数据使用和发布工作制度，不断完善统计指标体系、监测制度，为投资者提供全面的投资咨询服务，及时向社会发布相关专项投资完成情况等信息，及时、全面、准确反映政府投资、民间投资状况。大力推动管理重心下移，加强业务指导和基层投资管理队伍建设，给地方更多的自主权，充分调动地方的积极性。

四是推进项目监督。近年来，甘肃省紧盯国家宏观政策和产业发展导向，在全力做好项目建设和招商引资工作的基础上，加大对招商引资工程的监督。省上成立领导小组，各成员单位以平台实施、基础建设、产业发展、项目推进、政策保障、环境优化等任务为重点，进一步落实工作责任，及时发现和解决项目建设中存在的问题，优化项目建设环境，提高项目建设效能，确保招商引资项目工程顺利实施、廉洁开展、加快推进。各地、各部门按照招商引资项目工程监督检查的重点内容，建立动态台账，每半年开展一次自查。省监察厅会同有关部门，按照招商引资项目工程建设进度，围绕项目建设的重点环节和阶段性任务，组织开展集中专项督查行动，并以专题报告的形式报省委、省政府和领导小组办公室。对检查发现的问题逐一建立问题档案，及时督导整改，不断强化行政监督和行政问责。特别是对重点工程项目，由纪检监察机关牵头，会同发改、财政、审计等成员单位，实行全程监督，把预防、监督措施延伸到重要建设工程的招投标、物资采购、资金管理、工程监理、竣工验收等关键环节。

（五）营造良好环境，注重招商质量

一是转变政府职能。随着世界多极化、经济全球化时代的到来，招商引资已成为世界范围内经济发展和增长的新支点。面对国际经济形势复杂、国内经济下行压力大以及改革步入深水区和攻坚期的特殊时期，切实做好全省对外开放和招商引资工作，近年来，甘肃省委、省政府首先下好转变政府职能的"先手棋"，为企业松绑，坚持简政放权、放管结合、优化服务"三管齐下"，不断推进行政审批、投资审批、职业资格管理、商事制度等方面的改革，取得了积极的成效。省政府先后分五批取消、调整和下放审批事项397项，全面清理和取消各级各部门非行政许可审批事项。不断深化投资审批改革，积极破解投资项目审批难的瓶颈制约，适时修订《甘肃省政府核准的投资项目目录》，进一步简化、整合投资项目报建手续工作，优化审批流程，压减前置审批环节和时限，提高审批效率，提升服务质量；甘肃省级投资项目在线审批监督平台建设已实现纵向贯通和横向联动，初步具备了投资项目审批"平台受理、并联审批、在线办理、全程监察"功能。商事工作全面实行了"三证合一""一照一码"制度，进一步降低准入门槛，强化

市场主体责任，切实提高服务水平。这些改革举措，进一步激发了发展新动力，释放了工作新活力，有力地推进了甘肃全省大众创业、万众创新的良好生态加快形成。

二是营造创业氛围。为了营造良好的创新创业生态环境，推动产业优化升级，激发全社会创新创业活力，积极探索西部欠发达地区依靠创新驱动、实现跨越发展的新模式，自 2015 年 6 月以来，甘肃省政府下发了《甘肃省发展众创空间推进大众创新创业实施方案》《甘肃省加快众创空间发展服务实体经济转型升级的实施方案》《关于扎实推进众创空间建设工作的意见》《甘肃省众创空间认定管理办》等一系列的政策办法，为甘肃省推进大众创业、万众创新开辟了政策空间。从加快构建众创空间、营造以服务"创业、创意、创新"为主题的政策环境、鼓励全社会参与创新创业、加强财政资金引导和税收优惠、完善创业投融资机制、积极发展电子商务、建立完善的创新创业服务体系、营造创新创业文化氛围、加快建立创新孵化人才队伍等方面全面阐述了重点任务，并明确了责任单位。举办了"中国创新创业大赛（甘肃赛区）暨'兰州高新杯'甘肃省创新创业大赛"，编辑印刷了《甘肃创新创业—双创 SHOW》宣传画册，成立了"兰州众创空间（孵化）联盟"，开启了社会资源和共享服务模式，合力服务众多创业者，加强创业导师队伍建设，开展"创业导师陇原行"系列活动。多措并举打造创新创业培训新模式，通过技术项目对接会、创业辅导培训、创业咖啡训练营、专题论坛讲座、融资路演、创意设计大赛等各类活动，营造人人不断奋斗、人人参与创业、人人推动创新的舆论环境和良好氛围。

三是解决实际问题。近年来，甘肃省通过搭建平台、政策保障等多种措施，有效解决在甘投资企业遇到的各类困难和问题。省市领导深入在甘投资企业进行实地督查，详细了解项目的进展、背景和目前遇到的困难和问题，并就"问题清单"进行逐一落实，推进甘肃省重点招商引资项目建设。一些监管单位不断强化监管履责，切实加强监管督导，积极引导市场机构归位尽责，凝聚各方力量积极探索开展有利于在甘投资企业的保护机制和创新举措，丰富充实在甘投资企业保护制度，构筑投资者保护体系，维护资本市场公正、公平、公开的良好秩序，全力推进辖区资本市场的稳定健康发展。一些窗口单位制定符合在甘投资企业的"配菜单"，由企业"点菜"，提供个性化服务，做到"请进来"与"走出去"相结合，以"咨询"和"预约"为主要形式，有针对性地帮助企业解决实际问题。一些职能部门积极落实各项创业扶持政策，着力完善、落实创业援助制度，为在甘创业提供有力的保障。金融部门扩大创业担保贷款对象范围，统一贷款额度，调整贷款期限，大力支持在甘投资企业实现创业发展。投服中心与甘肃辖区签署投资者纠纷解决合作备忘录，为投资者提供更加公正、专业、便捷、高效的调解服务，进一步畅通纠纷解决途径，大力推动甘肃辖区投资者纠纷多元化解机制的建立和完善。

四是提升引资质量。作为新丝绸之路经济带的重要节点，拓展广度深度提升开放水平是推动甘肃发展的必须之举。而开放水平最为核心的问题就是招商引资，基本路径或标志就是引进项目。近年来，甘肃省把招商引资的项目定位在引"高、新、强、导"上："高"即高技术含量，"新"即新兴产业，"强"即世界、中国、行业、民企的500强，"导"即先导性产业。围绕这一定位，采取多项举措全面提高招商引资的质量和水平，推动大项目、好项目、重点产业、重点区域、政策体系建设，坚持引进内资与引进外资相结合，承接与配套相结合，数量和质量相结合，由注重招商引资项目效益型向生态效益型转变，由招商引资向"招商选资"转变，重点瞄准国内外大企业、大集团，着力引进综合实力强、信誉好的投资者和市场前景好、发展潜力大的好项目，招大引强，争取大项目大投资。按照科技含量、投资强度、产出效益和生态影响等标准，将项目的经济和社会效益作为衡量引进项目的标准，在项目选择上突出工业项目、新兴服务业项目和高新技术项目、高财税贡献率项目、节能环保项目。并转变传统观念，由撒网式的招商引资转向有针对性的招商选资，更加注重产业政策、投资强度、带动作用，提高招商企业规模的准入门槛，禁止投资量过小而且浪费资源、造成污染的项目准入。

（六）实施精准招商，加速产业集聚

一是提炼招商卖点。招商卖点就是为经销商和合作伙伴给予信心的独特主张。近年来，甘肃省一些企业为加大精准招商力度，组建项目组，进行系统优化与卖点提炼，深度挖掘项目商业价值，提炼项目独特卖点，提升投资吸引力。甘肃项目邦O2O精品生意平台，加盟总部同时组织商业路演，批量组织投资者考察，每月为每个项目开1~3场商业路演，邀约准项目邦投资者考察、洽谈。在各平台上对目标投资人进行广告投放和实时调整，锁定项目邦潜在客户，精准锁定招商重点、行动路线、核心目标，专业提炼项目的针对性、个性化的招商卖点，打造良好的产业承载空间与配套优势，筑巢引凤，实现精准承载，吸引投资者的青睐。为产品寻找、发掘、提炼卖点，甘肃省一些电商运营人员对每个产品进行仔细研究，在搜集大量竞品资料的基础上，通过对比，找到自己产品的独特、优势之处，为自己开辟精准营销创富平台。

二是实现聚焦突破。聚焦产业、聚焦区域市场，最终目的是锁定真正有可能落户当地的重点企业目标，是实现精准招商的核心和关键。近年来，甘肃省聚焦重点，实现"项目带动行动"，重点培育壮大区域首位产业链，推进实施循环经济项目。各地坚持从实际出发，根据区域要素禀赋和比较优势发展特色产业，以培育发展当地最有基础、最有特色、最具潜力的主导特色产业为突破口，着力打造能够对地方经济起到决定性龙头带动作用的产业，以形成特色鲜明、错位发展、优势互补的经济新增长极。地方政府招商部门为实现聚焦突破，制定产业招商地图，锁定重点招商目标，找准企业目标投资战略与地方政府产业招商的结合点，围绕二者结合点，进行聚焦突破，真正锁定当前具有投资意愿的核心企业目标，从而在"招商企业"这一维度真正实现精准招商。

三是寻找合作伙伴。选择好合适的投资合作伙伴是企业获得最大利润的前提保障，也是其获得市场竞争力的关键。近年来，甘肃省从大的产业到细分产业、价值链节点，都有着不同的分布特征，一些企业在制定产业

招商行动路线的过程中，充分把握各细分产业及其价值链节点的实际分布特征，从投资合作伙伴的设计开发能力、加工制造能力、销售情况、敏捷性等主要指标入手，通过定性与定量相结合的分析方法对投资合作伙伴进行评价，有针对性地行动，在各节点区域市场，寻找在资金、技术、市场、管理等方面具有非常明显优势、较强互补性，新上项目能带来切实可行的辐射助推效应，能够推进产业结构优化升级，提升企业核心创新能力和竞争力，拓展"陇牌"产品市场占有率，致力于长期的投资与合作，谋求获得长期利益回报和可持续发展的，形成产业集群的合作伙伴。通过构建企业联盟，有效组织企业的业务流程，进行资源共享，充分发挥企业的核心竞争力，将各企业的资源有效整合，从而迅速占领市场，进而精准找到投资合作伙伴。

四是加速产业集聚。"产业集聚是指同一产业在某个特定地理区域内高度集中，产业资本要素在空间范围内不断汇聚的一个过程。"近年来，面对经济社会发展的"新常态"，甘肃省进一步解放思想，以兰白科技创新改革试验区、兰州新区、兰州国家高新技术开发区、金昌国家新材料高技术产业基地、酒泉国家经济技术开发区、兰州军民结合国家新型工业化产业基地等产业集聚区和开发区为基地和平台，推进精准招商，促高端产业集聚。兰州新区结合产业发展的规划，积极实施"四千七百"产业链延伸壮大工程，把精准招商引资作为推动发展的动力，加快推进产业集聚化、链条式发展，着力打造新材料、生物医药、装备制造、石化等产业集群，努力构建多点多极支撑的现代产业体系，推进项目建设，着力构建"3341"项目工程兰州新区战略平台。截至目前，新区累计引进产业项目281个，总投资达3883亿元。目前已经有96户企业建成投产，高端装备制造、新材料、生物医药等战略性新兴产业初具规模，经济产业集聚效应加速形成（见表8）。

表8　兰州新区引进产业项目

项目	项目数(个)	总投资(亿元)	建成投产(户)
兰州新区引进产业项目	281	3883	96

二 甘肃招商引资面临的问题

（一）经济下行压力加大，招商引资面临困难

当前世界经济正在深度调整、复苏之路艰难，我国经济发展进入新常态，正处于爬坡过坎的关口。虽然全省经济仍处在合理稳定的运行区间，但受国际国内各种因素影响，经济下行压力持续加大，多重困难和挑战相互交织，各类风险矛盾日益突出，加之部分投资企业自身规模小、抗风险能力弱等原因，一些原本打算新上技改项目的投资商投资意愿减弱，对项目投资持观望态度，有的投资商暂缓甚至搁置了投资，有的投资商现有产能很难开足，投资意愿不强，不再上新产能，这都导致一些较大项目没有按期开工，严重影响了项目的建设进展。同时，经过近几年的高速增长，招商引资到位资金基数比较大，继续保持高增长率的难度在加大。

（二）投资环境不够优化，项目落地较为迟缓

一些相关职能部门存在思想不够解放，服务意识不强，执行优惠政策落实不到位、不规范等问题，部门联动机制尚未形成，项目行政审批手续办理速度慢、效率低，在一定程度上影响了项目开工及建设。有的跟踪服务企业不到位，推延了项目进度。同时土地成本高及征地难问题也较突出。由于土地政策的调整，土地成本日趋增高，土地征用困难，失地农民补偿和拆迁安置难度较大，有的项目土地成本与发达地区相比已无明显竞争优势，直接影响了项目落户和整体招商工作。同时，一些工业园区在道路、供排水、供电、供气等基础设施建设上进展较慢，与"六通一平"的标准要求还有一些差距，对招商引资项目的引进、落实带来一定困难。

（三）项目质量和层次低，招商的成功率不高

在招商引资和项目建设中，有的部门不注重提高项目质量和层次，没有

把上项目、谋发展的着力点放在优化产业结构、转变经济发展方式上，没能实施一批精深加工型、资源综合利用型项目和高新技术产业化项目，以促进项目结构优化升级。而特色优势突出、市场前景看好的产业类大项目、好项目、精品项目偏少；储备项目的质量不够高，一些储备项目的编制不太规范，缺乏深入细致的研究和可行性论证，依然存在"项目一张纸"的问题。引资项目中属科技含量高、特色优势突出、市场前景好、循环经济的大项目、好项目偏少。有的部门由于缺乏对外部经济形势的准确了解研判，招商手段单一，缺乏有效的招商载体和吸引力，影响招商引资成功率。

（四）相关的数据欠准确，致使招商效率低下

在招商引资中，有的部门项目报表统计、信息报送等工作质量不高，项目进度与统计报表不符的现象普遍存在，主要表现在签约资金小额大签、到位资金大部分没有银行凭证、固定资产大部分没有建立台账等方面。有的部门不能对各方面反馈的项目信息和线索进行分析、会商，提取有价值的项目线索再落实到各个招商组进行跟踪对接。有的部门不能通过一些招商信息平台获取项目资源，实现对项目的"精准画像"；一些信息平台不能充分利用"线上＋线下"联动模式为投资方和招商方搭建良好的交流空间，并通过整合项目资源，给招投双方提供便捷的方式，不能通过一定的渠道把介绍、宣传本地的信息、资料传递给可能的"顾客"。

三　甘肃招商引资的对策建议

（一）推动产业优化升级，拓宽招商引资渠道

要围绕新兴支柱产业、省级企业集团公司、国家千户集团成员和对区域经济快速、健康、可持续发展，关联度大，创汇能力高，带动作用强的项目进行对外招商引资。组织好以企业为责任主体、项目建设为重点的招商工作，以存量换取增量，以资源换资本，如无偿提供土地、整体拍卖、租赁延

长、嫁接改造等多种方式，吸引国外资本和大财团来甘肃投资发展。引导外商投资投向符合甘肃省结构调整优化方向的领域和项目，推动引资、引技、引智有机结合。加快走出去步伐，增强企业国际化经营能力，培育一批具有世界水平的跨国公司。围绕传统产业提质增效、新兴产业培育壮大，发挥区域比较优势，实现优势互补，加强联合协作，优化产业结构，扩大产业规模，形成产业聚集区，做大做强传统支柱产业和新兴产业开展招商引资。

（二）提升示范区承载力，不断增强其知名度

良好的投资环境对各种发展要素的吸附力明显增强，是一个地区吸引投资、促进当地经济发展的一个前提条件。要加快园区基础设施建设步伐和各项配套设施建设，特别要进一步拓宽融资渠道，切实解决资金"瓶颈"困难。真正能让投资者看重的就是良好的经济发展环境。如果说投资项目是一粒种子，那么一个地方的经济发展环境就是一片供其成长的土壤，土壤的温度、湿度以及肥沃程度都会影响到这粒种子的发育和成长。要先栽好充满希望的"梧桐树"，进而多引"凤凰"来。进一步对示范区加大宣传力度，整合宣传力量和经费，聘请高水准的策划包装公司进行整体策划和包装，科学安排布点，积极打造优质、精品、标准化示范区，努力扩大品牌效应，提高知名度和美誉度。

（三）加大项目督查力度，形成抓落实的合力

牢固树立招商引资是经济发展引擎的理念，切实把招商工作当作"一号工程"列入中心工作，当作加快经济建设、建成小康社会的有力抓手，把督促检查贯穿于招商引资的全过程，为促进项目建设发挥积极作用。加大省政府有关职能部门统筹指导力度，积极指导各地州市做好招商引资服务和项目推进落实工作，定期收集梳理需要省级部门协调解决的具体问题，加强省直部门之间的协调联动，形成工作合力。适时对各地州市招商引资和项目推进工作进行分析调研，总结经验，发现问题，寻求对策，在全省范围内，

分区域、分行业选择具有典型示范作用的招商引资重大项目，定期组织各部门召开项目调度会，为项目快速推进提供保障。

（四）健全工作体制机制，营造全民招商氛围

招商引资是新常态下推进经济社会快速发展的战略举措，这一举措旨在强化各级党政"一把手"专注发展定力，加强组织领导、整合资源要素、健全工作体制机制，营造"处处都是招商环境、个个都是招商形象、人人都是招商大使"的社会招商氛围，围绕精准招商、产业招商、中介招商、展会招商、驻点招商、组团招商、区域招商等做好招商引资工作的统筹调度，进一步优化招商引资工作管理体制机制，建立和完善考核办法，制定奖励措施，明确和加强省直有关部门和各地州市的职责权利。落实完善招商引资优惠扶持政策，发挥好政策的激励和保障作用。完善全省各级招商引资工作机制，形成省市县联动推进、各部门全面配合、全社会广泛参与的招商引资工作格局。

B.11
甘肃利用外资状况分析报告

索国勇 *

摘　要： 甘肃省在新的发展理念指导下，以开放带动发展，努力释放丝绸之路经济带黄金段的吸附和带动效应，外商投资环境不断改善，吸引外资能力得到增强。本报告就利用外资的环境、投资规模、区域分布、行业结构、来源国（地区）结构等方面做了较为充分的分析，比较了西北五省（区）利用外资的情况，解析了现阶段甘肃外商投资规模下降的原因，并依据利用外资中存在的主要问题，提出了稳定外资投入规模等对策建议。

关键词： 甘肃　利用外资　外商投资

外商投资已成为国民经济的重要组成部分，有效合理地利用外资是地方经济发展水平的重要标志之一。甘肃省在新的发展理念指导下，以开放带动发展，努力扩大向西开放的广度和深度，不断释放丝绸之路经济带黄金段的吸附和带动效应，积极引导和拓展外资投入的合作领域，为经济社会的发展注入了新的动力，开辟了新的空间，增添了新的活力。

随着《甘肃省"十三五"开放型经济发展规划》以及《国务院关于扩大对外开放积极利用外资若干措施的通知》的贯彻落实，生态环境的保护力度不断加大，基础设施建设不断改善，对外开放的经济平台、经贸平台和

---

* 索国勇，甘肃省社会科学院马克思主义研究所副研究员、副所长，主要研究方向为政治学。

文化平台建设取得了新进展，通过推行新法、简政放权、开放通道等一系列措施，全面提升了甘肃对外开放的质量和水平，多层次的政策环境和社会环境持续得到改善。

2017 年上半年，外商投资的规模与 2016 年同期相比总体有所下降，外商的投资方式表现出稳定性特征，"一带一路"沿线国家的投资额有所增加，以向西开放助推经济社会发展的效果初步显现。

一　甘肃省利用外资发展环境持续改善

在"一带一路"倡议的驱动下，甘肃加大了对丝绸之路经济带黄金段建设的力度，不断拓展向西开放的力度，为提高对外开放水平，甘肃通过推行新法，简化审批管理程序，设立中国（甘肃）国际贸易单一窗口，建设对外开放口岸平台等，着力打造对外开放的经济平台、经贸平台和文化平台，全面提升了对外开放的质量和水平，投资环境得到了一定程度的优化和改善。

（一）推行新法，简政放权，优化审批管理程序，改善了政策环境

政策环境是引进外资的重要条件，甘肃省为增大引进外资规模，强化自身竞争力，深入贯彻落实相关政策，进一步扩大开放，全面改善投资环境，优化外资产业布局，深入推进新一轮改革开放，以改革促发展。

（1）推行新法，积极实施和完善对外开放政策，扩大对外开放程度。2014 年甘肃省委、省政府印发了《"丝绸之路经济带"甘肃段建设总体方案》（甘发〔2014〕10 号），2015 年印发了《甘肃省参与建设丝绸之路经济带和 21 世纪海上丝绸之路的实施方案》（甘发〔2015〕15 号），2016 年甘肃省委、省政府颁布了《关于进一步扩大对外开放的意见》（甘发〔2016〕8 号），制定了《甘肃省"十三五"开放型经济发展规划》（甘政办发〔2016〕141 号），为贯彻落实《国务院关于扩大对外开放积极利用外资若干措施的通知》（国发〔2017〕5 号），制定了甘肃省的贯彻实施意见。

认真执行新修订的外商投资四部法律和商务部《外商投资企业设立及

变更备案管理办法》。对不涉及国家规定实施准入特别管理措施的外商投资企业设立及变更，由审批改为备案管理，同时下放变更备案职能，推进外商投资准入前国民待遇加负面清单管理模式在全省实施。

（2）简政放权，规范审批管理制度，优化外资企业发展环境。推行阳光政务，梳理权责事项，推进依法行政，创新监管方式，减免审批事项，限定审批时限，降低准入门槛，采用放管结合的方式，营造了公平公正的发展环境。

（3）推广经验，改善对外开放营商环境。积极推广上海等自贸试验区改革试点经验，实施外商投资管理新模式，外商投资企业行政许可权利事项由原来的9项减少为2项，外商投资企业设立及变更时间，缩短为3个工作日，企业取得营业执照速度提升75%以上。

（二）抢抓机遇，积极应对，建设中国（甘肃）国际贸易"单一窗口"

依托电子口岸推进国际贸易"单一窗口"建设，积极对接国家"单一窗口"标准版，起草了《中国（甘肃）国际贸易"单一窗口"建设方案》，争取1000万元专项建设资金。正在建设中的中国（甘肃）国际贸易"单一窗口"，做到了让信息多跑路，让企业少跑腿。2017年8月16日，兰州中远报关有限公司向中国（甘肃）国际贸易"单一窗口"成功申报了一票通关一体化出口报关单，海关审核放行，标志着"单一窗口"试点取得初步成效。

（三）建设口岸，形成体系，对外开放平台建设取得突破

对外开放平台不足的缺陷，一直都影响着甘肃对外开放的力度和引进外资的效应。建设对外开放口岸，快速完善丝绸之路黄金段建设的平台支撑体系，事关甘肃未来经济社会发展的水平。

（1）建设和推进口岸对外开放。2013年兰州中川机场国际航空口岸正式对外开放，结束了全国唯一没有口岸的省会城市历史。2015年敦煌空运

口岸获批临时对外开放，成为办好丝绸之路（敦煌）国际文化博览会的重要窗口。特别是 2016 年，兰州铁路口岸获准对外开放，成为甘肃历史上第一个铁路口岸；在兰州中川国际机场筹建进口冰鲜水产品及水果指定口岸；在兰州新区综合保税区及武威保税物流中心筹建进口肉类指定查验场；在武威保税物流中心筹建进境木材监管区。

（2）设立和促进海关特殊监管区建设。2014 年 1 月武威保税物流中心（B 型）获批设立，自 10 月正式封关运营以来，入驻武威保税物流中心的企业 70 多家，2016 年实现进出口额 1.6 亿美元；2014 年 7 月，兰州新区综合保税区获批设立，自 2015 年 8 月正式封关运营以来，共有 240 家各类企业在兰州新区综合保税区内注册，2016 年实现进出口额 6.9 亿美元。

（四）开放通道，联通合作，提升通达和集散能力

发挥甘肃区位优势，在丝绸之路经济带甘肃段建设中把道路联通作为基础性工作，通过开辟国际航线、开行中欧货运班列等，提升甘肃的通达和集散能力，逐步形成丝绸之路经济带陆路货物集散中心。

（1）增加了空中通道。截至 2016 年，全省已开通 24 条国际和地区航线，航空口岸出入境 17.3 万人次，同比增长 22.7%；兰州中川机场旅客吞吐量突破 1000 万人次，由此跨入全国大型机场行列；兰州—迪拜、兰州—达卡国际货运包机出口，澳大利亚—兰州国际货运包机进口开始直航，开辟了快捷高效的空中走廊。

（2）开行了国际货运班列。2014 年开通"天马号"（武威—阿拉木图）中欧班列，2015 年开通"兰州号"（兰州—阿拉木图）中亚国际货运班列，当年 8 月，兰州—汉堡中欧国际货运班列、嘉峪关—阿拉木图酒钢钢材中亚国际货运专列相继开通。"兰州号""天马号""嘉峪关号"国际货运班列开行以来，自 2014 年 12 月至 2017 年 6 月，共发运 362 列，货运量 46.09 万吨，货值 9.44 亿美元，物资的集散能力得到了极大的提升。

（3）推进中新南向通道建设。2017 年以来，重庆、广西、贵州、甘肃四省区市密切沟通协商，积极合作推进中新南向通道建设。该通道是依托中新

（重庆）战略性互联互通示范项目，以重庆为运营中心，以广西、贵州、甘肃为重要节点，由中国西部省区市与新加坡等东盟国家通过区域联动、国际合作，利用铁路、公路、水运、航空等多种运输方式，向南经贵州等省市，通过广西北部湾等沿海沿边口岸，通达新加坡及东盟主要物流节点，进而辐射南亚、中东、澳洲等区域的复合型国际贸易物流通道。通道向北与中欧（渝新欧、兰州号）班列连接，利用兰渝铁路及甘肃的主要物流节点，联通中亚、南亚、欧洲等地区，建成后将实现丝绸之路经济带、"21世纪海上丝绸之路"及长江经济带的无缝连接。8月7日，重庆、广西、贵州、甘肃四省区市在南宁召开了中新互联互通南向国际贸易物流通道（简称"中新南向通道"）建设磋商会，标志着该通道建设由共识走向实践，进入机制化推进新阶段。

通过以上四个方面的建设和推进情况来看，甘肃在一定程度上解决和弥补了国际通道不畅、对外开放平台不足等方面的突出问题和缺陷，全面提升了吸引外商投资的基础条件，甘肃省引进外资的整体环境得以持续改善。

二 甘肃省利用外资发展现状

经过多年的开放实践，甘肃省的外商投资形成了以外商独资、中外合资和中外合作为主要的投资方式，并且在近五年内没有明显变化，表现出一定的稳定性特征。外资投入单一行业占比较高，投资规模总体上呈现下降态势。

（一）利用外资方式呈现稳定状态

从2017年1~7月的情况观察，新设立的7个外商投资企业的投资方式分别为外商独资和中外合资，投资方式保持了以往的态势，没有出现新的投资方式的突破，呈现较为稳定的特征。

（二）外商投资规模总体上呈现下降态势

2017年上半年的外商投资企业个数、合同外资金额、实际使用外资金额等方面与2016年同期相比总体呈现下降态势。

（1）外商投资企业个数与 2016 年同期相比减少。2017 年 1～7 月，新设外商直接投资企业 7 家，企业个数与 2016 年同期相比总体减少了 65%。

在新设的 7 家企业中，中外合资企业 5 个，企业个数与 2016 年同期相比减少 68.75%；外商独资企业 2 个，企业个数与 2016 年同期相比减少 50%。其中，中外合资和外商独资企业数量与 2016 年同期相比均减少了一半以上，中外合作企业没有增加和减少的变化（见表 1）。

表 1　外商投资企业个数变化情况

单位：个，%

投资方式	2017 年企业个数	2016 年同期企业个数	同比增长
中外合资企业	5	16	－68.75
中外合作企业	0	0	－
外商独资企业	2	4	－50

资料来源：甘肃省商务厅统计数据（2017 年 1～7 月）。

（2）合同外资金额与 2016 年同期相比下降。2017 年 1～7 月，外商直接投资合同外资金额 22328 万美元，与 2016 年同期相比减少 98.31%。其中，中外合资企业合同外资金额 21600 万美元，与 2016 年同期相比减少 98.33%；外商独资企业合同外资金额 728 万美元，与 2016 年同期相比减少 97.16%（见表 2）。

表 2　合同外资金额同期变化情况

单位：万美元，%

投资方式	合同外资金额 （2017 年数）	合同外资金额 （2016 年同期数）	合同外资金额 （同比增长）
外商直接投资	22328	1321388	－98.31
中外合资企业	21600	1290938	－98.33
独资企业	728	30450	－97.61

资料来源：甘肃省商务厅统计数据（2017 年 1～7 月）。

（3）外商实际投资金额与 2016 年同期相比下降。2017 年 1～7 月，外商实际投资金额 3679 万美元，与 2016 年同期相比下降 45.2%。其中，中外合资企业实际投资金额2284万美元，与2016年同期相比下降36.4%；外商独资企业实际投资金额1395万美元，与2016年同期相比下降55.32%（见表3）。

表3　外商实际投资金额情况

单位：万美元，%

投资方式	2017年金额数	2016年同期金额数	同比增长
外商直接投资	3679	6713	-45.2
中外合资企业	2284	3591	-36.4
中外合作企业	0	0	—
外商独资企业	1395	3122	-55.32

资料来源：甘肃省商务厅统计数据（2017年1～7月）。

（三）外商投资规模持续下降的原因分析

2017年1～7月，甘肃省外商投资规模表现出持续下降的态势，主要表现在企业个数与2016年同期相比总体减少了65%，合同外资金额与2016年同期相比减少了98.31%，外商实际投资金额与2016年同期相比下降了45.2%。之所以出现这种状况，究其原因主要在于外资投入领域结构占比不合理，外资投入优势集中在单一领域，对于这种结构不合理状况的潜在缺陷认识不足，缺乏研究和应对措施，满足于单一行业带来的暂时性效益，任其自然发展，不做结构性调整，不依据经济社会发展态势做出长期和中期的行业引导规划，没有准备和推出可供外商投资的其他具有吸引力的项目套餐，在这种情况下，一旦出现政策调整影响到这个领域的项目拓展时，就会出现断水似的投资规模持续回落现象。

具体表现在2016年以前甘肃省在风光电新能源领域利用外资额度较大，其占比达到外商投资行业的68.11%，外资投入明显集中在这个单一的领域。风光电新能源领域之所以成为甘肃省吸引外资投入的优势产业，是由于优越的自然资源条件与国家开发政策意向相结合产生的吸附效应。

风光电这种新能源的特点是不会导致因能源枯竭而被迫终止投入和开发

利用的，资源的可持续性较好，能影响其持续投入开发的主要因素只能是政策和项目的可延展性。当 2016 年国家停止新增新能源项目建设的审批后，新能源领域没有开放新的外商投资项目，因此影响到了甘肃省外资投资额的增长，外商投资规模表现出持续下降的态势。

由此可以看出甘肃的外资投入领域结构还存在不合理的分布，外资投入优势集中在单一领域，缺乏对于这种偏向性投入的风险意识和纠偏措施，缺少根据甘肃经济社会发展的需要合理引导外来资金投入行业的战略规划，所以就没有准备好后续的可供外商投资的具有吸引力的新项目和新领域，在面对国家政策的调整和经济形势的变化时应对乏力。

（四）外资企业实际投资发展情况

2017 年 1~7 月，甘肃省总体外商实际投资 3679 万美元，其中跨境人民币投资 1295.96 万美元，表现出总量偏小、活力不足的状况，但从各市的投资额比较来看，个别地区的投资吸引力在增强，投资额超过了省会城市。

具体从地区分布来观察外商直接投资的情况，兰州市外商实际投资39.96 万美元；嘉峪关市外商实际投资 10.41 万美元；酒泉市 1326.46 万美元；武威市 1111.52 万美元；定西市 5 万美元；陇南市 1166.72 万美元；临夏市 18 万美元（见表4）。可以看出酒泉市和陇南市的外商实际投资额大于其他地区，全省排名靠前超过了省会兰州市，说明这两个市的投资环境和资源环境对外商投资的吸引力增强。

表 4　全省外资企业实际投资情况

单位：万美元

分布地区	企业名称	外商实际投资额
兰州市	甘肃富优基尼生物科技有限公司	31.96
	渼林人力资源(兰州)有限公司	5
	甘肃天天夜夜艺术文化交流有限责任公司	3
嘉峪关市	甘肃堡兰佳锁业科技发展有限公司	10.41

续表

分布地区	企业名称	外商实际投资额
酒泉市	甘肃中电酒泉第三风力发电有限公司	1295.96
	玉门欧富贝瑞生态科技有限责任公司	30.5
武威市	甘肃路斯宠物食品科技有限公司	41.52
	甘肃电投武威热电有限责任公司	1070
定西市	甘肃泰杰生物科技有限公司	5
陇南市	甘肃金徽矿业有限责任公司	1166.72
临夏市	甘肃梦特美矫形康复品有限公司	18

资料来源：甘肃省商务厅统计数据（2017 年 1~7 月）。

（五）FDI 分国别（地区）情况分析

2017 年 1~7 月，FDI 总计 3679 万美元，与 2016 年同期相比，总体减少了 45.2%。在甘肃投资的国家和地区中，增加了投资额的国家和地区有 3 个，具体是：亚洲的中国台湾与 2016 年同期相比 FDI 增加了 78 万美元，美洲的美国与 2016 年同期相比 FDI 增加了 18.18%；欧洲的荷兰与 2016 年同期相比 FDI 增加了 11 万美元。减少了投资额的国家和地区有 4 个，具体是：亚洲国家（地区）的实际投资额与 2016 年同期相比，中国香港 FDI 减少了 25.13%、新加坡 FDI 减少了 100%、韩国 FDI 减少了 45.66%，欧洲和美洲的 FDI 没有减少。其他投资性投资公司的 FDI，与 2016 年同期相比减少了 49.32%（见表 5）。

表 5　外商实际投资分国别（地区）情况

单位：万美元，%

区域	国别（地区）	2017 年金额数	2016 年同期金额数	同比增长
亚洲	中国香港	1198	1600	-25.13
	新加坡	0	565	-100
	韩国	1070	1969	-45.66
	中国台湾	78	0	—
欧洲	荷兰	11	0	—
美洲	美国	26	22	18.18
其他	投资性公司投资	1296	2557	-49.32

资料来源：甘肃省商务厅统计数据（2017 年 1~7 月）。

（六）FDI分行业产业情况分析

"一带一路"沿线地区（以新加坡、马来西亚、泰国，中国香港、新加坡、美国等国家和地区为主）在甘肃省的投资主要投向制造业、新能源、电力供应、服务业等领域。金融业领域利用外资有所突破，甘肃省第一家外资融资租赁公司和外资村镇银行相继设立，合同外资额达1692万美元。

2017年1~7月，甘肃省吸收外资合同额2.2亿美元，FDI在重点领域的投资呈现以下特点。

（1）FDI产业分布情况。第一产业合同外资金额7983万美元，同比增长425.2%，占合同外资额的35.99%；第二产业合同外资金额12496万美元，同比增长123.06%，占合同外资额的56.34%，其中电力、燃气业合同外资金额6580万美元，同比增长28.47%；制造业合同外资金额3000万美元，同比增长252%，世界500强企业正威（甘肃）铜业科技有限公司增资3000万美元；采矿业合同外资金额2916万美元，甘肃金徽矿业有限责任公司通过增资并购方式引进港资2916万美元；第三产业合同外资金额1701万美元，占合同外资额的7.7%，其中租赁业合同外资金额1276万美元，甘肃金融资本管理有限公司合资设立甘肃公航旅融资租赁有限公司。

（2）FDI企业个数增减情况。2017年1~7月，企业个数与2016年同期相比减少了65%。分行业产业看，农、林、牧、渔业方面的企业个数与2016年同期相同；采矿业方面的企业个数与2016年同期相比增加了1个；制造业方面的企业个数与2016年同期相比下降了92.86%；电力、燃气及水的生产和供应业方面的企业个数与2016年同期相比下降了100%；批发和零售业方面的企业个数与2016年同期相比增加了2个；住宿和餐饮业方面的企业个数与2016年同期相比减少了100%（见表6）。

表6 FDI分行业产业企业个数变化情况

单位：个，%

行业	2017年企业个数	2016年同期企业个数	同比增长
总计	7	20	-65
农、林、牧、渔业	1	1	0
采矿业	1	0	—
制造业	1	14	-92.86
电力、燃气及水的生产和供应业	0	1	-100
交通运输、仓储和邮政业	0	0	—
批发和零售业	2	0	—
住宿和餐饮业	0	2	-100

资料来源：甘肃省商务厅统计数据（2017年1~7月）。

（3）实际使用外资增减情况。2017年1~7月，实际使用外资与2016年同期相比减少了45.2%。分行业产业看，农、林、牧、渔业与2016年同期相比增加了63万美元；采矿业与2016年同期相比增加了1167万美元；制造业与2016年同期相比减少了94.22%；电力、燃气及水的生产和供应业与2016年同期相比减少了56.31%（见表7）。

实际使用外资量增加的行业主要在农、林、牧、渔业和采矿业，实际使用外资量减少的行业主要为制造业，电力、燃气及水的生产和供应业，投资行业集中在自然资源的开发利用方面，而能源与工业技术方面的投资明显减少。

表7 分行业产业实际使用外资情况

单位：万美元，%

行业	2017年实际使用外资金额	2016年同期实际使用外资金额	同比增长
总计	3679	6713	-45.2
农、林、牧、渔业	63	0	—
采矿业	1167	0	—
制造业	75	1297	-94.22
电力、燃气及水的生产和供应业	2366	5416	-56.31

资料来源：甘肃省商务厅统计数据（2017年1~7月）。

三 西部五省利用外资水平的比较

甘肃的对外开放和引进外资的水平，无论是在起步还是在发展阶段，都一直处于滞后状态，外商投资企业的单位数和总产值水平不仅与中东部地区有差距，而且也低于西部地区的平均水平。为了更好地分析甘肃利用外资发展水平，这次采用近距离比较的方法，选择了西北五省利用外资发展的状况，进行比较分析，以期对甘肃向西开放中能更好地利用外资，促进甘肃经济社会发展有所启迪。

外商投资的规模体现着各省实际利用外资的能力与水平，量化后进行分析，可以明确显示西北五省利用外资开放发展的不同情况。下面通过对2016年西北五省统计数据做比较分析，来观察甘肃在西北五省中利用外资发展水平的实际状况。

（一）项目合同数量比较

西部五省共计签订合同项目 279 个，其中甘肃签订合同项目 26 个，占西北五省的 9.32%，新疆签订合同项目 50 个，占西北五省的 17.92%，陕西签订合同项目 112 个，占西北五省的 40.14%，青海签订合同项目 8 个，占西北五省的 2.87%，宁夏签订合同项目 83 个，占西北五省的 29.75%（见图 1）。

（二）签订合同投资额比较

西北五省共计签订合同投资额 762008 万美元，其中甘肃签订合同投资额 78603 万美元，占西北五省的 10.32%，新疆签订合同投资额 85651 万美元，占西北五省的 11.24%，陕西签订合同投资额 578208 万美元，占西北五省的 75.88%，青海签订合同投资额 3595 万美元，占西北五省的 0.47%，宁夏签订合同投资额 15951 万美元，占西北五省的 2.09%（见图 2）。

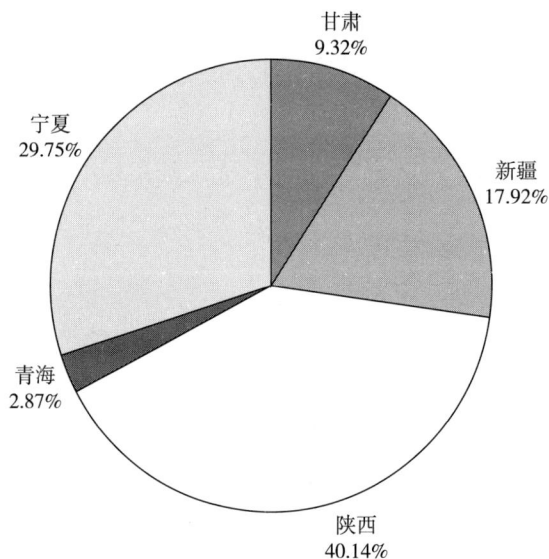

图1　西北五省签订外资合同项目数比较

资料来源：《中国统计年鉴2016》。

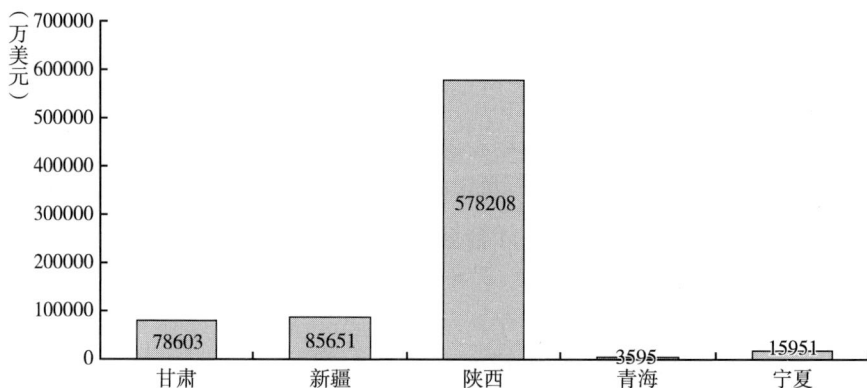

图2　西北五省签订合同投资额比较

资料来源：《中国统计年鉴2016》。

（三）实际吸收外资金额比较

西北五省共计实际吸收外资金额 563509 万美元。其中甘肃实际吸收外资金额 46036 万美元,占西北五省的 8.17%,新疆实际吸收外资金额 45250 万美元,占西北五省的 8.03%,陕西实际吸收外资金额 462118 万美元,占西北五省的 82.00%,青海实际吸收外资金额 4605 万美元,占西北五省的 0.82%,宁夏实际吸收外资金额 5500 万美元,占西北五省的 0.98%(见图 3)。

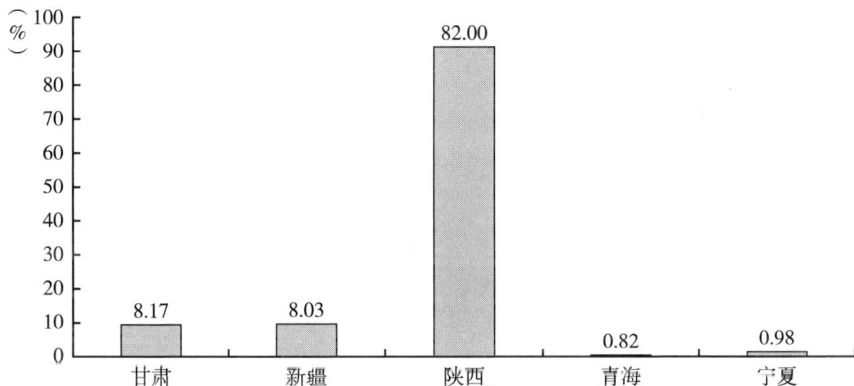

图 3 西北五省实际吸收外资金额比较

资料来源:《中国统计年鉴 2016》。

以是上西北五省利用外资规模的差别分析,量化数据体现出各省在项目签订量、合同投资额和实际吸收外资方面的具体差距,总体上看,在西北五省中陕西省利用外资发展水平位居前列,甘肃省利用外资发展水平处于中等位置。

四 甘肃利用外资发展中存在的问题

甘肃省利用外资发展对促进经济社会发展、扩大对外开放等方面无疑具有一定的积极作用。然而 2017 年上半年以来,外商投资规模出现持续下降的态势,显露出甘肃外资投入产业结构不合理,缺乏中长期战略规划准备,在应对国内政策调整和国际经济形势变化中,表现出能力不足等一系列问题,需要认真思考和改善。

（一）外资投向集中，产业结构不合理

利用外资的质量和水平与本地区的经济发展、对外贸易、交通运输能力、劳动力、产业配套等状况紧密相关，受甘肃省经济结构的影响，利用外资结构性矛盾突出，外资在产业行业的投入不均衡，大多集中在能源等自然资源的开发利用方面，这种资源依赖型的外资投入状况长期延续，既没有引起足够的重视，又没有调整的措施，在吸引外资投入产业的方向上始终处于被动状态。

2017年上半年，依然没有改变外资偏向单一行业投入的状况，从产业结构看外资的投向，第一产业实际利用外资占比10.63%，第二产业占比81.78%，第三产业占比7.59%。外资投入明显集中在第二产业的能源和资源的开发利用方面，而在研发设计、医疗教育、养老育幼等现代服务业领域，对外资的引进和利用尚未取得进展。

（二）缺乏战略准备，应对变化能力不足

随着国家宏观政策调整和环境保护政策、土地保护及拆迁政策的贯彻落实，许多项目建设用地受到严格限制，企业投资意愿整体减弱。由于未能根据改善经济社会发展的实际需要，积极制定引导外来资金进行合理调整的战略部署，在面对国家政策和经济形势的变化中应对乏力。

例如，2016年以前甘肃省在风光电新能源领域的外资投入额度较大，其行业占比达到外商投资的68.11%。优越的自然资源条件与国家开发政策意向相结合产生吸附效应，外资投入明显集中在这一行业。当国家停止新增新能源项目建设的审批后，就出现了外商投资规模持续下降的现象，却没有看到任何可以应对的措施和准备。

（三）外资来源少，缺乏优质经济项目

外资来源地构成的国家和地区中，79.45%的投资来源于境外投资性公司和中国香港，实际利用欧美等发达国家和地区的外资比重较低，总体上外

资企业对甘肃经济社会的贡献微弱。

甘肃的国家级经济开发区等外向型经济发展水平较低，长期依赖自然资源开发为主的项目，创造力和创新意识不强，技术储备和技术供应不足，没有充分利用好国外资源和生产要素，发挥自身资源优势，在国际经济竞争中谋求机遇，拓展发展空间。缺少产业链长、投资大、带动效益好的优势产业和项目准备，优质外向型经济项目的匮乏是导致引进外资吸引力弱、外资来源少的主要原因。

（四）人力资源不足，外向型经济人才缺乏

对外开放和引进外资发展，对懂项目、懂经济、懂产业、懂政策、懂外语的复合型人才的需求不断增多，外向型人才的缺乏，制约了各个领域对外开放的层次和水平。外向型人才的短缺、人才的流失、人才资源的支撑力不强等，成为影响甘肃对外开放和利用外资发展水平比较突出的问题。

五　对策建议

2017 年上半年，甘肃省外商投资规模出现持续下降的态势，针对外资投入产业结构不合理，缺乏中长期战略规划准备，在应对国内政策调整和国际经济形势变化中，表现出能力不足等一系列问题，提出以下对策建议。

（一）调整引资政策，引导产业结构趋向合理

当前世界经济发展动力不足，国内政策也在做出相应的调整。应当建立完善的长效机制，关注外资环境的变化，不断调整政策，改善外资环境，并积极地实施外商投资准入前国民待遇加负面清单管理模式，推动出台《甘肃省优化营商环境指导意见》，调整和用好相关产业发展财税、金融、土地支持政策等，通过调整引进外资的相关政策，以政策优惠效应引导外资在制造业、现代服务业、生物产业、特色农业、节能环保等战略性新兴产业中提高投资比重，从而改变外商直接投资集中在第二产业的单一性结构，同时注

重引进附加值高、辐射力强、技术水平高、产业链条长、转化能力强、符合环保要求和行业标准的高端产业项目，逐步改变和调整现有产业结构的不合理状况，使之趋向更加均衡和优化。

（二）制定战略规划，增强应对各种变化的能力

在经济增长不强的环境下，以开放发展理念为指导，推动对外开放，制定出中长期的战略规划是关键。要充分考虑甘肃在太阳能、风能等新能源中的优势，在循环经济、旱作农业、设施农业、石油化工、有色冶金、装备制造等领域的潜力。同时充分认识产业结构不合理的缺陷，积极研究应对措施，对国内外市场进行认真的调查，拓展可供外商投资的广阔行业领域，推出具有吸引力的外向型经济系列项目，依据经济社会发展需要做出长期和中期的行业引导战略规划，增强应对政策和经济环境变化带来各种影响的能力。

（三）放宽准入限制，稳定外资投入规模

适当放宽准入限制，推进各领域的协调发展，创造更加开放的对外开放市场，增强自身竞争力，吸引外商投资以及吸收先进技术和管理经验，保持外商投资规模和速度的稳定，提高利用外资水平和质量，化被动为主动，创建开放、协调、共享的外商投资市场。

加大开放力度，促进外资投入有活力。为延伸"一带一路"沿线国家和地区间的合作，需要加快国家级经济技术开发区的转型升级，努力组织各经济开发区，以成熟的产业链引进外资投入，形成产业集聚效应，拓展引进外资渠道，不断扩大外资的来源。

改善外资环境，实现投资自由化。针对甘肃外资利用的现状，进一步完善利用外资的法律法规，为先进技术的引进创造良好条件。深化改革外商投资的机制体制，为外商企业投资融资提供便利，创造公平的竞争环境，建立完善的诚信交易体系，在把握总体政策方向的同时，制定符合自身发展情况的政策法规，减少对于外商企业投资的限制，实现投资的自由化。由此遏制外资投入规模的持续下降，稳定外资投入的速度和规模。

市场建设篇

Market Construction Reports

B.12
甘肃城乡市场体系建设分析报告

李巧玲*

摘　要： 随着经济社会的全面平稳发展，全省各类市场不断蓬勃发展，城乡商贸流通业进一步搞活。但在经济新常态下，甘肃的市场建设与全国先进地区的市场建设相比，还存在一定的差距。为此，建议各级政府充分做好市场体系建设的顶层设计，切实发挥对城乡市场建设的引导作用，积极做好市场建设的政策扶持，推进城乡市场体系建设，生产要素市场适时适度发展，提升市场配置资源作用，加强特种行业市场发展，加大便民服务性市场建设，大力培育发展商务会展，形成新的经济增长点。

---

* 李巧玲，甘肃省社会科学院资源环境与城乡规划研究所副研究员，研究方向为法社会学。

关键词: 甘肃 城乡市场 体系建设

近两年来,甘肃城乡市场体系建设坚持与实际省情相结合,积极推进国家城乡市场试点项目,城乡市场建设坚持示范引领、全面推进的工作方式,基础设施不断得到完善,人民群众的消费愿望不断得到了满足,市场流通业态的创新促进了市场整体功能的充分发挥,城乡市场建设逐步形成布局科学合理、结构更加优化、功能更加齐备、制度比较完善、现代化水平较高的商品市场体系,取得了显著成效,有效带动了全省经济可持续发展。

一 甘肃城乡市场体系建设状况

近两年,全省各级党委、政府都比较重视和支持城乡市场体系建设工作,全省各地市州以产业化营销思路想办法、找思路畅通本区域主导产业农产品进城和工业品下乡渠道,不断夯实和完善城乡市场流通的基础。以"双百市场工程"、社区"双进工程"为抓手,培育建设富有活力的商品市场。积极大力推进"万村千乡市场"工程、农村集贸市场改造(退市还路)工程引导市场升级,改善城乡市场交易的外部环境。随着经济社会的全面平稳发展,全省各类市场不断蓬勃发展,城乡商贸流通业进一步搞活,并走向繁荣和兴旺。

(一)夯实流通基础环节,城乡商品流通网络初步形成

1. 现代交通与物流的融合发展,促进了城乡商品的双向流通

为了更好地实现城乡商品流通,随着交通运输主干道及支线的不断升级完善,根据全省产业布局,结合城镇体系建设,甘肃省不断优化交通枢纽与物流节点空间布局。积极推进大兰州区域物流中心建设,形成以兰白为核心的兰白国家交通物流网络核心节点。提升酒嘉、金武在河西的区域性物流枢纽地位,使河西走廊战略通道优势得到充分发挥。提升天水、平庆在陇中、

陇东的区域性物流枢纽地位，使甘肃省物流积极融入西安、郑州流通产业集聚带。建设定西、陇南、临夏、张掖、甘南重要物流节点，打造甘肃省重要的内贸流通支点城市，辐射带动全省流通业发展。"一中心四枢纽五节点"的现代物流发展格局，搭建起了现代交通与城乡市场配送点线面相结合的现代化城乡商品双向流通体系。

2. 积极补短板创新营销方式，农产品现代流通网络进一步畅通

甘肃省积极支持农业产业化龙头企业走出去参加全国各地举行的综合及专业展销会、博览会，设立农产品展销中心，支持企业把农产品直销店开进社区，解决了居民生活大问题，构建起了企业增效、农民增收、市民满意的新型流通方式。鼓励农产品流通企业积极补短板创新营销方式，与农超、农社、农批、农企对接，减少中间流通环节，在营销中不断增加和扩大对接品种、规模，逐渐形成了稳定的产供销一体化流通链条。扶持农民专业合作社培养农民经纪人，使其围绕农产品进行综合性、系列化服务，形成了农产品有效衔接的一线流通网络。同时，甘肃省加快农产品冷链物流建设，支持市场经营实体升级改造和新建低温储藏设施，逐渐形成的一体化冷链物流体系保障了甘肃省乳品、果蔬、肉类、特色农产品"东运""南送"的有效实施。

3. 农民消费环境得到有效改善，消费能力不断增强，农村市场不断扩大

甘肃省通过精准扶贫，各级政府不断加大对农业和农村的资金投入，水、电、路、通信等基础设施得到巨大改善，农村电网的改造、农村电价的降低为洗衣机、冰箱、空调等家电大量、全面进入农村居民家庭奠定基础。乡村传统集贸市场的逐步改造使乡村市场购物环境大大改善。商品配送中心、农贸市场建设分别覆盖到了县区和重点乡镇，农家店以及村级综合商贸服务社进驻到了每一个行政村，这些不但降低了农村市场流通成本，而且构成了上下结合、城乡贯通的连锁流通经营网络。可以说"万村千乡"市场工程搭建起了城乡商品流通综合信息服务平台，促进了农村商流、信息流、资金流不断融合，促进了农村消费的不断增长。

（二）各类市场建设均取得阶段性成果，城乡市场体系发挥了良好的效益

截至 2016 年底，甘肃省已建成各类农产品交易中心 615 个，目前大型专业批发市场的率先发展促进了甘肃省城乡产业结构的调整，综合市场、农贸市场、特色市场奠定了甘肃省城乡市场地方产品展示推销的基础，产地市场、农村集贸市场、城区社区市场、便民交易点使商贸流通进一步搞活。可以说，甘肃省商品交易网络初具规模，门类比较齐全、功能比较完善的城乡市场体系发挥了良好的社会效益和经济效益。

1. 大市场及公益性市场建设不断推进，特色产业化的市场体系建设效果明显

2017 年以来，甘肃省结合市场实际建设情况，对中国西北·三甲集皮毛交易中心、定西马铃薯综合交易中心、陇南特色农产品交易市场等 8 个大市场继续跟踪支持并开展有效指导，保证市场的建设和运营正常。截至 2017 年 7 月底，8 个大市场总计已完成投资 68.9 亿元，总体建设进度达到 71.2%。2017 年，省商务厅安排 1500 万元，支持 8 个产地市场建设，力争到 2020 年实现主要县区产地市场全覆盖的目标。值得一提的是，武山洛门森源蔬菜果品市场成为首批全国公益性农产品批发示范市场。特色产业化的市场体系建设效果明显。全省 2016 年农产品自营出口额为 22.4 亿元。甘肃优势农产品鲜苹果、鲜蔬菜、苹果汁、番茄酱、杂豆类、中药材、蔬菜种子、白瓜子走西口到俄罗斯、美国、欧洲，下南洋出口泰国、印度等 60 多个国家。市场集散功能充分发挥，甘肃省内贸转出口和边贸出口量超过 50 万吨。大市场及公益性市场建设不断推进，特色产业化的市场体系建设使农产品市场的发展新优势得到提升，"一带一路"沿线国家市场得到进一步开拓。

2. 农产品产地批发市场建设积极实施，培育建设取得阶段性成果

为全面落实甘肃省商务发展"13105"行动计划，省商务厅制定印发《甘肃省农产品产地批发市场建设实施方案》，计划把一些地市州农产品集散流转的中心集贸市场通过仓储设施完善，市场功能提升，发展为农产品产

地批发市场，最终培育建设成为具有比较优势的农产品产地批发市场。目前，全省共有121个市场进入项目库，其中哈达铺华昌国际药材物流城、兰州高原夏菜蔬菜物流交易中心、酒泉大敦煌农产品交易市场、张掖市发年农产品有限责任公司农产品产地批发市场、永昌县甘肃兴合农业发展有限公司农产品批发市场、定西市甘雨农产品产地批发市场、合水县农产品产地市场、泾川县农产品批发市场等8个市场为2017年商务厅支持的农产品产地批发市场项目，① 按以奖代补形式给予财政资金扶持，1500万元项目资金已拨付相关市县。目前，各个市场建设正在积极推进，建成8个农产品产地批发市场，对甘肃省农产品流通产业发展支撑体系的构建将会起到加快推进的作用。

3. 县乡便民市场建设目标基本完成，农村消费进一步增长

截至2016年底，甘肃省先后安排资金4亿元支持建设和改造提升便民市场991个。为实现2017年县乡便民市场重点乡镇全覆盖的目标任务，2016年底，甘肃省商务厅制定印发《2017年甘肃省县乡便民市场建设实施方案》，提出结合"1236"扶贫攻坚行动与新型城镇化建设，计划2017年全省新建或提升改造100个县乡便民市场。2017年第一季度100个县乡便民市场项目审批工作完成，总投资约6亿元，以奖代补的4000万元资金于3月底全部预拨至各项目所在地财政部门。目前，100个县乡便民市场已全部开工建设，建设进度达63.4%。县乡便民市场是农村市场体系的重要组成部分，加快县乡便民市场建设，实现重点乡镇便民市场全覆盖，将会进一步丰富甘肃省市场功能，改善农村消费环境，促进农村消费增长。

（三）要素市场运行平稳，城乡市场资源基本得到有效配置

1. 商品市场运行平稳，城乡市场同步发展

一是全省消费品市场保持平稳增长。社会消费品零售总额全省2016年

---

① 《甘肃省商务厅2017年拟支持的大市场和产地批发市场建设项目公示》，甘肃商务网，www.gsdofcom.gov.cn，2017年6月27日。

实现 3184.4 亿元，3000 亿元大关首次突破，比上年提高了 0.5 个百分点，同比增长 9.5%。2016 年，市场主力仍是城镇消费市场，零售额城镇市场实现 2535.9 亿元，占社会消费品零售总额的比重为 79.6%，同比增长 9.5%。同时农村经济健康稳步发展，在一系列支农惠农政策的支持下，农村居民消费能力正在不断上升，农村市场增速快于城镇。2016 年，农村市场实现零售额 648.5 亿元，同比增长 9.5%。① 2017 年上半年，社会消费品零售总额全省为 1636.9 亿元，与上一年同期相比较增长 8.9%。其中，城镇社会消费品零售总额增长 8.7%，为 1302.2 亿元；乡村社会消费品零售总额增长 9.7%，为 334.7 亿元。全省限额以上批发业销售额 2404.7 亿元，与上一年同期相比较增长 11.2%；限额以上零售业销售额增长 5.9%，共 626.3 亿元；限额以上住宿业营业额增长 5.7%，为 25.8 亿元；限额以上餐饮业营业额增长 8.7%，共为 28.1 亿元。②

二是生产资料市场运行态势平稳，规模以上工业利润总额同比总体呈现上升趋势。2017 年 1~7 月，煤炭工业利润总额 11.4 亿元，同比净增 23.1 亿元。电力工业利润总额 -14.2 亿元，同比净增 -2.4 亿元。冶金工业利润总额 0.2 亿元，同比净增 -0.5 亿元。有色工业利润总额 24.2 亿元，同比净增 17.6 亿元。石化工业利润总额 27.9 亿元，同比净增 13.2 亿元。机械工业利润总额 -0.2 亿元，同比净增 -2.4 亿元。电子工业利润总额 4.9 亿元，同比净增 1.0 亿元。建材工业利润总额 18.7 亿元，同比净增 14.6 亿元。③

2. 生产要素市场健康发展，态势不断趋好

一是以扩大信贷投入为核心的金融市场平稳发展，股票市场平稳，总市值有所下降，各项存款增速回落，各项贷款较快增长，存贷比例合理。境内

---

① 甘肃省统计局：《2016 年全省消费品运行情况分析》，http：//www.gstj.gov.cn/www/HdClsContentDisp.asp？Id=33562。

② 甘肃省统计局：《2017 年 1~8 月全省经济社会发展情况》，http：//www.gstj.gov.cn/www/HdClsContentDisp.asp？Id=34962。

③ 甘肃省统计局：《2017 年 8 月甘肃统计月报》，http：//www.gstj.gov.cn/www/HdClsContentDisp.asp？Id=35007。

上市公司 2016 年末全省共有 30 家,与 2015 年末相比增加了 3 家。2016 年末股票总市值下降 2.77%,为 2767.86 亿元。发行、配售股票筹集资金与上一年相比下降 8.55%,为 99.43 亿元。创业板股票筹集资金 17.25 亿元,创业板股票公开发行 1 只。上市公司发行公司债 35 亿元。① 2017 年 8 月末,全省金融机构本外币各项存款余额与上一年同期相比增长 5.0%,为 18052.58 亿元,本外币各项贷款余额与上一年同期相比增长 14.3%,为 17296.33 亿元。②

二是资本市场保持健康发展。保险业规模持续扩大。保费收入 2016 年全年为 307.66 亿元,与上年比较增长 19.76%;赔付额增长 17.93%,共赔付 109.38 亿元。人身险收入 207.04 亿元,比上年增加 24.28%。财产险收入 100.61 亿元,比上年增加 11.42%。③ 全省固定资产投资下降。2017 年 1~8 月,全省固定资产投资 4051.92 亿元,同比下降 35.9%。全省第一产业投资与上一年同期相比下降 40.2%,投资额为 309.8 亿元;第二产业投资与上一年同期相比下降 59.0%,投资额为 902.6 亿元,其中工业投资下降 50.0%,投资额为 760.4 亿元;第三产业投资下降 21.2%,投资额为 2839.5 亿元。全省民间投资 1826.38 亿元,同比下降 36.5%。④

三是劳动力市场发展不断趋好,普通人员就业数呈增长趋势。城乡就业人员在 2016 年末共有 1548.74 万人,其中 591.01 万人为城镇就业人员。43.75 万人为城镇新增就业人员,14.9 万人为失业人员再就业。城镇登记失

---

① 甘肃省统计局、国家统计局甘肃调查总队:《2016 年甘肃省国民经济和社会发展统计公报》,http://www.gstj.gov.cn/www/HdClsContentDisp.asp?Id=33642。

② 甘肃省统计局:《2017 年 1~8 月全省经济社会发展情况》,http://www.gstj.gov.cn/www/HdClsContentDisp.asp?Id=34962。

③ 甘肃省统计局、国家统计局甘肃调查总队:《2016 年甘肃省国民经济和社会发展统计公报》,http://www.gstj.gov.cn/www/HdClsContentDisp.asp?Id=33642。

④ 甘肃省统计局:《2017 年 1~8 月全省经济社会发展情况》,http://www.gstj.gov.cn/www/HdClsContentDisp.asp?Id=34962。

业率 2016 年末为 2.2%。① 截至 2017 年 8 月底，38.3 万人为全省城镇新增就业人员，完成目标任务的 95.8%。其中，10.49 万人为城镇失业人员再就业，3.12 万人为就业困难人员实现再就业。全省 513.3 万富余劳动力得到输转。同时根据省发改委发布的甘肃省主要劳动力市场监测动态数据，2017年 8 月，监测到 87 家用人单位普通员工实际在岗总人数 13125 人，比上月增加 0.18%。在监测的 23 类岗位中，10 个岗位在岗人数增加，分别是养殖雇工增加 0.96%、餐厅后厨一线厨师增加 1.04%、餐厅后厨配菜师增加1.54%、宾馆服务员增加 0.93%、仓储收货员增加 42.86%、仓储装卸工增加 2.94%、快递公司分拣员增加 5.56%、超市理货员增加 0.43%、建筑工地壮工增加 1.16%、纺织业一线操作工增加 4.53%。② 由此看，全省主要劳动力市场普通员工人数呈增长趋势。

四是房地产市场投资不断增长，去库存力度明显。房地产开发投资2016 年全年为 850.03 亿元，与 2015 年相比增长 10.67%，其中 563.75 亿元为住宅投资，增长 7.06%。房屋施工面积 8933.24 万平方米，与上一年同期相比增长 4.04%。③ 2017 年上半年，全省房地产开发与上一年同期相比增长 18.7%，投资为 415.9 亿元。从实物量指标看，房屋施工面积共完成 7910.8 万平方米，与上一年同期相比增长 0.8%；房屋竣工面积共完成299.2 万平方米，与上一年同期相比下降 22.0%；商品房共销售 663.8 万平方米，面积与上一年同期相比增长 1.0%。8 月末，全省商品房待售面积811.36 万平方米，同比下降 9.8%。④

五是技术市场交易规模不断扩大，技术转移和成果转化能力显著提升。

---

① 甘肃省统计局、国家统计局甘肃调查总队：《2016 年甘肃省国民经济和社会发展统计公报》，http：//www. gstj. gov. cn/www/HdClsContentDisp. asp？Id = 33642。
② 《甘肃主要劳动力市场普通员工人数和平均收入上月继续双增长》，中国甘肃网，http：//gs. cnr. cn/gsxw/kx/20170912/t20170912_523945594. shtml。
③ 甘肃省统计局、国家统计局甘肃调查总队：《2016 年甘肃省国民经济和社会发展统计公报》，http：//www. gstj. gov. cn/www/HdClsContentDisp. asp？Id = 33642。
④ 甘肃省统计局：《2017 年上半年全省经济社会发展情况》，http：//www. gstj. gov. cn/www/HdClsContentDisp. asp？Id = 34432。

2017年上半年，甘肃省共有3118项技术合同作了登记，与上一年同期相比成交额达60.5亿元，增长39%。居四类技术合同首位的仍为技术服务合同，成交额占总额的76%，为46亿元；技术咨询合同占成交总额的15%，为9亿元；技术开发和转让合同占成交总额的8%，为5亿元。企业技术输出和技术吸纳持续走高成为技术合同成交的突出特点，企业输出技术上半年占总成交额的79%，为48亿元；企业吸纳技术上半年占总成交额的81%，为49亿元。战略性新兴产业领域成为技术要素进一步集聚的点，甘肃省技术交易主要集中在农业、城市建设、先进制造、环境保护、新能源与高效节能等五类技术，交易量占到交易总量的80%以上。[①]

（四）新兴业态市场快速发展，市场销售主体增加较快

1. 电子商务助力甘肃贫困地区农产品开拓市场

近年来，甘肃各级党委、政府高度重视电子商务发展，电子商务在转方式、调结构、扩消费、促就业、惠民生中发挥了巨大作用，电子商务作为精准扶贫的重要手段更是成就不俗。目前，发展电商的积极性在全省各地都很高，甘肃省电子商务发展呈现良好势头。2016年，甘肃每个市州至少有两个电子商务示范县，电子商务服务站（点）在30%的乡（村）建成，通宽带的行政村达到90%，有5家本地电商平台年交易额过亿元。截至2017年上半年，甘肃省已建成75个县级电商服务中心，1159个乡级电商服务站，5334个村级电商服务点，覆盖了所有的贫困县。到2016年底，在全国确定的260个电子商务进农村综合示范县中，甘肃省康县、徽县、秦安县、甘谷县、榆中县、永靖县、安定区、泾川县、庆城县、合作市、天祝县、正宁县等12个县区被确定为电商进农村综合示范县。近三年甘肃省有40个贫困县被确定为国家电子商务进农村综合示范县，每个县得到中央财政资金2000万元支持。目前相关县区网上销售特色农产

---

① 房惠玲：《甘肃技术市场交易规模不断扩大》，《中国高新技术产业导报》2017年8月23日。

品的标准化体系建设初步完成，涵盖特色农产品大类 3 个以上。据第三方电子商务大数据公司监测，2017 年上半年甘肃省通过电商带动农民人均增收近 100 元。电子商务的发展助推了甘肃省电子网络购物的发展迅速，普通百姓网上购物成为当前消费方式的一种常态。2016 年，甘肃省网上商品零售发展迅速。限额以上批发和零售业通过互联网实现 8.6 亿元的商品零售额，与上一年同期相比增长 42.3%，增速远远超过了社会消费品零售总额 9.5% 的增长速度。2017 年 1 ~ 8 月，全省限额以上批零住餐企业零售额 6.8 亿元是通过公共网络获得的，与上一年同期相比增长 22.4%。①截至 2016 年，仅陇南全市网店总数达到 10389 家。可以说电商改变了农民市场观念，农民变成了销售商，成为市场销售主体，特别是县、乡、村三级电商物流公共服务体系的建设，畅通了农产品进城和消费品下乡双向流通的绿色通道。

2. 快递业发展迅速，重点快递企业实现县级城市全覆盖

"十二五"期间，全省各地都积极建设快递物流园区，在兰州、定西、白银地区一批快递物流园投入建设，已建成的联合弘物流园、鼎丰现代物流园开始运营。省邮政管理局业积极引导各快递企业在物流园区入驻，提升配送效率。2015 年底，甘肃已有 1000 家快递企业、2573 个营业网点，有 8000 多人专门从事快递业务。全部覆盖到县级城市的快递企业有顺丰、EMS、宅急送、申通、圆通、中通、韵达、联合、汇通等 10 家，邮政企业网点乡镇一级覆盖率达 100%，行政村网点覆盖率达 12% 以上，城乡间的商品流通不但方便，而且配送率快速提高。2016 年，快递服务、管理与现代信息技术的进一步融合，快递业与铁路、公路、民航等部门的进一步合作，将会促进快递业提速增效。2017 年 1 ~ 7 月，全省完成快递业务量 3658.4 万件，同比增长 24.7%。同时甘肃把快递服务纳入全省精准扶贫工作体系建设之中，构建产地直销快递网络服务，推行订单生产等农业生产新模式，工业品到乡

---

① 甘肃省统计局：《2017 年 1 ~ 8 月全省经济社会发展情况》，http：//www.gstj.gov.cn/www/HdClsContentDisp.asp？Id = 34962。

村和农产品进城市的双向流通渠道打通，进一步带动了农村消费，促进了农民增收。

（五）扩大市场规模，规范市场秩序

1. 积极采取惠民促销措施，扩大消费市场规模

在加快建设城乡市场体系的同时，甘肃各地市州及县区结合区位特点和时令节庆，采取一系列惠民促销措施，营造了良好的促消费环境和氛围，消费市场规模不断扩大。2016 年甘肃省利用美食节、酒博会、旅博会等区域性展会先后开展重大促销活动 100 多场，拉动了消费增长，其中以"实施创新融合培育，助推消费结构升级"的消费促进月活动销售额就达到 33亿元。

2. 加强商务行政执法，规范市场秩序

甘肃省商务厅等有关部门先后开展了整顿和规范活禽经营市场秩序专项行动、药品市场秩序专项行动、旅游市场秩序专项整治行动，规范了市场秩序。对农村和城乡接合部市场假冒伪劣现象集中开展了专项整治，严厉打击侵权假冒和伪劣商品不法行为，保护了消费者合法权益。同时规范建筑市场秩序、财产保险市场秩序，加快肉菜、中药材、酒类等重要商品流通追溯体系建设，目前兰州市已建设完成肉菜追溯体系并正常运行，天水市完成项目招投标，全省酒类流通监管网络平台已经建好，试点布局工作正在有序进行。

二　甘肃城乡市场体系建设存在的问题

目前，甘肃城乡市场体系在逐渐完善，大型市场及公益市场、农产品批发市场及特色农产品市场、县乡街道社区便民市场都获得了巨大的发展，对全省社会经济的发展产生了很大的促进作用。但在经济新常态下，甘肃的市场建设与全国先进地区的市场建设相比，还存在一定的差距。

（一）城乡商品流通网点规划滞后，省、市、县三级市场结构体系不尽合理

从甘肃省这两年的城乡市场建设情况来看，城乡市场规划市县顶层设计普遍缺少超前性，市县市场建设的发育和升级相对比较迟缓，城乡市场规划以及升级的滞后性导致市场布局不平衡，市场结构不尽合理。新建市场商品呈现杂而全的特点，缺少精而专的优势。专业市场少，降低了本地产品的竞争力，影响本区域工农业产品走向国内外大市场。生产要素市场发展的不成熟，影响地方经济的持续发展。

（二）基础设施建设仍然薄弱，市场辐射带动作用不强

甘肃省很多市场特别是大型市场的配套设施不齐全，基础设施建设与发达地区相比还是相对落后，商家入驻不方便，由此造成成本增加。造成这种情况的主要原因是资金投入得太少以及政策的扶持力度不够强。同时很多市场开始建设的时候就定位不够精准，很多市场都受当地产业季节性发展的影响，带有明显时间段特征。特别是一些地区的农产品市场，季节性销售过后是门可罗雀，市场资源辐射周边发展的作用明显比较差，市场带动本地经济发展的作用也得不到充分发挥。从甘肃省市场建设实际情况看，部分市场没有仓储设施，也没有停车场，再加上现阶段一些具有较强实力的物流配送企业的配送链还没有延伸到一些市县，也没有形成较大规模的物流配送中心，导致物流成本偏高，制约了市场的快速发展。

（三）市场秩序管理不规范，有场无市的现象依然存在

甘肃省一些州市县区市场在专业化建设上缺少规划发展，特别是特色专业市场数量不足，一些市县区域内建设了好几个市场，但各个市场销售的产品都差不多，没有明确的分工，"眉毛胡子一把抓"，商家各自为战，什么都营销。一些市县的市场管理不统一，经营管理经验缺乏，造成市场发育不全，一些市场的建设的盲目性使门面及摊位出现闲置，一些市场产业链较

短，辐射能力不强，再加上经营和消费环境较差等，最终导致出现有场无市的局面。

（四）特种行业市场建设不能满足需要，便民服务市场建设步伐缓慢

随着经济的发展，近年来各地市州县区的汽车数量不断增加，汽车升级换代速度加快，由此导致二手车买卖、报废汽车回收的市场需求逐年增加，二手车买卖市场、汽车报废回收拆解市场从数量上和行业规范要求上来说，已不能满足公众的需求。同时，随着人们生活水平的提高，家具及部分物品的淘汰更新速度加快。所以，旧货市场、再生资源回收利用市场的建设急需提上日程。近两年由于城市精细化工作的不断推进，早餐市场、农产品路边便捷销售市场发展受到巨大影响。

三 加快城乡市场体系建设的对策建议

城乡市场体系建设惠及千家万户，甘肃要在契合本省实际、消除对市场的各种约束限制的基础之上，积极建设市场体系，进一步促进城乡市场健康快速发展。

（一）充分做好市场体系建设的顶层设计，切实发挥对城乡市场建设的引导作用

经济的发展离不开各种市场的建设和发展，促进本地区本区域城乡市场的可持续发展是关系到社会长远发展的大事，各级党委、政府要把城乡市场体系建设作为"一把手"工程来抓，制定完善商业网点规划，编制完善商贸流通业发展规划。坚持新城提质扩容规划与商业发展、商业网点规划同步进行，下功夫建设好商业核心区、特色街道，避免门面房长时间闲置。整合同一区域资源，规划建设好大市场、大卖场，不能重复建设同类市场或者刚建好有起色就搬迁。坚持政府领导，认真研究解决市场发展过程中出现的困

难和问题，下功夫做好市场的经营管理，维护市场经营秩序。坚持统一规划，按照市场经济规律办事，发挥规划引导作用，积极引导多方投资，使市场真正做到有场地有繁荣的商贸交易。

（二）各级政府积极做好市场建设的政策扶持，推进城乡市场体系建设

一是各地州市县区要积极投入资金，做好国家、省上政策支持市场建设项目的资金配套，加强城乡市场建设，同时，政府要通过贷款贴息和奖励基金等措施推进城乡市场建设，积极构建市场体系。二是各级政府及有关部门要做好市场建设体系建设项目的储备，根据政策积极对口上报基础好、有发展前景的市场建设项目，争取得到国家、省上政策资金支持。三是制定和执行好市场建设和发展的各种优惠政策。特别是对物流园区引进的物流企业和对进入市场的经营户要执行好税收减免、水电低标准收费等优惠政策。四是根据市场建设发展，根据实际情况制定和完善市场建设工作考核体系，将市场建设工作纳入市州政府和县区考核之中，每年进行综合考核。

（三）生产要素市场适时适度发展，提升市场配置资源的作用

城乡市场体系建设不但需要商品市场健康发展，也需要生产要素市场的全力支撑，二者是相辅相成的。当前，全省各地都在通过扩容提质不断提升城市形象，城市的竞争力随着经济的增长也不断增强，各类市场也获得了良好的发展机遇。但甘肃省各地市州的劳动力（人才）、技术、信息等生产要素市场发展还处在初级阶段。因此，要根据工业化、信息化、城市化、农业现代化协调发展的要求，先易后难整合和规范生产要素市场存在的小、散的现象，使生产要素市场与商品交易市场相互促进、共同发展。

（四）加强特种行业市场发展，加大便民服务性市场建设

随着人们生活水平的提高以及城市规模的不断扩大，新兴服务市场、特种行业市场也需要不断发展，所以，一是加快改造和建设二手车买卖市场、

报废汽车回收拆解市场、再生资源回收利用市场。二是积极发展家政服务市场。根据服务质量不断整合资源，制定硬性规则不断规范家政服务市场。同时要通过正规培训不断提高服务人员的素质，为市民和企业提供高质量的家政服务奠定基础。三是规范路边农产品销售市场，特别是开发好自产自销摊点市场。重点建设好便于农民出售自己种植的农产品的便民市场，为广大城市居民提供价廉物美的农产品。

（五）大力培育发展商务会展，形成新的经济增长点

相关数据显示，2016 年兰州市举办了 62 个各类展会，各类会展参加参观人数达到 160 万人次；各类会展的成交额达 82.3 亿元之多，占全兰州市社会消费品零售总额的 6.5%，带动餐饮、旅游、住宿等相关产业收入 650 亿元。所以，甘肃需要政府投入和积极引导社会资本投资建设综合性展馆场所，充分利用甘肃丰厚的文化资源，多彩的旅游资源，积极组织各类大型活动，大力引导全国各地的企业，各行各业以及诸多民间组织参与办会办展，加快发展甘肃会展商务，带动住宿、餐饮、交通、旅游等相关行业发展。

B.13
甘肃物流基地建设及
物流行业发展报告

汉 宇*

摘 要： 在"一带一路"大背景下，甘肃物流基地（园区）建设呈现中长期规划先行到位、原有的物流基地转型升级态势明显、节点城市商贸物流基地建设进程加快、电子商务物流网络继续拓展、十五个省列重大项目中物流基地（园区）项目进展迅速等发展特征，甘肃物流基地（园区）带动甘肃省物流产业规模快速扩张，物流需求持续扩大，物流企业数量较快增长，物流体系加快构建，国际物流服务加快发展。

关键词： 甘肃 物流基地 物流行业

　　"物流业是融合运输、仓储、货代、信息等产业的复合型服务业，是支撑国民经济发展的基础性、战略性产业"①。在"一带一路"大背景下，甘肃省加快推进物流园区建设，重点抓好中部、河西、陇东三大重点交通枢纽物流园区规划建设，基本形成了一批有一定规模和资源集聚辐射能力的物流基础设施。

---

* 汉宇，甘肃省社会科学院公共政策研究所助理研究员，主要研究方向为物流经济学。
① 姚文斌：《物流产业升级与人力资本开发的对策》，《职教通讯》2017年1月20日。

一 甘肃省物流基地（园区）发展概况

（一）多项物流基地中长期发展规划出台

物流基地是物流产业的孵化器和集聚区，经过20多年发展，甘肃省物流基地在有效推动产业集聚、引导物流节点布局上已经取得重大进展。近年来，甘肃省陆续出台了多部支持物流基地发展的规划和政策措施。2016年8月甘肃省人民政府印发了《甘肃省"十三五"物流业发展规划》；2017年1月省发改委出台《物流业降本增效专项行动实施方案（2016～2018年）》；2017年3月省商务厅印发《关于贯彻物流业降本增效专项行动实施方案（2016～2018年）落实措施》推动物流行业积极、持续发展。

（二）甘肃省物流基地呈现明显的转型升级趋势

开发经营模式呈现从土地投资初级阶段向服务创新和管理创新阶段过渡的趋势，收入结构上，除库房货场租金、办公楼租金外，各项增值服务收入已经开始成为园区重要的收入来源，特别是近五年来新建的物流基地，呈现明显的管理创新和服务创新特点：服务创新意识强，功能定位明确，差异化运作特征明显。并在产业整合、产业链延伸等综合管理服务环节的营收收入大幅提高。

同时，甘肃省物流基地的网络协同程度也逐步提高，随着一些物流基地开始开展网络化经营，以此类物流基地为依托的"布局合理、产业聚集功能集成的网络化物流服务体系在兰州等物流节点城市逐步形成，这些物流基地整合区域网络资源，带动区域经济协调发展的功能日益增强"①。

---

① 贺登才、李冰漪：《物流园区现状与展望——专访中国物流与采购联合会副会长》，《中国储运》2013年第2期。

（三）节点城市商贸物流基地建设进程加快

随着电子商务的持续高速发展，以电商、跨境电商，特别是商贸物流为引擎的国际化新型现代物流基地发展迅速。为贯彻落实建设丝绸之路经济带核心区发展战略，近五年来甘肃省在丝绸之路经济带上重要节点城市重点规划建设了 15 个省列重大物流基地项目（见表 1），并对当地现有的商贸物流基地进行升级改造，极大地推动了当地区域物流与区域经济的发展。

表 1　2013～2017 年省列重大项目中的物流基地（园区）项目

序号	项目	2013 年	2014 年	2015 年	2016 年	2017 年
1	南翔万商兰州新区国际商贸物流城项目	2013 省列重大预备项目				
2	中国甘肃东部（甘谷）物流中心	2013 省列重大计划新开工项目	2014 省上督导、市州重点推进的省列续建项目			
3	金昌铁路现代物流中心建设项目		2014 省上督导、市州重点推进的省列预备项目	2015 省上督导、市州重点推进的省列预备项目		
4	兰州国际高原夏菜副食品采购中心项目		2014 省上督导、市州重点推进的省列续建项目	2015 省上督导、市州重点推进的省列续建项目		
5	兰州毅德国际商贸城项目		2014 省上督导、市州重点推进的省列续建项目	2015 省上督导、市州重点推进的省列续建项目		
6	张掖国际物流园项目		2014 省上督导、市州重点推进的省列续建项目	2015 省上督导、市州重点推进的省列续建项目		

序号	项目	2013 年	2014 年	2015 年	2016 年	2017 年
7	甘肃巨龙农业现代物流港二期		2014 省上督导、市州重点推进的省列续建项目	2015 省上督导、市州重点推进的省列续建项目		
8	国家成品油储备能力建设 257 处工程		2014 省上重点推进的省列重大预备项目			
9	兰州东川铁路国际物流中心项目		2014 省上重点推进的省列重大新建项目	2015 省列重大计划开工项目		
10	兰州铁路综合货场		2014 省上重点推进的省列重大续建项目	2015 省列重点推进省重大项目	2016 省列重大续建项目	
11	兰州新区保税区跨境电商综合物流园项目				2016 省列重大计划开工项目	
12	兰州中川机场空港物流园建设项目					2017 省列重大计划开工项目
13	甘肃（武威）国际陆港凉州产业基地建设项目					2017 省列重大续建项目
14	兰州国际港务区基础设施及配套工程建设项目					2017 省列重大续建项目
15	兰州国际港务区保税物流中心					2017 省列重大续建项目

（四）电子商务物流网络继续拓展

随着电子商务企业物流业务量的持续快速增长，电子商务企业继续拓展其自建物流网络。近年来，全省物流信息化建设发展水平不断提高，据不完全统计，目前全省33%的物流基地（中心）拥有物流信息管理平台，并在全省31%的物流企业中普及使用物流信息管理系统。省内相关职能部门引导物流行业加快信息平台建设，大型物流园区和企业基本采用条码、GPS、射频（RFID）等新技术，进一步支撑了物流信息化水平的提升。

二 甘肃省省列重大项目中物流基地（园区）项目进展状况

本课题调研了2013～2017年甘肃省省列重大项目中的15个物流基地（园区）项目，并对各项目的进展情况作了梳理。调研发现，甘肃省持续加快物流园区发展，着力抓住中部、河西、陇东三大重点交通枢纽的物流园区规划建设，初步建成了一批有一定规模和资源集聚辐射能力的物流基地（园区）。总体来说物流基地（园区）与综合保税区发展势头良好，建设速度明显加快，物流基地转型升级态势明显，物流基地之间的网络协同、运作能力开始提高。但物流基地（园区）与综合保税区集聚辐射效应尚未完全发挥。

甘肃省列重大物流基地（园区）项目绝大多数项目完成了项目选址、可行性研究等前期工作，并基本完成总体规划和控制性详细规划编制，开工时间总体滞后成为甘肃项目建设中存在的突出现象。部分省列重大物流基地（园区）项目仍处于可行性论证阶段，缺乏有实力的民间投资主体的参与和支持，延期开工现象普遍存在。

省列重大项目具体进度如下。

1. 兰州国际港务区保税物流中心

国际港务区保税物流中心是2016年兰洽会签约的重大项目，也是兰州国际港务区关键功能组成部分。"项目建成以后将是西北地区最大的保税物流中心，主要服务于'一带一路'贸易，吞吐量预计达到17万平方米、46

万立方米，同时带动150列班列进行货物储运"①。"十三五"期间，国际港务区的国际贸易预计突破百亿美元。

项目2016年8月开始施工，目前已全面启动建设，工程计划将于2017年底竣工。

2. 兰州国际港务区基础设施及配套工程建设项目

西行线及西出口改建等三个项目是兰州国际港务区基础设施及配套工程建设项目中的一期工程，也是兰州国际港务区"三纵四横"网络体系建设的重要组成部分。

目前，兰州国际港务区基础设施及配套工程建设项目一期三个项目全线建成通车。

3. 甘肃（武威）国际陆港凉州产业基地建设项目

甘肃（武威）国际陆港凉州产业基地建设项目总投资22亿元，采用PPP模式由武威市经济发展投资（集团）有限公司负责融资建设，项目规划建设期限3年。2017年计划建设完成满足招商引资企业入驻的道路及基础配套设施。

目前完成投资共计8.93亿元。

4. 兰州中川机场空港物流园建设项目

兰州中川机场空港物流园区位于兰州市中川镇，南至中川大道，西至迎宾大道，东临中川机场货机坪，北临东航货运站，总占地面积约21.72万平方米，其中总建筑面积约8.53万平方米。主要建设航空物流区、配套服务区和其他区域。项目总投资约60102万元。

目前，"项目因受国家现行政策影响和市场条件发生变化等原因，无法复工和按期开工建设，被调出2017年省列重大项目投资计划项目"②。

5. 兰州新区保税区跨境电商综合物流园项目

兰州新区保税区跨境电商综合物流园项目，总投资9.7亿元，占地391

---

① 蒋凌：《西固区近三届兰洽会签约项目总计47个》，《兰州日报》2017年6月27日。
② 燕春丽：《我省新增6项省列重大项目》，《甘肃经济日报》2017年7月3日。

亩，位于综保区仓储物流区。"项目建成后将有效整合综合保税区的政策优势和中川国际空港的区位优势、运输优势"①，进一步完善兰州新区"临空经济"功能。

项目目前还处于规划设计招标阶段。

6. 兰州铁路综合货场

兰州铁路综合货场位于陆桥与兰渝双层集装箱运输走廊交叉口，是由西北至西南、华东、华北，华南等地区集装箱运输走廊的交通咽喉，同时也是西北甘、青、宁、藏四省（区）集装箱运输中心，是国家规划建设的18个铁路集装箱中心站及"全国铁路集装箱运输网络中18个具有整列集装箱班列编、装、卸能力的节点之一，在全国路网中发挥陆路口岸、通关门户的重要作用"②。

项目目前已投入运营。

7. 兰州东川铁路国际物流中心项目

东川铁路物流中心包含东川铁路货运中心和新建兰州铁路综合货场两个子项目，位于兰州市西固区新城镇河口南和坡底站之间，项目总占地3000亩，东川铁路货运中心总投资21亿元，兰州铁路综合货场总投资22.85亿元。兰州东川铁路物流中心处在丝绸之路经济带"黄金聚集区"，将全国各地西行物流聚集于此，途经丝绸之路经济带运往中亚乃至欧洲，将推动兰州国际港务区快速成为我国"一带一路"进出口物流集散中心。至2020年该项目预计到发708万吨，2025年到发1043万吨，远期至2030年到发1542万吨。

"兰州东川铁路物流中心铁路货运线和集装箱专用线于2015年12月31日正式通车运行，标志着兰州国际港务区经由铁路与国内国际贸易市场接轨"③。

---

① 《兰州新区综合保税区昨日集中签约21个项目》，http：//difang. gmw. cn。
② 《兰州东川铁路物流中心运营成西北集装箱运输集散中心》，http：//gs. cnr. cn/gsx。
③ 《新建东川铁路物流中心开通运营》，《甘肃日报》2016年1月5日。

8. 国家成品油储备能力建设257处工程

国家成品油储备能力建设 257 处，工程总投资约 6.5 亿元。

目前工程招标已完成。

9. 甘肃巨龙农业现代物流港二期

甘肃巨龙农业现代物流港建设项目由甘肃巨龙供销公司投资。该项目计划总投资 18.4 亿元，规划用地 840 亩，利用 3~5 年时间完成三期建设。主要建设集农产品流通、运输、贸易、仓储、配送为一体的综合性物流园区。项目建成后，年综合交易量达到 300 万吨，实现经营收入 35 亿元，实现利税 2 亿元，带动 30 万农户参与到现代化农业产业链中。

一期工程投资 7.5 亿元，已于 2014 年 9 月建成投入运营。

10. 张掖国际物流园项目

张掖国际物流园位于国道 312 线和连霍高速公路间，规划面积 32 平方公里。项目计划总投资 35 亿元，规划建设区域特色物流区、综合服务区、产业转移先进制造区、国际商贸物流区和出口加工区五个区域组团。

截至目前，项目完成投资 16.58 亿元。

11. 兰州毅德国际商贸城项目

该项目位于榆中县和平镇，占地 6000 亩，规划建设面积 4 平方公里，总投资 200 亿元。"项目由主体功能区、辅助功能区和生活配套服务区三个功能区组成，总建筑面积 680 万平方米，可以容纳 2 万余家商户进驻，吸纳就业人员近 10 万人，年交易额达 450 亿元，实现税收 22.5 亿元"[1]。

该项目一期仓储区即将投入使用，二期仓储区处于筹备建设阶段。

12. 兰州国际高原夏菜副食品采购中心项目

兰州国际高原夏菜副食品采购中心距市区 14 公里，紧邻连霍高速公路、309 国道、定张公路，交通便利，区位优势明显。项目总投资 92.8 亿元，占地 4838 亩，总建筑面积 287 万平方米，按全省 14 个地州市分设了 14 个特色农产品展示馆，共有 4.15 万平方米储藏加工冷链设施。预计每年蔬菜

---

[1] 《西北最大商贸物流综合基地落户榆中》，《兰州日报》2013 年 4 月 25 日。

水果粮油副食品交易量将达 500 万吨，年交易额达 250 亿元以上，吸纳劳动力 8 万多人，带动就业 10 余万人。

预计 2017 年可建成投入运营。

13. 金昌铁路现代物流中心建设项目

金昌铁路现代物流中心项目因前期工作周期长，开工较晚，实物投资量较小。

14. 中国甘肃东部（甘谷）物流中心

甘肃东部（甘谷）物流基地园区"规划占地 1518 亩，主要包括综合商贸、农产品物流、汽贸汽配、仓储货运、综合服务五大功能区，规划建设物流配送、农产品检疫检测、客运、会展、管理、信息服务六大中心"[1]，设计建筑面积 213.7 万平方米，预计总投资 53 亿元。

该项目于 2012 年开工，分三期建设，预计 2018 年竣工，目前累计完成投资 31.8 亿元。

15. 南翔万商兰州新区国际商贸物流城项目

该项目未见后续进展。

三 甘肃省物流行业发展现状

（一）物流产业规模快速扩张，固定资产投资增速高位运行

"十二五"期间，甘肃省物流业增加值从 365 亿元增加到 665.86 亿元，年均增长 17.69%，占全省 GDP 的比重为 9.02%，提高了 1.75 个百分点；货物运输量从 3.42 亿吨增加到 5.83 亿吨，年均递增 17.61%；货物周转量从 1791.2 亿吨公里增加到 2226.01 亿吨公里，年均增长 11.16%。全省货物运输方式以铁路和公路为主，铁路运输在货运周转量中居优势地位，占 59.01% 的比重，公路周转量为 40.98%，航空货物周转总量规模不足，长

---

① 《甘谷：风劲潮涌正扬帆》，《甘肃日报》2016 年 9 月 13 日。

期徘徊在 0.2 亿吨公里的水平，占全省货物周转量的比重仅为 0.01%。全省交通运输、仓储和邮政业固定资产投资从 227.9 亿元激增至 814.89 亿元，年均增长 49.08%；就建设性质而论，新建项目投资额绝对优势明显，占总投资额的 86.1%。固定资产投资增速长期保持高位运行，为物流业基础设施的加快完善提供了重要保障。

1. 铁路运输网络贯通全省，中欧班列常态化运行

公路运输和铁路运输是甘肃省货运的主要方式。两种货运方式占货运量、货运周转量比例长期在 98% 以上。2016 年甘肃省铁路运营里程达到 4245 公里，复线率和电化率分别为 80% 和 60%。当前存在的问题依旧是覆盖密度过小、干线通过能力不足——铁路运营里程仅占全国 12.1 万公里里程的 3.5%，低于甘肃省占全国国土面积 4.7% 的比例，其中高速铁路里程 799 公里，仅占全国高铁运营总里程 2 万公里的 0.4%，亟待进一步加大力度建设。

截至 2017 年 5 月，甘肃省开行的中欧班列共有 4 列："天马号"（武威—阿拉木图，2014 年 12 月 12 日开通）、"兰州号"（兰州—阿拉木图，2015 年 7 月 5 日开通）、"嘉峪关号"（2015 年 8 月 28 日开通）。"白银号"（2017 年 5 月开通），"天马号""兰州号""嘉峪关号""白银号"开通以来运行稳定。2016 年 5 月 11 日，甘肃省首次开通"兰州号"（兰州—日喀则—加德满都）南亚公铁联运国际货运列车并发车 43 车 86 个标准箱。

2. 公路路网初步形成，县县通高速还未实现

2016 年"甘肃公路网总里程达到 14 万公里，其中高速公路总里程达到 3600 公里，县通高速比例为 62%"①，但截至 2017 年，县县通高速的市州只有金昌市和白银市。

3. 民航吞吐量增速位居全国前列

截至 2016 年 8 月底，"省民航机场集团完成货邮吞吐量 3.75 万吨，同

---

① 《甘肃省人民政府办公厅关于印发〈甘肃省"十三五"物流业发展规划〉的通知》（甘政办发〔2016〕107 号）。

比增长 19.17%。其中，兰州中川机场货邮吞吐量 3.6 万吨，同比增长
20.4%"①。物流公司累计完成民航货邮吞吐量 2.2 万吨，同比增长 23.5%。

（二）消费市场持续繁荣，带动物流需求持续扩张

全省消费品市场持续繁荣，对外贸易结构加快调整，有效带动了物流需
求的较快扩张。全省社会消费品零售额由 1618.31 亿元增长至 2907.2 亿元，
年均递增 13.96%，高于 GDP 平均增速 3.38 个百分点；就销售单位所在地
看，城镇社会消费品零售总额占比 79.69%，年均增长 13.7%，乡村占比
20.31%，年均递增 14.9%，城市消费需求平稳较快增长，农村消费市场日
趋活跃，城乡物流继续协调发展。甘肃省对外贸易规模偏小，年均递增
3.06%，增速波动显著，其中进口总值呈缩小之态；由于"十二五"期间
全省口岸建设跨越发展，对外开放平台支撑作用显著增强，面向"一带一
路"国家的国际物流业务发展迅速，出口总值增势较强，五年间翻了一番，
年均递增达到 31.07%（见表 2）。

表 2　2011~2015 年甘肃省主要物流经济指标概况

指标	2011 年	2015 年	年均增长率（%）
物流增加值（亿元）	365	665.86	17.69
货运量（亿吨）	3.42	5.83	17.61
货物周转量（亿吨公里）	1791.2	2226.01	11.16
固定资产投资（亿元）	227.9	814.89	49.08
社会消费品零售额（亿元）	1618.31	2907.20	13.96
外贸进出口总值（亿美元）	87.64	79.53	3.06

（三）物流企业数量较快增长，物流体系加快构建

甘肃省电子商务发展迅猛，电子商务除在城市建成区内极速普及外，农
村电子商务在甘肃省陇南等市州取得极其显著的增长，近三年来全省电子商

---

① 《我省首开全货运包机定期飞行航线》，甘肃经济网，http://www.gsjb.com/。

务增长速度均在 30% 以上。以苏宁电器、京东商城为代表的国内知名电商企业在甘肃设立配送中心，建设配送网络，极大地促进了甘肃省物流服务体系的快速发展。在此带动下，甘肃省物流服务主体成长较快，企业迅速发展壮大。截至 2015 年底，全省拥有各类物流企业 3200 余家，物流行业从业人员达 40 多万人，全国物流企业 50 强中的 12 家企业在甘肃省设立分支机构，形成了以甘肃国储物流有限公司、甘肃省西部物流公司、甘肃省物产集团以及兰州金轮实业公司等为龙头的一批物流企业。初步形成了较为全面的物流行业体系。

（四）外向型战略平台初步搭架，跨国物流组织能力亟待加强

随着国家"一带一路"建设的深入实施，甘肃物流行业迎来了难得的发展机遇，面向"一带一路"国家的国际物流业务发展迅速，取得了积极成果，全省跨境物流设施建设跨越发展，开放平台支撑作用逐步增强。在国际物流基础设施建设方面，"十二五"期间，兰州中川机场、敦煌机场国际航空口岸实现全方位开放；武威保税物流中心、兰州新区综合保税区相继封关运营；具备国际货运和物流配送能力的兰州国际港务区已部分运营，天水国际陆港和武威国际陆港正在加紧建设。在国际物流货运组织方面，省内兰州、敦煌、嘉峪关三大国际空港已具备国际航空货运能力，2016 年 6 月 8 日"兰州—迪拜"国际货运包机成功首飞，打通了兰州至西亚的空中国际物流通道；2016 年 12 月兰州中川机场开通第二条国际货运通道"兰州—达卡"航线。"兰州号""天马号""嘉峪关号"等国际集装箱班列相继开行，并实现常态化运营，在中亚和欧洲国家形成了一定的辐射能力。国际物流基础设施建设及国际物流货运组织方面的显著进步，为甘肃省国际物流及外向型产业发展提供了有力支撑。

当前，甘肃省的国际物流潜力还没有得到充分的释放，面向"丝绸之路经济带"沿线国家的国际物流组织能力及运营能力亟待进一步加强。

专题研究篇

Special Study Reports

B.14
甘肃商贸流通领域重大建设
项目进展状况调查报告

吴燕芳*

摘　要：　本文在对全省商贸流通领域重大建设项目进行系统分类的基础上，从"一带一路"重大战略性项目、现代物流重大项目、招商引资平台项目以及对外开放平台和外贸稳增长项目等方面出发，对其进展状况、建设成效和任务落实进行了全面梳理、深入剖析和客观评价，并立足于宏观视域，浅析了商贸流通领域重大项目的关键制约因素，提出了以促进行业繁荣稳定发展为目标，构建起全方位多层级政策体系等对策建议。

　*　吴燕芳，甘肃省社会科学院公共政策研究所助理研究员，研究方向为城市与区域发展规划。

关键词： 甘肃　商贸流通　重大项目

　　"十三五"时期是甘肃转变经济发展方式的攻坚时期、全面建成小康社会决胜阶段的关键时期，开展商贸流通领域重大项目进展研究，对于增强商贸流通对国民经济的支撑作用、推进供给侧结构性改革、促进区域增长动力多元化发展具有重要的现实意义。

一　商贸流通领域重大项目建设进展

（一）"一带一路"重大项目取得新突破，开放型战略新支点逐步形成

　　随着"一带一路"的深入实施，2015 年甘肃省委、省政府出台了《甘肃省参与建设丝绸之路经济带和 21 世纪海上丝绸之路的实施方案》，明确提出集中力量开展"6873"交通突破行动，加快推进兰州、嘉峪关、敦煌三大国际空港和兰州、天水、武威三大国际陆港建设，构建公铁航多式联运中心，提升甘肃外向型经济发展水平。

　　2013 年 12 月，兰州中川机场国际航空口岸全方位对外开放，兰州至迪拜、兰州至达卡、澳大利亚至兰州国际货运包机开通直航，已开通国际与地区航线 24 条[①]。2014 年 1 月，武威保税物流中心获批，9 月通过国家验收，次月封关运营，成为全国首例同年实现获批、建成与封关运营的保税物流中心。同年 7 月，兰州新区综合保税区获批建设，次月便通过国家验收并实现封关运营，当前已成为全省开放层次最高、政策最优惠、功能最齐全、手续最简便的海关特殊监管区域。2015 年 3 月，敦煌机场航空口岸获批对外开放；嘉峪关机场航空口岸开放项目已正式列入国家"十三五"口岸发展规

---

　　① 截至 2017 年 5 月。

划，全省航空口岸建设迈入发展快车道。2016年，甘肃省对外开放实现跨越发展。兰州铁路集装箱场站获准对外开放，成为甘肃历史上首个铁路开放口岸；兰州中川国际机场获准开展口岸签证业务，获批成为进口冰鲜水产品及水果指定口岸；武威保税物流中心获批成为国内第二个内陆进境木材集中监管区，马鬃山口岸恢复通关已纳入中蒙边界口岸会晤内容。目前，天水国际陆港城项目已经立项，开始启动建设。中国（兰州）自由贸易园区建设进展顺利，已编制出台了总体方案、开放措施与负面清单；兰州铁路口岸功能拓展加快推进，粮食、汽车整车等指定口岸申报工作有序开展，进口肉类制定口岸建设进入论证阶段。

（二）现代物流重大项目稳步推进，开放高端的物流业新格局初步显现

加快构建覆盖丝绸之路经济带甘肃段的物流网络和适应"走出去"的国际化物流中心，既是顺应经济社会发展的诉求，也是"一带一路"建设赋予甘肃的使命。

国际货运班列运营能力稳步提升。2014年12月武威—阿拉木图"天马号"中欧班列开通运营；2015年7月兰州—阿拉木图"兰州号"中亚国际货运班列成功首发；次月，兰州—汉堡中欧国际货运班列正式发车，成为甘肃首列开行至欧洲的往返班列；同期，嘉峪关—阿拉木图"嘉峪关号"中亚国际货运专列开通；2016年国内首列南亚公铁联运兰州—日喀则—加德满都和兰州新区—明斯克点对点国际货运班列正式开行，其中南亚班列入选全国16个多式联运示范工程。"天马号"、"兰州号"与"嘉峪关号"均已实现常态化运营。截至2017年6月，全省国际货运班列累计发运362列，货值9.44亿美元，货运量达46.09万吨，已成为甘肃产品西出的主要运输方式。

流通节点城市的辐射带动功能进一步增强。甘肃深入落实《全国流通节点城市布局规划（2015~2020年）》精神，借助"3341"项目提升工程、"1236"扶贫攻坚行动以及"6873"交通突破行动，推进完善交通基础设施

建设，初步搭建起以公路、铁路、航空、管道等为主的国际通道运输网络，同时以兰州新区保税区跨境电商综合物流园项目、兰州国际港务区保税物流中心、兰州铁路综合货场和武威国际陆港凉州产业基地项目等为代表的物流基地项目加快建设，仅2013年以来，重要城市布局的物流基地重点项目就达15个。随着商贸物流主骨架的建立以及支线网络的完善升级，兰州、天水、酒泉等大型流通枢纽节点快速形成，示范引领和辐射带动功能逐步释放。兰州市依托综合性交通枢纽优势，商贸中心建设历程已达十年之久，先后被确定为全国九大物流区域、十大物流通道和21个物流节点城市之一；近年来，随着流通领域现代物流示范城市、主食加工配送试点城市、现代物流技术应用和共同配送综合试点城市等一大批商务部获批项目的推进落实，兰州国家级流通节点城市功能显著提升，区域商贸物流中心作用日益凸显，大兰州区域物流中心建设取得积极成效。同时，天水、酒泉区域级节点城市作用初步确立，天水、平庆在陇东区域物流中心的枢纽地位加快提升，积极融入西安、郑州流通产业集聚区；酒嘉、金武在河西区域物流中心的枢纽地位逐渐形成，河西走廊战略通道优势进一步发挥。此外，以平凉、庆阳、武威和临夏等市州为重点的地区级流通节点城市加快培育，促进全省流通产业布局持续优化。

农产品交易平台建设实现新跨越。近年来，甘肃省依托"万村千乡市场工程"、"双百市场工程"、社区商业"双进"工程等国家重点项目，紧紧围绕精准扶贫、"一带一路"和向西开放等战略部署，大力推进城乡市场建设蓬勃发展。2013年，聚焦服务特色优势农牧产业发展，全省科学规划、培育建设了8个特色鲜明、类型各异、辐射面广、前景广阔的大型商品市场，并将兰州国际高原夏菜副食品采购中心和定西马铃薯综合交易中心确定为国家级公益性大型农产品批发市场建设试点，将甘肃巨龙农产品综合批发市场、张掖玉米种子暨农产品交易中心和平凉金果国际博览城三大市场确定为省级试点，共同搭建起全省市场体系骨干框架。截至2016年底，陇西首阳中药材产地交易市场、陇南特色农产品交易市场等六大市场已建成并投入运营，兰州国际高原夏菜副食品采购中心与中国西北·三甲集皮毛交易中心仍在加紧建设之中，八大市场工程已完成投资 69 亿元，总体建设进度达71.6%。与此同时，各市州从自身产业及地域优势出发，在马铃薯、高原夏菜、洋葱、百合、果品等主要农产品产地，积极培植了一批具备比较优势的农产品产地市场。为确保"十三五"末主要县区产地市场全覆盖目标的顺利实现，全省各地共有 121 个市场列入项目库，本年度共安排财政资金1500 万元，用于支持包含哈达铺华昌国际药材物流城、张掖市发年农产品有限责任公司农产品产地批发市场和泾川县农产品批发市场等在内的八大产地市场建设。此外，全省县乡便民市场建设取得了积极的发展成效。2013 ~ 2016 年，省级财政每年安排扶持资金 4000 万元，用于新建或改造 100 个县乡便民市场，并连续三年将该项目列入为民办实事工作之一。截至 2016 年底，全省累计安排建设资金 4 亿元，支持建设便民市场 991 个，重点乡镇覆盖率达到 80.88%。相关统计显示，平均每个便民市场可辐射周边 3 ~ 4 个村镇，惠及 3.5 万左右人口。当前，以大市场和公益性市场为龙头、以农产品产地批发市场为骨干、以县乡便民市场和农村网点为基础的三级农产品市场服务体系初步建立，农产品流通骨干网络日趋完善，极大地畅通了特色农产品流通渠道，惠农利农效果明显。

跨境电子商务交易平台加紧建设。立足促进外贸转型升级和培育外贸新增长点的目标，甘肃多措并举推进跨境电子商务发展，在政策环境、经营主体和外贸综合服务企业培育等方面取得了积极进展。2015 年，《甘肃省发展跨境电子商务实施意见》出台，不仅为这一新型贸易方式的快速发展提供了强力支撑，也优化了其发展的政策环境。兰州国家跨境电子商务综合试验区申报工作进入冲刺阶段。跨境电子商务经营主体培育工程加快推进，企业数量不断扩张，广州、深圳等多家知名跨境电商企业在兰州设立分部，企业陆续入驻西固丝绸之路电子商务产业园跨境电商基地；同时，以甘肃润源化工股份有限公司和甘肃华泰天润贸易有限公司为代表的本土外贸企业积极拓展跨境电商业务。以甘肃特色商品展示展销馆为主体的境外陇货销售平台加速在丝绸之路沿线国家布局。出口产品"海外仓"实现新突破，在推进设立霍尔果斯"海外仓"的基础上，兰州双信实业有限公司也将在尼泊尔建立海外仓。5 家被扶持的外贸综合服务企业成长迅速，关检合作"三个一"试点工作加快推进，服务中小外贸企业的能力明显提升。

再生资源回收体系建设大力推进。甘肃省全面落实国务院印发的《循环经济发展战略及近期行动计划》，深化绿色发展理念，大力推进商务领域节能减排，积极发展高效流通和绿色流通，在深化循环经济发展成果的基础上，推进完善再生资源回收体系，着力拓展绿色经济发展空间。全省重点废旧商品回收利用率全部完成了循环经济示范区建设总体规划所确定的年度目标任务。截至 2016 年，全省拥有再生资源回收企业 650 家，回收网点数量达 3500 多个，从业人员超 5 万人。当前，"互联网＋回收"新模式得到积极推广与应用，涵盖生产者、销售者与消费者的再生资源回收责任机制逐步建立与健全，生活垃圾分类和再生资源回收有效衔接不断加强，助推行业转型升级步伐逐步加快。

流通追溯体系建设取得阶段性成果。2011 年，兰州市入选全国第二批肉类蔬菜流通追溯体系建设试点城市。该项目分两期进行建设，其中一期项目涉及城关、七里河、安宁、西固、榆中等四区一县，建设内容包括市级系统监管平台、机房及 247 个节点企业，已于 2014 年 3 月底建设完成；二期项目建设范围扩大至皋兰、榆中和永登远郊三县及红古区，在对市级平台进行升级扩容的基础上，新建了 181 个节点企业，并于 2014 年 12 月底全面建成。与此同时，甘肃省立足中药材产业优势，大力发展中药材现代物流工程，借助入围中药材流通追溯体系建设试点省份的有利契机，进一步加快流通追溯体系建设。2015 年 9 月试点项目正式开始施工建设，截至 2016 年底，已初步建成了包含 1 个省级平台，覆盖兰州、定西、平凉等 9 个市州的 3 个专业市场、2 个大型中药材生产企业、17 家饮片加工企业、1 家仓储企业的中药材流通追溯体系。此外，甘肃省于 2016 年 8 月制定并出台了《甘肃省关于加快推进重要产品追溯体系建设的实施方案》，并对追溯体系建设的重要产品目录、重点任务、部门分工以及政策措施进行了明确规定。

（三）招商引资平台持续创新发展，双向投资协调发展格局逐步优化

兰州新区打造承接产业转移示范区取得积极成效。作为西北首个国家级新区，兰州新区始终坚持发展的第一要务，着力夯实发展基础，持续优化投资环境，不断增强产业支撑，加快促进对外开放，全区经济总量保持倍数增长。2011～2016年，兰州新区累计落地产业项目318个，投资总额达4220亿元，落户三个500强企业40家，先进装备制造、生物医药、新材料等新兴产业规模快速扩张，外贸进出口企业达206家，实现进出口总额7.5亿美元。当前，兰州新区将充分利用好国家重要产业基地的优势，继续围绕现代装备制造、石油化工、生物医药、电子信息、高新技术、现代农业及现代物流等产业，积极打造承接国际产业转移的新高地。

各级开发区（园区）产业集聚效应加快形成。以国家级经济技术开发区、国家级高新技术开发区和省级开发区为重点的各级工业园区建设步伐进一步加快，基础设施加快完善，配套服务能力大幅提升，发展环境持续优化，投资吸引力不断增强，企业入驻率大幅提升。全省开发区示范工程积极开展，增容扩区取得一定实效，在确定承接产业转移方向的基础上，重点围绕以商贸物流、商务会展、服务外包、总部经济、休闲娱乐等为主的都市服务业，以文化旅游、创意设计、文化与科技融合等居主体的文化产业，以及集科技研发、信息技术、创业孵化和生物医药等于一体的高新技术产业，着力打造承载产业转移的优势载体，加快形成产业集聚效应。推进各级开发区和重点园区深化与上海、广东、浙江、福建、江苏等东部国家级开发区的对接合作，加快承接东部产业转移。根据《甘肃省"十三五"开发区发展规划》，积极开展开发区培育提升工程，全力助推经济水平高、综合实力较强、产业特色显明的省级开发区升级为国家级开发区，力争2020年省级及以上开发区数量达到60个以上，是现有水平的1.71倍。

境外工业园区工程项目进展顺利。甘肃与丝绸之路经济带沿线国家的外贸持续升温，陇企"走出去"步伐不断加快。由中甘国际旗下华陇（加纳）

集团总公司投资新建的特马工业园区建成投运，园区基础配套设施高标准建设，首届境外项目推介会成功举办，入园企业优惠政策丰厚。当前，特马工业园区运营正常，入园投资创业的中资企业大幅增加，集生产、仓储与销售于一体的现代化工业园区建设步伐加快推进。与白俄罗斯合作不断取得新突破，金川集团公司 PVC 管材生产线项目、甘肃聚馨农业科技集团啤酒麦芽加工项目等中白工业园入驻项目加紧建设，合资成立的中白贸易合作中心项目进展顺利，支持全圣集团依托在格诺德诺州开展的农场收购、种养加工和旅游酒店等洽谈项目，建设高水准海外现代农业示范基地。酒钢集团借力国际产能合作，积极化解发展难题，成功收购了牙买加阿尔帕特氧化铝厂，恢复生产项目顺利进行。支持其立足自身产业及工艺优势，不断完善并延长电解铝产业链，积极建设以循环经济为重点的大型工业园区。推动重点经贸项目合作与科技创新合作深度融合，努力建设若干境外合作园区，着力培育一批独具特色的"双边合作样板"，力争将甘肃打造成"丝绸之路经济带"黄金段的战略高地。

会展平台积极搭建。近年来，甘肃省各类展会活动层出不穷，逐渐形成了以中国（兰州）投资贸易洽谈会、丝绸之路（敦煌）国际文化博览会和中国（甘肃）新能源国际博览会为龙头，以各类旅游节、文化节、乡洽会、建材展、汽车展等为辅助的发展格局，会展经济雏形初步显现。为顺应行业发展诉求，规范市场秩序，甘肃省于 2012 年 3 月成立了会展业协会。全省大型会展平台的国际化水平显著提升，已成为具备一定国际知名度与影响力的甘肃品牌，并且成功连续举办。其中，第 23 届兰洽会首次邀请尼泊尔和马来西亚两个国家担任主宾国，境外参会宾客数量较上届增长 30% 以上，签约项目 920 个，拟引进资金 3129 亿元；第二届敦煌文博会成功举办，参会人数创历史新高；第七届新能源国际博览会集中签约项目 28 个，签约金额达 556 亿元，是上届的 1.59 倍。重大展会的带动效益逐步释放，促进形成了会展与论坛（峰会）互推共进的良好发展格局。相关统计显示，2017年前三季度，全省共举办各类会展项目 100 个，已超出了上年总体水平。甘肃会展业量质齐升，对全省经济社会发展的拉动作用不断增强。

（四）开放平台与外贸稳增长项目进展有序，外向型经济发展成效显著

驻外商务代表处的对外联络功能不断增强。甘肃与"一带一路"沿线的经贸交流日渐活跃，国际贸易合作机制不断完善。截至目前，先后在白俄罗斯、伊朗、吉尔吉斯斯坦、哈萨克斯坦、土耳其、马来西亚、印度尼西亚、印度、俄罗斯、泰国和我国新疆霍尔果斯等国家（地区）设立了11个商务代表处，同时与哈萨克斯坦投资促进局以及塔吉克斯坦、土耳其、尼泊尔等53个境外商协会建立了合作机制。境外商务代表处加速布局丝绸之路沿线国家，帮助企业收集市场信息、寻求合作机会、抢抓贸易订单、推进项目落实，积极拓展对外开放新渠道，已成为丝绸之路经济带甘肃段建设中的先锋兵。

自主品牌出口增长行动计划有效落实。为推进外贸领域供给侧结构性改革，着力优化外贸结构，加快培育外贸竞争新优势，甘肃省实施了自主品牌出口增长行动计划，项目落实取得了积极实效，甘肃名优特产品"走出去"步伐明显加快。全省在机电高新、装备制造、特色农产品、中医药、清真食品和民族用品等优势产品方面形成了一批知名度和美誉度较高的自主品牌。甘肃省苹果、马铃薯、高原夏菜、洋葱等已成为畅销全球的知名品牌，体现陇药特色的品牌标识正在积极创建中，陇药品牌的市场影响力大幅提升，以兰州牛肉面为代表的清真食品更是享誉全球，这一国际名片的影响力持续扩张。全省出口产品的质量和档次获得较大提升，品牌优势转化为成长动能的效应初步体现。甘肃应立足甘肃特色产品对中亚国家适销对路的有利形势，加快拓展中西亚及中东欧市场，努力提升甘肃自主品牌产品的出口比重，切实做大、做强、做优、做响甘肃品牌。

外贸出口基地持续发展壮大。甘肃立足国际市场需求导向，以促进外贸稳增长为目标，以出口基地建设为重点，着力培育外贸新增长点。全省于2012年开展了外贸转型升级示范基地认定工作。截至目前，省级外贸转型升级示范基地28个；国家级2个，分别为天水苹果生产基地和河西地区种子基地。依托特色农产品资源优势，积极打造特色农产品优势出口基地。当前，全省高原夏菜、洋葱、马铃薯、林果等特色农产品出口规模不断扩大，

品牌优势逐步释放，已形成了四大农产品出口产业集聚带。全省出口食品农产品质量安全示范区建设工作取得明显成效。凉州区出口皇冠梨、渭源县出口中药材和礼县出口大黄三个质量安全示范区上榜，全省国家级质量安全示范区增至10个，总量排名西北第2位。

服务贸易实现新发展。为创造新的贸易增长点，推动形成外贸综合竞争优势，甘肃省大力发展服务贸易，在服务外包、文化贸易、中医药服务、旅游服务等领域大力扶持了一批重点项目，全省服务贸易获得了长足发展。服务外包实现从无到有的突破，软件开发与信息技术产业成长迅速，企业主体培育成效显著，以兰州新区、兰州经济技术开发区和大学科技园为主的产业集聚效应初步形成。文化贸易繁荣蓬勃发展，《丝路花雨》经典舞剧、《读者》期刊已成为甘肃文化走向世界的国际名片，以读者出版集团、庆阳锦绣实业有限公司和庆阳岐黄文化传播有限公司等为代表的优秀企业先后多次入选国家文化出口重点企业，《丝路花雨》对外文化交流项目、庆阳香包迪拜推广项目和庆阳香包手工生产加工基地入选2015～2016年度国家文化出口重点项目。中医药服务贸易国际影响力倍增，2014年甘肃入围国家中医药服务贸易试点省份，兰州佛慈制药股份有限公司入选骨干企业建设名录；已分别在俄罗斯、法国、吉尔吉斯斯坦等8国建立了岐黄中医学院，在匈牙利、巴基斯坦和马达加斯加等5国设立了岐黄中医中心；中医药产品在相关国家的认证注册、中药及医疗器械的出口等工作有序开展。旅游服务贸易迈上新台阶，全省现有出境组团社50家，赴台游组团社4家，2016年实现旅游外汇收入1.89亿美元，同比增长33.3%，旅游与文化、中医药、会展等产业加速融合，联动发展格局初现。

二 制约甘肃商贸流通领域重大项目建设的关键因素

（一）项目投资水平全面下滑

项目是拉动经济增长的主要载体，关系经济社会发展全局。顺应长期依靠投资拉动型经济的特殊省情与发展现实，甘肃始终把项目建设作为经济工作的主抓手、推进经济社会跨越发展的重要引擎，"十三五"时期项目工作仍是重中之重。2016年以来，全省固定资产投资增速明显放缓，总体维持在10%平稳运行，与项目投资水平保持了高度的同步性，增速水平基本吻合。2017年则全面下滑，进入负增长状态，且降幅呈扩大之势，总体保持在-30%~-40%的运行区间，而项目投资的下降趋势更加显著，与投资总量的发展差距逐步拉大。与此同时，项目投资在固定资产投资中的占比也有所下跌，"十二五"时期保持90%的占比，当前下滑至86%。2011年以来，甘肃项目投资可划分为四个发展阶段：2012年以前以40%以上的增速高位运行，2013~2014年以25%的平均增速较快增长，2015~2016年则徘徊于10%左右平稳增长，预期2017年全年仍将延续负增长的主旋律。由此可见，项目投资对甘肃经济发展的支撑作用明显弱化，增速大幅回落以及不可避免的负增长趋势，给商贸流通领域项目的顺利推进造成沉重负担，带来严峻挑战（见图1）。

（二）招商引资工作难度不断加大

人口、土地、环境、资源能源等长期以来支撑甘肃经济快速增长的要素红利逐渐衰退，特别是资源环境约束趋紧的突出矛盾，使甘肃处于竞争劣势，甘肃省招商引资的难度持续增大。此外，招商引资工作机制尚不健全、规范化与制度化水平偏低、前期工作不精细、跟踪服务不到位、行政审批效率低等问题，严重影响了企业投资的积极性，极大制约了甘肃招商引资的发展。

第23届兰州投资贸易洽谈会，全省累计签约各类项目920个，签约金额达3129.33亿元。就项目分布而言，平凉市与兰州市优势突出，分别引进115个和103个；天水、定西、陇南和白银四市数量接近，平均比重为10.43%，合占42%的份额；张掖市紧随其后，所占比重为7.72%；庆阳、武威、金昌与酒泉四市处于第四梯队，数量水平相当，比重均值为5.49%；其余市州项目引进数量严重不足，所占份额均不足3%。就签约金额看，省

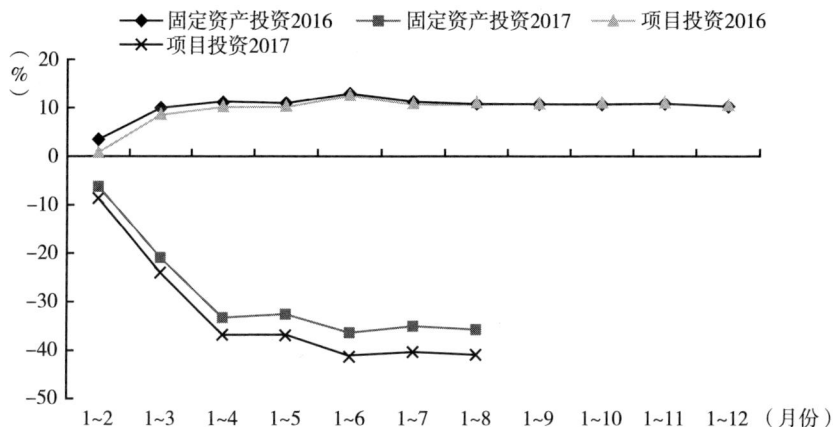

图1 2016~2017年甘肃省固定资产投资与项目投资增速对比

会兰州独占鳌头，在全省招商引资金额中的占比达24.11%；天水、定西两市虽处第二梯队，但与首位之间的差距极大，规模不足其一半，二者合占总量的19.65%；平凉、庆阳、陇南、白银、酒泉五市较具比较优势，比重居于7%~9%的区间内；其余市州所占份额不足5%（见图2）。可见，全省引进项目的地区分布差异性显著，各市州利用外资的质量与水平与其综合竞

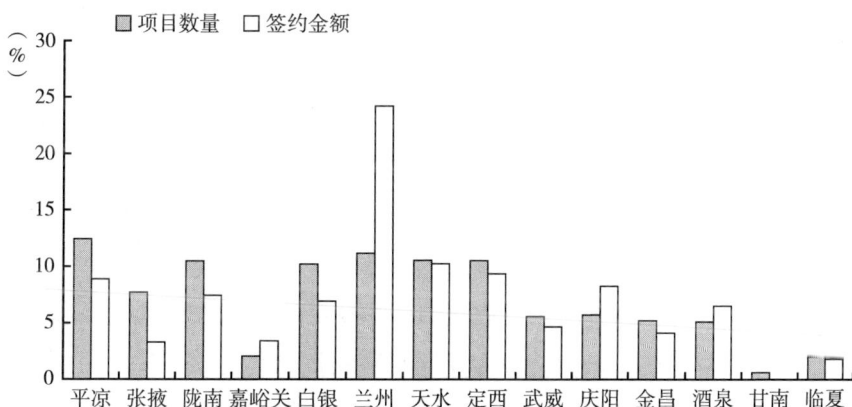

图2 第23届兰洽会签约项目的数量与金额的比重

争力密切相关，即由区域经济发展水平、物流配送能力、对外贸易、产业配套等因素综合作用所决定。

（三）利用外资结构性矛盾突出

受长期形成的经济结构的影响，甘肃省利用外资结构欠合理的现象突出。从三次产业结构看，一产实际利用外资的比重为10.63%，二产高达81.78%，三产所占份额仅为7.59%，呈"二一三"的利用格局。全省利用外资的质量和层次偏低，仍高度集中于能源资源的开发及利用领域，而以研发设计、养老育幼、医疗教育等居主体地位的现代服务业领域外资引进情况尚未取得突破性进展。就开放平台而言，以兰州新区、兰白科技创新改革试验区、国家级开发区等为重点的开放平台，外向型经济水平整体偏低，产业带动链长、投资规模大、辐射带动力强的外资项目严重欠缺。从外资来源地看，全省79.45%的外资投入依靠香港和投资性公司，而发达国家及地区的外资严重不足。

（四）物流基础设施落后依然是最大的短板

物流基础设施不足仍是制约甘肃流通领域的最大短板。与周边省份相比，甘肃铁路网密度，不足首位陕西省的40%，仅相当于宁夏的42.71%，居第5位；公路与高速公路网密度占中间位次，分别为陕西省的37.27%和31.05%，占四川省的47.38%和62.26%，相当于宁夏的61.66%和34.1%，路网基础明显不足（见表1）。加快构筑跨省的对外运输大通道，加强与周边省区的互联互通和交流合作，为全省商贸流通的持续发展筑牢根基，仍是甘肃提升流通效率的首要任务。同时，仓储设施设备陈旧、资源分散、覆盖率低，运输及仓储企业业务单一，孤岛运行情况普遍，物流运行网络效应难以发挥。物流服务企业专业化水平和技术装备水平偏低，达到3A级及以上标准的物流企业仅占0.66%，而货运物流企业竞争激烈，小、散、弱、乱现象严重，统领行业发展的龙头企业严重短缺。

表 1　　2015 年甘肃及相邻省份路网密度比较

单位：公里/百平方公里

地区	内蒙古	四 川	陕 西	甘 肃	宁 夏	青 海	新 疆
铁路	1.0228	0.9072	2.1887	0.8363	1.9578	0.3184	0.3554
公路	14.8267	65.0722	82.7335	30.8319	50.0000	8.9437	10.7410
高速公路	0.4227	1.2371	2.4805	0.7702	2.2590	0.3738	0.2590

资料来源：根据《中国统计年鉴 2016》测算。

三　加快甘肃商贸流通领域重大项目建设的对策建议

（一）持续深化项目带动行动，强化投资拉动经济增长

坚持把项目建设作为加快发展的核心之举来抓，以项目建设引领产业集聚，促进经济转型升级，推进实现经济工作项目化、项目工作责任化。举办好"世界 500 强走进甘肃"、"央企走进甘肃"、甘肃优势产业推介会等系列活动，充分发挥"兰洽会"招商推介平台优势，积极开展招商引资与对外经贸合作，搭建定向精准招商平台。构建规范高效的招商引资工作体系，做好招商引资项目甄选、包装及推介工作，围绕跨境电商、现代物流等产业，谋划一批精品招商项目，集中高效招商。创新招商引资方式，坚持引资引智引技相结合，深入探索专业化招商新思路，推进产业链招商、精准招商、节庆招商等有效形式，推动形成产业集聚发展。紧盯国内外前沿技术、领头企业，以三个"500 强"企业为重点，努力促成重大招商引资项目。积极引导外资投向现代物流、电子商务、生活性服务等领域，进一步扩大对农村、社区流通基础设施的投资，切实增强投资后劲，推进项目建设与招商引资工作取得实效。

（二）提升流通信息化水平，加强流通标准化建设

积极推进"互联网＋流通"行动，支持流通企业加强信息化建设，推动物联网、移动互联网、云计算、大数据、供应链等现代信息技术的创新与

应用；鼓励企业推广应用供应链管理、企业资源计划、客户关系管理、自动化配送等现代管理模式，推进流通网络化、数字化、智能化建设。扩大商务领域大数据应用，完善物流配送体系，建立流通追溯体系，加快发展电子商务，着力降低流通成本，切实提高流通效率，全面提升甘肃流通产业现代化水平。鼓励流通企业推进射频识别、传感器、卫星实时监控等新技术应用，大力发展智慧物流，加快构建商贸物流公共信息平台，着力打通物流信息链，促进人员、货源、车源与物流服务信息高效匹配，实现物流信息全程可追踪。大力扶持运输配载、跟踪追溯、库存监控等需求旺盛、发展前景广阔的物流信息平台建设。加快推进公路、铁路、水运、民航、邮政、海关、检验检疫等信息资源整合，建设交通运输物流公共信息平台，促进物流信息与公共服务信息有效对接，探索建立区域间、行业内平台信息共享机制，提高物流社会化、标准化、信息化、专业化水平。

健全以国家标准、行业标准、地方标准和企业标准等为主体的商贸流通标准体系框架，加快推进流通基础设施、连锁经营、电子商务、商贸物流、重要产品追溯体系等重点领域、行业及业态的标准制修订。鼓励企业积极开展标准化应用，推进技术装备标准化、信息编码标准化和服务标准化。支持以标准托盘应用及循环共用为切入点，带动供应链上下游或区域范围内普及应用标准托盘、实施带盘运输。推动物流包装标准化、绿色化、减量化及循环利用，支持仓储、加工、分拣、配送等流程服务标准化，加快提升农产品冷链物流标准化水平。建设流通标准管理系统，实行货物生产、包装、装卸、运输全过程标准化管理，加强对流通标准实施的监督检查与跟踪评价。

（三）加大优势企业培育力度，推动平台经济加快发展

坚持培育和引进相结合，积极开展流通企业培育工程，加快建立现代企业制度，全面增强企业发展活力。鼓励优势企业兼并重组，跨区域、跨行业整合资源，加快培育一批具备国际竞争优势的骨干流通企业；支持有实力、有条件的企业积极开拓国际市场，开展营销、仓储物流和售后服务，提升全

渠道竞争力；大力培植一批专业化、特色经营的中小流通企业，着力提升创新创业能力与组织化程度。引导流通企业推动供应链创新与应用，提升企业协同的智能化、网络化、集约化水平，着力降低经营成本。

扎实推进国家级电子商务示范基地建设，培育壮大本地特色电商平台，支持企业加快建设专业电子商务平台，着力提升主体创新能力。深入落实全省电商扶贫行动计划，大力推进电子商务进农村，着力培育多元化农村市场主体，助力精准扶贫与精准脱贫。加快推进电子商务进社区，提升社区生活性服务智能化、便利化水平。引导各地有序建设电子商务交易平台，支持企业建设电子商务自营平台。促进跨境电子商务快速发展，扶持一批跨境电商企业，打造一批跨境电商基地和集聚区，加快培育外贸竞争新优势。力争将兰州打造成国家跨境电子商务试点城市，建设与中西亚、中东欧国家开展电商合作的"网上丝绸之路"，鼓励跨境电商企业积极建设规范的"海外仓"。

（四）构筑现代流通网络体系，推进城乡流通网络一体化

抢抓国家推进大流通网络建设有利契机，积极融入西安—兰州—乌鲁木齐流通产业集聚带建设，构建覆盖丝绸之路经济带甘肃段的骨干流通网络。依据全国流通节点城市布局规划，提升兰州、天水和酒泉区域级流通节点城市功能。以兰州为中心，依托兰白定经济圈，建设国家级物流节点，打造国际化商贸流通平台；以天水为中心，衔接关—天经济圈，辐射陇南、平凉等地区，构建天水物流基地，打造陇东地区的区域性物流基地；以酒嘉为中心，依托兰新经济带，衔接新疆经济圈，辐射张掖等地区，构建酒嘉物流基地，打造河西地区的区域性物流基地。积极培育武威、金昌、张掖、定西、平凉、庆阳、陇南、临夏等区域性物流中心，承担网络连接功能，提供区域性基础服务，并协同物流基地进行有效集配。着力构建"商贸基地—区域中心—县乡流通结点"的三级商贸物流结构，带动全省流通业快速发展，加快推动甘肃流通枢纽地位和黄金通道功能的形成。

统筹规划城乡商业网点功能与布局，提高流通设施使用效率和商业服务便利化水平。引导大型商业设施和社区商业网点优化布局，加强特色商业街区建设，构建以中心商圈、商业街区为核心，以社区商业为基础的城市流通网络体系，积极建设社区综合服务中心，打造"15分钟便民生活服务圈"。整合商务、供销、邮政等资源，推进完善农村地区商业网点。推动大型商品交易市场、公益性大型农产品批发市场、农产品产地批发市场以及老少边穷地区市场建设，改造提升县乡便民市场，切实保障居民基本商业服务需求。各市州立足自身商贸流通专业化、集约化需求，发展一至多个市区配送中心；支持农村商业网点信息化改造，大力推广农村商务信息服务，积极引导电商、物流企业下乡，推进完善农村电子商务配送服务网络，着力解除物流配送"最后一公里"瓶颈制约，努力打造城乡流通网络一体化格局。

参考文献

《甘肃省全力打造商贸流通三级市场服务体系》，《甘肃日报》2017年9月17日，http：//gs. cnr. cn/gsxw/kx/20170917/t20170917_ 523952323. shtml。

《正在崛起的新城——兰州新区开发建设成就综述》，兰州新区政府网，http：//www. gs. xinhuanet. com/xinqu/2017 – 03/06/c_ 1120576613. htm，2017年3月6日。

《甘肃省"十三五"开放型经济发展规划》，甘肃省人民政府网，http：//www. gansu. gov. cn/art/2016/9/7/art_ 4786_ 285429. html，2016年9月7日。

《甘肃省"十三五"服务贸易发展规划》，甘肃省人民政府，http：//www. gansu. gov. cn/art/2017/1/16/art_ 4786_ 297892. html，2017年1月16日。

B.15
"一带一路"倡议中的甘肃
商务政策构建及调整

张晋平*

摘　要： 2017 年，"一带一路"甘肃建设迈出实质步伐，内外贸深度融合，对外开放水平快速提升，商务政策红利凸显。在面临诸多矛盾叠加、风险隐患增多的严峻挑战的环境下，全省商务工作稳步推进"13105"行动计划，商务运行稳中向好，各项工作稳中有进，迎来了"十二五"商务发展大有作为战略机遇期的良好开局。

关键词： "一带一路"　甘肃商务　政策构建

2017 年以来，甘肃商务以"一带一路"建设为总抓手，在省委、省政府的正确领导下，商务工作开拓创新，攻坚克难，砥砺前行，不断推动着商务发展迈上新台阶，为"十三五"规划确定的主要目标和任务的顺利完成奠定了坚实的基础。

一　"一带一路"倡议中甘肃商务政策构建及调整的必要性

"一带一路"倡议的提出，极大地丰富了甘肃商务政策的内容。在此之

---

* 张晋平，甘肃省社会科学院决策咨询研究所副研究员，研究方向为信息学、情报学、发展战略等。

后围绕"一带一路"政策布局中,商务政策的构建与调整体现了立足于甘肃发展战略需求视角下的政策功能发挥。在政策构建引领下,甘肃商务不断走向新的发展阶段。

(一)对经济形势的判断发生了变化

在经济运行的新形势下,结构性矛盾是根源。一是继续推动商务供给侧改革仍是工作重点。目前,结构性矛盾仍然突出,结构失衡是经济不畅的症结所在,那么以全面深化改革为动力,以推动供给侧改革来扩大市场消费为目标,科学规划商务发展就成为主要政策发力方向。当前供给侧改革在推进过程中,面临着老供给过剩与新供给不足并存的局面,新旧动力转换中的"破"与"立",需要用政策功能来协调与衔接。二是全球经济竞争的重点正从货物贸易转向服务业与服务贸易。以互联网信息技术为代表的新技术、新业态、新商业模式不断涌现,以服务业为主导的新业态正在引领着经济发展步入新常态。因此,在关注并实施总量扩张的同时,将主攻方向转到结构性调整轨道,注重激发经济增长活力,努力实现供求关系新的动态平衡,已经成为商务政策构建的重点所在。

(二)"一带一路"建设促使甘肃产业布局发生变化

"一带一路"建设给甘肃产业发展带来了重大机遇,拓展海外市场"走出去"的机遇、优势产业/企业崛起的机遇、营造甘肃品牌的机遇、陇货扩大市场的机遇、产业优化布局的机遇、资本技术对接的机遇、内外统筹农业资源的机遇、打造大文化大教育大旅游的机遇、服务贸易提速发展的机遇、搭建贸易通道的机遇等,是甘肃历史上从未有过,也是最好的战略机遇。近年来,甘肃向中亚国家的石油钻采设备、特色农产品、民族用品、电子产品等出口大幅增长。2014年甘肃省与丝绸之路沿线国家实现出口10.16亿美元,同比增长27.3%;2015年出口77.5亿元人民币,增长24.8%;2016年与丝绸之路经济带国家实现贸易突破100亿元,增长10%。其中,民营企业正在成为甘肃外贸发展的骨干力量,体现了甘肃外贸发展的新态势。而装备制造、新材料、新能源、生物医药等很多领域是甘肃优势产业，具备了向西发展的基础，为甘肃产业布局提供了一个广阔空间。

（三）商务工作的思路发生了变化

"一带一路"建设的稳步推进，开启了甘肃开发开放的巨大空间，使甘肃逐步成为国家向西开放的重要门户和次区域合作战略基地，为甘肃的经济转型、向西开放、深化改革、对外合作等提供了一个广阔发展平台。紧紧抓住"一带一路"建设这一历史机遇、不断丰富开放平台功能、培育国际竞争新优势、强化开放牵引支撑、以向西开放为重点扩大对外开放，已经成为21 世纪甘肃发展战略的支撑点。因此，甘肃商务工作的思路也必然以此为核心来开展。一方面，传统贸易转型升级步伐加快，需要实现贸易渠道的多种呈现、多元路径；另一方面，要大力发展跨境电子商务、在线销售、知识服务、服务贸易等新兴贸易业态。以往"大水漫灌"式的政策刺激不应再是主要选项，取而代之的是提高政策质量、完善政策功能、精准政策对接成为主攻方向。在坚持以推进传统贸易为主线的同时，适度扩大新兴贸易业态，加强商务政策构建与调整，让市场各方分享合作经验，在资源合作开发利用、技术服务合作、服务贸易拓展、承接产业转移、招商引资、商务基础建设等方面加强合作，促进传统贸易领域与新兴贸易领域相互促进、融合发展，在"一带一路"建设背景下不断拓展经济价值链，突出甘肃在"一带一路"建设中的"黄金段"作用。

（四）商务政策实施途径发生了变化

解决甘肃经济发展的根本途径是加快发展速度，但必须首先解决结构性的问题，造成供给侧结构性矛盾的根源源于体制机制性障碍，即造成资源配置功能失灵的根源是政府作用没有得到很好发挥。而商务政策属于宏观经济管理政策范畴，商务工作涵盖消费、投资、进出口"三驾马车"，在需求侧管理方面有很多手段。商务政策的效力，需通过政策层面操作加以实施，但简单采取政策供给的办法不应再是主要的实施途径，取而代之的是以经济结构调整、行政改革和经济环境变化作为商务政策主基调，将政策构建的根本途径放在以突破体制机制性障碍上，放在以推进各种基础性改革上，放在为市场主体发展创造条件上。甘肃省商务厅 2017 年在商务领域推动的"13105"行动计划，体现了依托政策构建，积极推进商务制度建设，提高商务管理方面的新突破，把甘肃打造成中亚、西亚、中东欧的园区/产业合作基地、国际物流节点和文化旅游教育的交汇点。

正是发生了上述变化，构建完善的政策体系，是"一带一路"甘肃向西开放的重要内容，也是商务管理的重要环节。只有将商务政策纳入这个新的政策体系中，并同甘肃省经济、产业、贸易各方面要求相对接，才有可能对商务政策构建得出全面和系统的认识。因此，相对于以往的商务政策配置格局，"一带一路"倡议中的商务政策调整，不仅要着眼于当下的调控，更须注重"十三五"规划的衔接；不仅要着力于甘肃经济需求的总量扩张，更须注重向西推进中的产业结构调整；不仅要聚焦于陇企外向型发展布局，更须注重甘肃向西开放的质量；不仅要立足于具体的政策层面操作，更须通过不断的政策调整优化资源配置。

二 "一带一路"倡议中甘肃商务政策的构建取向

随着"一带一路"建设的全面推进，甘肃站在了新的发展起点上，为甘肃开拓新的发展空间、促进开放发展、提升经济活力提供了新的发展机遇与挑战。紧抓机遇，制定并实施《丝绸之路经济带甘肃段建设总体方案》，出台了《丝绸之路经济带和 21 世纪海上丝绸之路实施方案》，丝绸之路（敦煌）国际文化博览会获国家批复，与 33 个国家建立 57 对国际友好城市，兰州新区综合保税区和武威保税物流中心封关运行等的一系列政策出台，凸显了政策的积极作用。

（一）政策设计阶段（2014 年）

2014 年 5 月，甘肃省委、省政府发布《"丝绸之路经济带"甘肃段建设总体方案》。政策核心是发挥甘肃地缘优势，促进战略提升，实现引领发展。该政策提出着力构建兰州新区、敦煌国际文化旅游名城和"中国丝绸之路博览会"三大战略平台以及六大窗口、八大节点城市、推进五大重点工程建设的发展战略（简称"13685"战略），为发挥甘肃在"一带一路"建设中的"黄金段"作用进行明确定位。

2014年9月，甘肃省商务厅发布《甘肃省发展跨境电子商务实施意见》。就电商平台、系统设计、产业基地、结汇退税、服务体系、管理机制等涉及跨境电商的关键环节和问题进行了明确规定。进一步提升甘肃省企业和产品国际竞争力，推动外贸转型升级的政策实施方案，增强政策指导作用。

"一带一路"建设带来的历史性机遇，需要政策构建来主动适应国家发展战略调整和宏观经济环境变化，积极应对经济发展可能面临的重重挑战。上述政策（政策沟通、道路联通、贸易畅通、货币流通、民心相通）开启了"一带一路"甘肃"黄金段"建设的序幕，对甘肃未来经济建设与发展路径做出了明确的政策引导。

（二）政策架构阶段（2015～2016年）

2015年10月，甘肃省委、省政府出台《甘肃省参与建设丝绸之路经济带和21世纪海上丝绸之路的实施方案》。以"13685"总体规划为蓝本，绘就了甘肃打造"丝绸之路经济带"甘肃"黄金段"的美好蓝图。

2015年12月，甘肃省政府下发《关于推进国内贸易流通现代化建设法治化营商环境的实施意见》，积极借鉴吸收全国内贸流通体制改革发展综合试点经验，加快推进甘肃省内贸流通体制改革；省政府印发《关于推进国际产能和装备制造合作的实施方案》，深入推进甘肃省企业积极开拓国际市场，通过发挥甘肃装备制造业的优势，进一步推进甘肃与"一带一路"沿线国家的项目、产能、技术等的国际合作。

2016年2月，甘肃省商务厅对原《甘肃省外贸转型升级示范基地（企业）、甘肃省机电产品外贸转型升级示范基地认定标准和办法》明确废止，新修定《甘肃省外贸转型升级基地培育实施意见》。政策调整的目的是发挥市场决定性作用和政府引导推动相结合，紧密依托现有特色产业集聚区、经济技术开发区、高新技术开发区、海关特殊监管区，突出甘肃省产业优势和区域特色，完善甘肃省公共服务体系，推动甘肃省外贸转型升级基地协调可持续发展，为向西开放，扩大中亚、中欧贸易提供有力支撑。

2016 年 7 月，甘肃省委、省政府印发《关于进一步扩大对外开放的意见》。从顶层设计角度布局甘肃开放发展，积极构建甘肃省开放型经济新体制。

甘肃"黄金段"建设是"一带一路"最为主要的战略力量，在实施这项重要的发展战略中发挥着标志性的引领作用，通过上述这些政策进行进一步的规划，进一步完善甘肃省"一带一路"政策体系，有力推进甘肃经济再上新台阶。

（三）政策实施阶段（2017年）

2017 年 1 月，甘肃省政府办公厅印发《甘肃省"十三五"服务贸易发展规划》。培育扶持服务贸易和服务外包企业主体；进一步扩大旅游、建筑、劳务输出等传统劳动密集型服务贸易出口；发挥商务发展资金支持作用，加强对中小服务贸易企业扶持等措施，开启了促进甘肃服务贸易发展的系统、全面、开放和科学的政策规划。

2017 年 3 月，甘肃省推广中国（上海）自由贸易试验区可复制改革试点经验领导小组出台《甘肃省做好自由贸易试验区新一批改革试点经验复制推广工作的实施意见》，要求着力复制推广新一批改革试点经验，加快构建开放型经济新体制、新模式，增强发展新动能、拓展甘肃商贸发展新空间。

2017 年 5 月，甘肃省政府办公厅印发《关于促进进出口稳定增长的意见》，进一步深化外贸供给侧结构性改革，巩固提升传统贸易优势，培育壮大国际竞争新优势，为全省经济转型升级注入新的活力。

2017 年 6 月，甘肃省政府办公厅印发《甘肃省"十三五"西部大开发实施意见》。这是一个清晰、明确的顶层政策设计，从未来发展的宏观高度，就具体目标、总体布局、重点任务、主要措施等方面进行了明确规定，政策的指导性较强。

2017 年 7 月，甘肃省发改委印发《关于 2017 年深化经济体制改革重点工作的意见》，确立了甘肃在"一带一路"建设中的战略地位，支持陇企"走出去"开拓国际市场，进一步明确政府的服务型功能；鼓励外向型企业在省内符合条件的海关特殊监管区域内建立"两头在外"加工生产基地，积极承接东中部产业转移，促进加工贸易发展；推进报关审核管理、征管方式、协同监管三项制度改革；推进兰州、武威、天水三大国际陆港和兰州、敦煌、嘉峪关三大国际空港建设等的全面布局，构筑起甘肃"黄金段"上的交通大通道和物流大枢纽发展格局。

上述政策对于"一带一路"倡议实施中甘肃的具体举措进行了细化，侧重于宏观战略、内容解释、实施细则、操作层面等的设计，并对"十三五"期间全省经济发展做出展望。在此基础上，从经济结构调整、区域经济发展、商务基础建设、战略性新兴产业发展、丝绸之路经济带建设等方面进行了全面解读。

（四）商务政策构建的意义

"一带一路"建设中，政策这一政府之手的恰当运用非常关键，它不是单一的政策制定，而是包含产业、市场、创新、开放、贸易、服务等在内的政策集。这些政策的构建与调整成为甘肃"一带一路"建设的关键，也为甘肃商务政策的落实提供了有力保障。从政策构建到政策调整，包括了政策制定—政策执行—政策反馈，形成了一个较为完整的政策架构，合力共同推动商务管理水平的提升。实践证明，甘肃省委、省政府政策的构建周期与"一带一路"发展具有正相关关系，甘肃商务政策的构建也具有非常明显的联动性特征。"一带一路"建设与政策之间的关系，就是各种资源要素在经济与社会发展中的反映。一方面，"一带一路"建设推动着政府政策的不断出台和调整，商务政策必然顺应省委、省政府的政策基调和商务发展规律的变化而进行制定；另一方面，政策的实施又进一步促进了经济与社会的发展，也必然会出现已经出台的政策逐渐滞后于形势发展，或出现了新的情况下的调整，这就需要做出相应的政策调整，才能够发挥政策作用的目的。

三 "一带一路"倡议中甘肃商务政策重点构建的内容

甘肃处于"一带一路"上的新亚欧大陆桥经济走廊和中亚—西亚经济走廊通道节点上，是合纵连横、协同叠加、新增长极的战略支撑点。构筑全方位的立体对外开放格局是"一带一路"倡议中甘肃向西发展的顶层设计，在《"丝绸之路经济带"甘肃段建设总体方案》《甘肃省参与建设丝绸之路经济带和 21 世纪海上丝绸之路的实施方案》《关于进一步扩大对外开放的意见》《甘肃省"十三五"服务贸易发展规划》等政策的构建下，促使"丝绸之路"甘肃段的产业发展重点领域、关键环节得到率先突破，为甘肃未来发展打下坚实基础。

（一）"一带一路"甘肃段建设重点

通过培育一批国际知名品牌和市场主体，打造一批具有世界影响力的开放平台，建设一批优势特色出口基地，形成一批外向型特色优势产业体系。

1. 搭建开放平台，着力弥补甘肃开放平台少的短板

2013 年底兰州中川机场国际航空口岸正式对外开放，结束了全国唯一一个省会城市没有口岸的历史。2016 年底兰州铁路口岸获准对外开放，成为甘肃省历史上第一个铁路口岸。敦煌机场口岸获批对外开放，嘉峪关航空口岸列入国家"十三五"口岸发展规划。中川机场获批成为进口冰鲜水产品及水果指定口岸，兰州新区综合保税区、武威保税物流中心建成封关运营，分别成为进口肉类指定查验场、国内第二个内陆进境木材监管区。成功举办敦煌国际文化博览会，兰洽会、敦煌行·丝绸之路国际旅游节、新能源国际博览会等展会节会平台已经成为甘肃省扩大对外开放和推动"一带一路"建设的重要载体。下一步，需要进一步完善政策措施，释放已取得成果的红利，促进甘肃经济快速发展。

2. 加快开放通道建设，积极构建大通道大枢纽格局

全省已开通 24 条国际航线，2016 年全省航空口岸出入境 17.3 万人次，

同比增长 22.7%。引进兰州港龙供应链有限公司、甘肃中欧国际物流有限公司等入驻甘肃，兰州至迪拜、达卡的国际货运包机出口、澳大利亚至兰州的国际货运包机进口开始直航。兰州国际港务区纳入国家中欧班列建设发展规划，正在打造我国陆路进出口货物集散地和国际经贸活动聚集区。自 2014 年 12 月甘肃省"兰州号""天马号""嘉峪关号"国际货运班列开行以来，截至 2017 年 4 月，共发运 286 列，货运量 36.3 万吨，货值 7.54 亿美元，并呈逐年增长态势。出口货物主要是华东、华北等地的机械设备、建筑材料、日用小商品和甘肃省的葵花籽、饲料、石化设备、钢材等，重点发往中亚五国及德国、尼泊尔等国家。把交通道路和物流枢纽作为基础性工作，是甘肃省"一带一路"倡议中的重要布局，极大提升了甘肃的经济发展基础，进一步提升了丝绸之路甘肃"黄金段"的交通通达能力和货物集散能力。

3. 积极推进重点项目实施，以项目带动甘肃"一带一路"建设

主要包括：出口企业培育工程、出口基地建设工程、服务外包促进工程、中医药服务贸易促进工程、开发区示范工程、口岸开放建设工程、境外合作园区建设工程、营销网络培育工程和开放平台建设工程等项目。完善对外贸易布局，优化外贸结构，注重出口贸易与进口贸易的协调发展，加快培育以技术、品牌、质量和服务为核心的外贸竞争新优势，发展跨境电子商务等创新型贸易模式，大力发展服务贸易和服务外包，创造新的贸易增长点，推动外贸发展从规模扩张向质量效益提高转变、从成本优势向综合竞争优势转变。

（二）建设对外开放大通道

甘肃地处丝绸之路经济带建设的关键节点，也是华夏文明、农耕文化、黄河文化、黄土塬文化特征最为明显、风格最为独特的黄金段，具有特色农产品种植及加工业、中药种植及加工业、高端装备制造、有色金属、石油化工等具有竞争力的资源及产业。"丝绸之路经济带"甘肃段的发展和推进将为相关企业和产品"走出去"和"引进来"提供良好的契机。

1. 文化传播

建设敦煌文化传播大平台、酒嘉新能源国际合作大基地、陇东南国际贸易区域中心。

2. 物流节点

建设兰州国际物流集散大枢纽、兰州新区开放大平台、武威国际物流大节点。

3. 产能合作

发挥甘肃装备制造、有色冶金、石油化工、新材料、中药材等重点产业，积极开展国际合作，加快向西开放步伐。统筹推动白银公司、金川集团等省属企业与哈萨克斯坦、印度尼西亚等国家的项目合作，重点加快酒钢集团收购俄罗斯铝业联合公司牙买加阿尔帕特氧化铝厂股权步伐，促进阿尔帕特氧化铝厂尽快恢复生产，启动编制牙买加甘肃工业园区规划。

4. 经贸项目

与伊朗、白俄罗斯、哈萨克斯坦、吉尔吉斯斯坦等国家达成的经贸合作项目工程落地，完善"一带一路"经贸合作项目库，重点抓好入驻"中白工业园"项目。

5. 口岸规划

争取将嘉峪关机场列入国家"十三五"口岸发展规划，推进马鬃山口岸复通；推进兰州、天水、武威三大陆港建设，将兰州国际港务区打造成为国际贸易的集聚区和国内陆路进出口货物的集散地；争取将兰州铁路口岸、武威铁路口岸列入国家"十三五"口岸发展规划；在兰州、武威等重要交通枢纽和物流节点谋划建设一批重大物流项目，着力建设向西开放的国际物流平台和出口产品加工基地。

（三）积极实施"走出去"战略

"一带一路"背景下，甘肃外贸合作获得新成效，加快实施"走出去"战略，对于扩大甘肃经济规模、实现产业转型升级、进一步扩大对外开放有积极意义。

1. 实施积极的商务政策

目前，甘肃已在"一带一路"沿线国家设立了 12 个境外商务代表处，与 53 个境外商协会建立了合作机制，在哈萨克斯坦阿拉木图设立了甘肃特色农产品集散中心，与 180 多个国家和地区建立了经贸往来关系。每年组织 300 多家企业参加或举办 20 多个境外专业展会，帮助企业开拓市场。2016 年甘肃省前五大贸易伙伴分别是中国香港、美国、哈萨克斯坦、韩国、澳大利亚。主要出口市场是中国香港、韩国、美国、马来西亚等国家和地区。主要进口来源地是哈萨克斯坦、蒙古国、澳大利亚等国家和地区。

2. 对外贸易日益活跃

2016 年，全省进出口总额 453.2 亿元（其中进口 185 亿元，出口 268.2 亿元），同比下降 8.3%，逐渐企稳向好。特别是进口同比增长 39.3%，增速全国第一。

3. 贸易结构发生明显变化

与"一带一路"沿线国家贸易额突破 100 亿元人民币，同比增长 10%，占全省进出口总额的 23%；机电高新技术产品和特色农产品出口 126 亿元，占出口总值的 46.4%。2017 年 1~4 月，全省实现进出口 97.7 亿元，同比下降 30.5%。若剔除 2016 年同期代理出口 78.5 亿元，进出口实际增长 34%，高出全国平均水平 13.7 个百分点；出口增长 13.2%，与全国基本持平。

4. 外贸企业队伍不断壮大

除重点外贸企业金川公司、白银公司、酒钢集团外，一些企业也不断显示其出口活力，如天水华天科技股份公司集成电路加工贸易进出口、方大炭素新材料科技股份公司石墨电极出口，以及礼县远亮果蔬有限公司等企业农产品出口增长较快。

政府支持力度不断加大，为陇企"走出去"发展营造了宽松环境。当前，甘肃正抢抓向西开放、内陆沿线开发和丝绸之路经济带建设"三重叠加"的机遇，进一步增强与外部的互联互通，抢占新一轮产业竞争的制高点。下一步，应积极落实省政府与国家发改委国际产能和装备制造合作委省协同机制协议，释放政策红利，支持能源资源、装备制造、工程承包、轻工建材、民族用品、医药等领域有实力企业，加强与丝绸之路经济带沿线国家产业对接，在境外投资建立生产加工基地，促进传统产业向下游终端产品延伸发展。

四　对策建议

在"一带一路"背景下，政府行为方式面临一系列改革的要求，政策对"一带一路"建设中甘肃向西战略公共资源配置会产生重要的作用。"一带一路"是一个不断发展的动态过程，在不同的发展阶段，面临不同的发展环境，需要出台不同的政策和相应的政策调整。

（一）不断完善顶层设计和目标管理

"一带一路"建设是一项宏大长期的事业，推进"一带一路"的政策实施也需要各方共同努力、久久为功，进一步挖掘政策价值和升级空间。当前，商务政策在着力于顶层设计的同时，需要注重各个部门的沟通协调，对接相关国家经济发展实际和趋势，出台具体政策支持细则。一是应避免"帽子多了眼花缭乱"现象，我国现有政策在制定与调整中常呈现一些政策乱象——"帽子"多，来自不同部门的政策争先恐后。因此，加强政策协调对于主管部门政策的权威性和政策实施起着重要作用。二是要发挥好商务部门、政府管理部门、行业协会和企业间的政策统筹与协同作用，加强政策沟通，搭建协同平台，推动各类经济体积极参与，建立起政策的协调机制，不断完善政策顶层设计和目标管理。三是充分利用"一带一路"建设机遇，集中出台一批有前瞻性的支持政策。当前是"一带一路"建设中的中央政策、省上政策、部门政策等进行有效构建的叠加机遇期，要深入研究商务政策与上级政策的对接，认真搞好配套政策制定，化大机遇为大发展，充分发挥政策的积极指导作用。四是继续推进政策构建与调整的各项改革，注重发挥政策的引领、规范和保障作用，为商务发展营造良好的政策环境。

（二）积极构建多元与多边政策协调机制

"一带一路"的深入推进，必须要找到切入点，立足于发挥甘肃优势产业，积极融入沿线国家的经济建设中，可以通过商务合作、产能对接、经济互补来满足市场多样化的需求。"一带一路"建设已经得到国际社会的认同，沿线国家更是报以积极的期待，甘肃应把独特的地缘优势化为竞争优势。一是进一步加强合作力度，在技术开发、资金支持、货物出口、产能对接等方面扩大与中亚国家的交流规模，延伸与欧洲国家的合作范围。把重点经贸项目合作与科技创新合作紧密结合，努力建设若干个甘肃境外经贸产业园区，形成一批农业、工业、商业等具有特色的"双边合作样板"。二是充分利用好各种合作平台和合作政策，无论是国内国外的，还是省内省外的，这些合作都是推进积极商务政策的一个主要部分，对构建多元与多边的政策协调机制有着积极意义。为此，要着力推出阐释深入、内容丰富、执行有力的政策措施，调整一批反映沿线各国经济社会发展需求与甘肃经济发展对接的政策。三是在政策的出台上，有必要进行多方面、多角度的审视，要在词语使用、权利划分、职能定位、内容含义等方面进行准确把握、科学论证、多方评估，确实起到政策的宏观指导作用。公共资源可以有多种分配方式，但需要合理的公平竞争机制，应充分发挥市场的作用，让资源的配置充分有效发挥。由于商务环境的复杂化、市场形式的多样化、参与主体的多元化以及服务对象政策法律适用的差异化，商务政策的制定必须科学、严谨、细致，应多渠道听取不同部门、不同企业和不同商务机构的意见，通过积极构建多元与多边政策协调机制，充分反映市场各方需求。

（三）规划协调好项目合作与产能对接政策

项目是实施"一带一路"的基本单元和载体，甘肃与沿线相关国家的经济合作路径，应积极开展以产能合作为主来带动项目合作，重点围绕能源开发、产能对接、装备制造、石油化工、生物医药、中医药、新能源、新材料、信息服务、电子制造等的合作，加快产能合作步伐。"一带一路"沿线的许多国家正处于工业化初期，适合甘肃的经济发展状况与产能对接需求。一是要进一步深化国际产能合作规模，积极支持金川公司、酒钢集团、兰石重工等大型龙头企业建立境外资源生产加工基地，带动甘肃省相关设备、材料、产品和服务出口。二是努力培育具有国际竞争力的知名品牌产品，加快做大特色优势产业，建设布局重要的新能源基地、有色冶金新材料基地和特色农产品生产与加工基地。三是发展外贸新业态，重点支持在甘肃省注册开展业务的跨境电商企业、外贸综合服务企业，为中小外贸企业提供通关、退税、认证等集成服务。这些措施的实施，需要商务政策与相关政策的对接与协调配套，需要与政府发展战略、行业发展规划、部门机制平台和具体项目的有效对接，同时还要处理好高新技术创新和传统产业升级、政府合作和民间合作互动、市场发展与政府政策指导等各种关系。通过研究当地风土人情、法律文化、贸易政策，发挥甘肃省驻境外商务代表处的作用，促进资源共享，优势互补，实现各种资源配置价值的最大化。

（四）正确把握发展方向与准确阐释政策内涵

政策构建及调整的着力点在于注重市场资源配置和政策的科学指导作用，甘肃省委、省政府的顶层政策设计、商务实践中的经验总结，以及市场典型案例、政策理论与方法等都是制定科学政策的基础依据。一是要把政策支点统一到省委、省政府对全省经济形势的分析判断和对商务工作的决策部署上来，确保商务管理稳健运行。要继续做好清理、取消和调整行政审批项目，落实政府权力清单、责任清单相关工作各项任务，用政策来规范行政行为，优化商务服务环境；要完善政策构建机制，推进商务职能转变，推进法治型、服务型、和谐型商务建设；要进一步加强政策的协调配套，政策制定过程中应加强与相关部门的沟通协调，规范政策制定程序，强化政策信息公开制度。二是以市场化为导向创新政策调整方式。要进一步解放思想、创新政策构建思路，抓好顶层设计。把解放思想提升到"一带一路"建设理念上，落实到"合作共赢"的发展状态上，落脚到"政策也是生产力"的具体项目实施上，创新管理机制，研究、思考和出台一些解决重大问题和关键环节的具体政策，进一步提升政策的制定能力和指导水平。三是要深入基层调查研究，在谋划发展、政策争取、项目建设、破解难题上进行政策的构建与调整，使出台的政策工具真正成为开创工作新局面的指导性文件，更好地发挥政策功能和政策效用的积极作用。

参考文献

王彩娜：《新亚欧大陆桥共享通道经济》，《中国经济时报》2017 年 4 月 26 日。

李佳敏：《从"231"到"321"的嬗变——甘肃省经济结构战略性调整成效凸显》，《兰州晚报》2017 年 3 月 28 日。

秦娜：《打造西部创新驱动发展新高地——省第十三次党代会热点聚焦之二》，《甘肃日报》2017 年 5 月 24 日。

林铎：《紧密团结在以习近平同志为核心的党中央周围　为加快建设幸福美好新甘肃而努力奋斗》，《兰州晨报》2017 年 6 月 3 日。

王华存：《"一带一路"建设重大机遇下甘肃产业发展的思考》，《甘肃日报》2017 年 6 月 9 日。

卫玲：《一带一路：产业与区域协同发展》，《中国社会科学报》2017 年 8 月 30 日。

徐春花：《兰州货物集聚，中亚班列驰骋》，《兰州晚报》2017 年 9 月 14 日。

权威报告・一手数据・特色资源

皮书数据库
ANNUAL REPORT(YEARBOOK) DATABASE

当代中国经济与社会发展高端智库平台

所获荣誉

- 2016年，入选"'十三五'国家重点电子出版物出版规划骨干工程"
- 2015年，荣获"搜索中国正能量 点赞2015""创新中国科技创新奖"
- 2013年，荣获"中国出版政府奖・网络出版物奖"提名奖
- 连续多年荣获中国数字出版博览会"数字出版・优秀品牌"奖

成为会员

通过网址www.pishu.com.cn或使用手机扫描二维码进入皮书数据库网站，进行手机号码验证或邮箱验证即可成为皮书数据库会员（建议通过手机号码快速验证注册）。

会员福利

- 使用手机号码首次注册的会员，账号自动充值100元体验金，可直接购买和查看数据库内容（仅限使用手机号码快速注册）。
- 已注册用户购书后可免费获赠100元皮书数据库充值卡。刮开充值卡涂层获取充值密码，登录并进入"会员中心"—"在线充值"—"充值卡充值"，充值成功后即可购买和查看数据库内容。

社会科学文献出版社 皮书系列
SOCIAL SCIENCES ACADEMIC PRESS (CHINA)
卡号：752157627699
密码：

数据库服务热线：400-008-6695
数据库服务QQ：2475522410
数据库服务邮箱：database@ssap.cn
图书销售热线：010-59367070/7028
图书服务QQ：1265056568
图书服务邮箱：duzhe@ssap.cn

S 基本子库
UB DATABASE

中国社会发展数据库（下设 12 个子库）

全面整合国内外中国社会发展研究成果，汇聚独家统计数据、深度分析报告，涉及社会、人口、政治、教育、法律等 12 个领域，为了解中国社会发展动态、跟踪社会核心热点、分析社会发展趋势提供一站式资源搜索和数据分析与挖掘服务。

中国经济发展数据库（下设 12 个子库）

基于"皮书系列"中涉及中国经济发展的研究资料构建，内容涵盖宏观经济、农业经济、工业经济、产业经济等 12 个重点经济领域，为实时掌控经济运行态势、把握经济发展规律、洞察经济形势、进行经济决策提供参考和依据。

中国行业发展数据库（下设 17 个子库）

以中国国民经济行业分类为依据，覆盖金融业、旅游、医疗卫生、交通运输、能源矿产等 100 多个行业，跟踪分析国民经济相关行业市场运行状况和政策导向，汇集行业发展前沿资讯，为投资、从业及各种经济决策提供理论基础和实践指导。

中国区域发展数据库（下设 6 个子库）

对中国特定区域内的经济、社会、文化等领域现状与发展情况进行深度分析和预测，研究层级至县及县以下行政区，涉及地区、区域经济体、城市、农村等不同维度。为地方经济社会宏观态势研究、发展经验研究、案例分析提供数据服务。

中国文化传媒数据库（下设 18 个子库）

汇聚文化传媒领域专家观点、热点资讯，梳理国内外中国文化发展相关学术研究成果、一手统计数据，涵盖文化产业、新闻传播、电影娱乐、文学艺术、群众文化等 18 个重点研究领域。为文化传媒研究提供相关数据、研究报告和综合分析服务。

世界经济与国际关系数据库（下设 6 个子库）

立足"皮书系列"世界经济、国际关系相关学术资源，整合世界经济、国际政治、世界文化与科技、全球性问题、国际组织与国际法、区域研究 6 大领域研究成果，为世界经济与国际关系研究提供全方位数据分析，为决策和形势研判提供参考。

法律声明

"皮书系列"（含蓝皮书、绿皮书、黄皮书）之品牌由社会科学文献出版社最早使用并持续至今，现已被中国图书市场所熟知。"皮书系列"的相关商标已在中华人民共和国国家工商行政管理总局商标局注册，如LOGO（ ）、皮书、Pishu、经济蓝皮书、社会蓝皮书等。"皮书系列"图书的注册商标专用权及封面设计、版式设计的著作权均为社会科学文献出版社所有。未经社会科学文献出版社书面授权许可，任何使用与"皮书系列"图书注册商标、封面设计、版式设计相同或者近似的文字、图形或其组合的行为均系侵权行为。

经作者授权，本书的专有出版权及信息网络传播权等为社会科学文献出版社享有。未经社会科学文献出版社书面授权许可，任何就本书内容的复制、发行或以数字形式进行网络传播的行为均系侵权行为。

社会科学文献出版社将通过法律途径追究上述侵权行为的法律责任，维护自身合法权益。

欢迎社会各界人士对侵犯社会科学文献出版社上述权利的侵权行为进行举报。电话：010-59367121，电子邮箱：fawubu@ssap.cn。

社会科学文献出版社